W0369874

Josef Simon

# Sprachphilosophie

Handbuch Philosophie

Herausgegeben von
Elisabeth Ströker und Wolfgang Wieland

Josef
Simon

# Sprachphilosophie

Verlag Karl Alber Freiburg/München

CIP-Kurztitelaufnahme der Deutschen Bibliothek

**Handbuch Philosophie** / hrsg. von Elisabeth Ströker u. Wolfgang Wieland. – Freiburg [Breisgau]; München: Alber

NE: Ströker, Elisabeth [Hrsg.]

→ Simon, Josef: Sprachphilosophie

**Simon, Josef:**
Sprachphilosophie / Josef Simon. – Freiburg [Breisgau]; München: Alber, 1981.
(Handbuch Philosophie)
ISBN 3-495-47467-6

Alle Rechte vorbehalten – Printed in Germany
© Verlag Karl Alber GmbH Freiburg/München 1981
Satz und Druck: Presse-Druck Augsburg
ISBN 3-495-47467-6

# Vorwort

Julius Stenzel beginnt seine Darstellung der Sprachphilosophie im Handbuch der Philosophie von 1934 mit der bemerkenswerten Feststellung, „mit dem Terminus ‚Sprachphilosophie'" sei „sofort die sprachphilosophische Frage verknüpft: welche Bedeutung hat für die klare Erfassung des Sachverhaltes das ihm ausdrücklich zugeordnete bestimmte Wort? Denn die Sache, die dieser Terminus bezeichnet", sei „sehr alt, der Terminus selbst zur Bezeichnung eines besonderen Zweiges der Philosophie ganz jung und erst neuerdings aktuell". Nun hat gerade seitdem die Sprachphilosophie eine Entwicklung und eine Ausweitung ihres Inhalts erfahren wie wohl keine andere philosophische Disziplin. Dennoch besteht nach wie vor „wegen der Verwicklung der Sprache mit den Voraussetzungen der Philosophie überhaupt ... die Schwierigkeit, die Sprachphilosophie als eine philosophische Disziplin abzugrenzen" (Stenzel Sprache, 3f.). Diese Schwierigkeit hat sich eher noch vergrößert, seit die Sprachphilosophie von den verschiedensten philosophischen Ansätzen her expressis verbis als die Disziplin angesehen wird, die sich „mit den Voraussetzungen der Philosophie überhaupt" und nicht nur mit einem philosophischen Teilgebiet beschäftigt. Die Lage ist noch verwikkelter geworden, seit in der letzten Zeit aus sprachphilosophischen Überlegungen heraus nun aber wieder die Frage gestellt wird, ob der Rekurs auf die Sprache im Sinne eines „linguistic turn" eine solche Begründungsfunktion der

Philosophie als ‚Erste Philosophie' erfüllen könne und ob eine solche Grunddisziplin überhaupt noch denkbar sei (vgl. z. B. R. Rorty *1979*). In dieser Situation ist die Sprachphilosophie offensichtlich weit von dem abgeklärten Status einer „Handbuchwissenschaft" (im Sinne von L. Fleck Entst.) entfernt. Wenn dennoch im folgenden versucht wurde, die Hauptaspekte der gegenwärtigen Diskussionslage möglichst in einer systematischen Beziehung zueinander zur Sprache zu bringen, so war das nur unter bestimmten Bedingungen möglich. Obwohl der systematische Aspekt im Vordergrund zu stehen hatte, war auf die historischen Voraussetzungen einzugehen, die dazu geführt haben, daß der Sprache zunehmend eine zentrale Stellung im Selbstverständnis der Philosophie gerade im Zusammenhang mit ihren grundsätzlichen Fragen zugesprochen werden mußte. Anders wäre eine Erörterung der gegenwärtigen Problemlage ohne Verkürzung des systematischen Aspekts nicht möglich gewesen, zumal die gegenwärtige Sprachphilosophie sich selbst zunehmend in einer Auseinandersetzung mit der Geschichte und mit dem in ihr erreichten Problembewußtsein entwikkelt. Nur so erreicht sie eine über die eigene Zeitbedingtheit hinausweisende Dimension. – Der Versuch einer Analyse der historischen Bedingungen verlangte eine Reflexion der Gedanken philosophischer Autoren, bei denen sich zwar noch keine besondere Sprachphilosophie im engeren Sinne findet, die aber durch ihre Beiträge zu philosophischen Grundfragen die gegenwärtige Situation vorbereitet haben. Die wichtigsten der zeitgenössischen Argumentationen zum philosophischen Sprachproblem sollten dadurch in einem philosophischen Zusammenhang erörtert werden, aus dem heraus ihre inneren Beziehungen zueinander auch dort sichtbar werden, wo es sich bei einer unmittelbaren Betrachtung um sehr heterogene Ansätze zu handeln scheint. Das betrifft vor allem den Unterschied zwischen der ‚sprachanalytischen' und der kontinentaleuropäischen Tradition. In dieser Absicht mußte eine ausführliche Darstellung der inneren Verästelungen der einzelnen Schulen unter dem Gesichtspunkt der Vollständigkeit zurücktreten. Eine Beschränkung auf ‚das Wesentliche' schien bei dem Versuch der Darstellung einer ‚Disziplin', die sich eher in einer ‚revolutionären' als in einer ‚paradigmatischen' Phase befindet, unerläßlich. Eine gewisse ‚Subjektivität' der Auswahl und Einschätzung war dabei wohl unvermeidbar. Es bleibt nur zu hoffen, daß dem Zweck eines systematischen Handbuches angesichts der uferlos erscheinenden Fülle der Publikationen und der unmittelbar kaum als kommensurabel erscheinenden Mannigfaltigkeit der Ansätze auf diese Weise mehr gedient ist als mit einer bloßen Ansammlung und Aufzählung von Positionen unter dem Verzicht auf den Versuch einer Reflexion auf ihren argumentativen und systematischen Stellenwert innerhalb der gegenwärtigen philosophischen Situation.

---

Soweit wie möglich wurden *Anführungszeichen* so verwendet, daß *doppelte* Anführungszeichen wie üblich Zitate kennzeichnen, auch einzelne Wörter, die im Sinne eines Zitates genannt werden, ferner Anführungen objektsprachlicher Ausdrücke, wie z. B. des Wortes „W" oder des Satzes „S"; sonst stehen *einfache* Anführungszeichen, außer bei Zitaten in Zitaten vor allem, wenn von Begriffen bzw. Bedeutungen im Unterschied zu Wörtern als ihren sprachlichen Bezeichnungen die Rede ist, ferner dort, wo festgelegte oder vom allgemeinen Sprachgebrauch abgehobene Bedeutungen hervorgehoben werden.

# Inhalt

# Einleitung

Philosophie drückt sich notwendigerweise sprachlich aus. Insofern sind philosophische Überlegungen in allen Disziplinen mit der Frage konfrontiert, wie sich die historische Sprache auf das Bemühen auswirkt, allgemeine, überzeitliche Erkenntnisse zu formulieren oder ‚die' Wahrheit zu sagen. Es entsteht vor allem das Problem, wie sich das Denken zu seiner sprachlichen Mitteilbarkeit verhält. Seit den ersten überlieferten philosophischen Zeugnissen war man sich dieses Problems bewußt. Vor allem bei Parmenides und Platon wurde es in einer Weise reflektiert, die seitdem einen Grundzug der europäischen Philosophie ausmacht. Es ging um die Frage, ob das Denken etwas Esoterisches sei, eine Sache von wenigen, die sich über die verfügbare Sprache nur in einer verzerrten, oberflächlichen Weise mitteilen ließe (Platon 7. Br., 341 b–e), oder ob es in einem universellen Verstandesvermögen aller bestehe. So ist es im Grunde schon Sprachphilosophie mit einem bestimmten Resultat, wenn sich nach Platon „der Philosoph" als eine besondere, den herrschenden Verhältnissen enthobene Gestalt, als der „freie Mensch" (Soph., 253c) von den anderen abhebt und Wissenschaft als besondere Tätigkeit, als ‚theoria' im Unterschied zur besorgten Lebenspraxis derer verstanden wird, die aus Not in die Verhältnisse der Zeit eingespannt bleiben (Pol., 484–500).

Wenn in der Gegenwart die Sprache innerhalb der Philosophie besondere Aufmerksamkeit erfährt, bedeutet das zugleich eine Revision dieses prinzipiellen Selbstverständnisses der Philosophie und des Begriffs der aus ihr entstandenen Wissenschaften. Das Denken fragt in einem doppelten Sinne nach seinem Verhältnis zur Sprache und damit, als ‚theoretisches', nach sich selbst: Es stellt sich die Frage, ob es sich überhaupt von den zeitlichen Bedingungen lösen kann, mit denen es über die historisch verfügbare Sprache, ‚Umgangssprache' genannt, nun einmal zunächst verbunden ist, wenn es sich zu artikulieren versucht. Die negative Beantwortung dieser Frage würde bedeuten, daß es den Anspruch auf überzeitliche, unbedingt gültige Ergebnisse und das entsprechende Selbstverständnis, wie es sich im Wahrheitsbegriff repräsentiert, preisgeben müßte. Die positive Beantwortung führte unmittelbar zu der weiteren Frage, wie eine Sprache aussehen müßte, die das Denken sich für die Zwecke zu konstruieren hätte, die seinem ‚theoretischen' Selbstverständnis entsprechen. Denn nur mittels der Konstruktion einer eigenen Sprache könnte es sich, in Abhebung gegen die ‚gewöhnliche', als ‚es selbst' darstellen. Seine Möglichkeit verschmilzt hier mit der Möglichkeit solch einer Konstruktion. Weiter entsteht dann das Problem des Verhältnisses der konstruierten oder künstlichen Sprache des Denkens zur Alltagssprache. Gilt die konstruierte als Medium der Wahrheit, so ist die Alltagssprache dies in dem Maße nicht, in dem sie von ihr abweicht. Es entsteht die Position einer Sprachkritik, die zugleich Kritik des Denkens wäre, das sich nicht oder nicht genügend von den Irreführungen der Sprache, so wie sie ist, ablöste.

Die Sprache, die das Denken sich um seiner Wahrheitsmöglichkeit willen selbst aufzubauen hätte, wäre zugleich als reine Sprache der Wahrheit, als ‚mathesis universalis' zu entwerfen. Ihr Entwurf wäre mithin selbst schon Bemühen um Wahrheit, also Philosophie. Er wäre, in dieser Sicht der Dinge, notwendigerweise die ‚Erste Philosophie'. In ihm wäre das Denken von sich aus produktiv im Hinblick auf die Wahrheit, während es im Sichverlassen auf die historisch überlieferte Sprache rezeptiv und damit zugleich ohne *Begriff* seiner Möglichkeit wäre, Vermögen zur Wahrheit zu sein. Mit der Einsicht in das Angewiesensein auf diese historische Sprache löste sich sein Anspruch in Relativismus und Skeptizismus auf. Alles käme also darauf an, daß die Konstruktion einer reinen Sprache des Denkens gelänge. Nur zugleich damit könnte, diesem philosophischen Selbstbegriff des Denkens nach, Denken als wahres Denken gelingen. Nur so wäre es unterwegs zu sich selbst. Dieser Weg wäre die Philosophie. Philosophie wäre dann nicht schlicht Ausübung eines allgemeinen Denkvermögens, sondern erste, wahres Denken überhaupt erst zu sich bringende Wissenschaft, auf deren Fundament dann spezielle Wissenschaft erst möglich wäre.

Sollte dagegen das Denken in seinem Bemühen, auf dem Wege der Konstruktion einer reinen Sprache sich selbst als wahres zu ermöglichen, scheitern, weil es sich selbst in diesem Bemühen nicht von der vorhandenen Sprache ablösen kann und auch über die zu konstruierende letzten Endes in der fragwürdigen alltäglichen Weise sprechen muß, so folgte daraus ein völlig anderer Selbstbegriff von Philosophie und Wissenschaft. Schien unter dem ‚theoretischen' Selbstverständnis der Philosophie die Konstruktion einer ‚idealen' Sprache die primäre sprachphilosophische Aufgabe zu sein, so bezieht sich unter diesem Aspekt die Sprachphilosophie auf die Frage, ob solch eine Konstruktion und damit der entsprechende Selbstbegriff einer reinen ‚theoria' überhaupt möglich sei. Sie kann sich dann nicht so sehr als Kritik der normalen Sprache verstehen, sondern ist Kritik an der Möglichkeit der Position dieser

‚Sprachkritik'. Insofern scheint ihr Fragen zunächst radikaler zu sein. Aber auch diesem radikaleren Fragen gegenüber bleibt die Frage nach der Wahrheit dieses Fragens selbst. Mit dem Anspruch auf Wahrheit müßte auch ein Denken, das die Frage der Ablösbarkeit des Denkens von der vorhandenen Sprache des Alltags verneint, sich ‚theoretisch', d.h. als den historischen Bedingungen und Relativierungen enthoben verstehen. Es hätte sich eine davon abgehobene, ‚reine' Sprache zu konstruieren, in der dann wenigstens die These der Unablösbarkeit des Denkens von der normalen Sprache allgemein gültig formuliert werden könnte. Sonst widerspräche es sich selbst, es sei denn, es behauptete, in der Sprache, wie sie unter historischen Bedingungen verfügbar ist, sei es unmittelbar möglich, in einem überzeitlichen Sinn die Wahrheit zu sagen.

Diese letzte Position könnte gewissermaßen die naive sprachphilosophische Position genannt werden. Sie war, wie gesagt, seit Beginn unserer philosophischen Tradition in Zweifel gezogen worden. Diesem Zweifel verdankt sich im Grunde die Entstehung der europäischen Philosophie als einer *besonderen* und dann auch institutionalisierten Tätigkeit. Sie entstand zugleich mit der Herausbildung einer besonderen philosophischen Sprache, in der sich das Denken adäquat ausdrücken zu können glaubte. Es wurden Begriffe geprägt, die bisher entweder überhaupt nicht oder doch nicht in der Bedeutung vorhanden waren, die die Philosophie ihnen nun gab. Das wichtigste Beispiel dürfte der Begriff der ‚Idee' sein, wie Platon ihn einführte, oder auch der Aristotelische Begriff des ‚Wesens' (τὸ τί ἦν εἶναι). Die Einführung solcher rein philosophischen Begriffe mußte dann natürlich auch die Bedeutung der Wörter verändern, die zwar bisher schon in der allgemeinen Sprache vorkamen, nun aber im Kontext mit diesen neuen Prägungen gebraucht wurden, wie z.B. der Begriff der ‚Wahrheit'. Erst im Zusammenhang mit den neuen philosophischen Begriffen wurde aus diesem Wort ein bestimmter philosophischer Begriff, etwa in dem Sinn, daß die Erkenntnis der Wahrheit identisch sei mit der Erkenntnis der Ideen bzw. mit der des ‚Wesens' einer Sache. Man könnte die Fortentwicklung der Philosophie über solche grundlegenden Anfänge einer besonderen philosophischen Sprache hinaus in dem Versuch sehen, diese Sprache weiter zu präzisieren und sich damit dann allerdings zwangsläufig auch weiter von der normalen Sprache des Alltags zu entfernen. Es wurden genauere Differenzierungen zwischen den Begriffen eingeführt. So findet sich bekanntlich bei Platon und Aristoteles bereits eine dreifache Einteilung des Seelenbegriffs, und bei allen diesen terminologischen Prägungen bestand natürlich die Vorstellung, daß die so aufgebaute Sprache eher als die vorphilosophische Sprache geeignet sei, die Wahrheit auszudrücken.

Sprache artikuliert den Gedanken. Die Frage, ob sie, so wie sie ist, geeignet sei, die Wirklichkeit als das, was in Wahrheit ist, wiederzugeben, setzt voraus, daß die Wirklichkeit selbst artikuliert sei, und zwar in einer bestimmten, von der ‚richtigen' Sprache zu erfassenden Weise. Wenn die *Einteilung* in ein Subjekt und ein Prädikat, wie sie z.B. mit dem Begriff der Funktion f(a) vorausgesetzt wird, als die elementarste Gliederung eines Gedankens verstanden wird, wird unterstellt, ihr ‚entspreche' die Wirklichkeit. Eine bestimmte Form von Sprache wird auf die Wirklichkeit projiziert. Vor allem die Intention, mit einer konstruierten, künstlichen Sprache eher als mit der natürlichen die Wahrheit wiedergeben zu können, geht davon aus, daß es eine solche gleichermaßen elementare und universale Form gebe, aus der der formale Aufbau der Sprache zu erfolgen habe. Dieser Aufbau soll widerspruchsfrei geschehen. Das Prinzip vom zu vermeidenden Widerspruch ist eine Norm für den Aufbau einer Sprache, mit dem das Denken sich seiner selbst als Vermögen zur Wahrheit zu vergewissern sucht. Dieses Prinzip drückt somit schon eine sprachphilosophische Position aus. Die Frage, ob eine bestimmte Theorie widerspruchsfrei sei, impliziert, daß Negation ein universalsprachliches Prinzip ist und daß in der ‚richtigen' Sprache, die die Konstruktion intendiert, *Sätze* der Form „p" und der Form „nicht p" zusammen vorkommen, wobei ein ‚Satz' als (positive oder negative) *Verbindung* eines ‚Subjekts' und eines ‚Prädikats' bestimmt ist. Kämen nur Sätze der Form „p", also nur positive Sätze vor, so könnte es nicht zu einem Widerspruch kommen, und das Gebot seiner Vermeidung ergäbe keinen Sinn. In der formalisierten Sprache müßte folglich *deutlich* werden, ob gewisse Sätze die Negation anderer Sätze bedeuten. In der gewachsenen Sprache ist das nicht immer ersichtlich. So ist nicht der Form der Sätze nach deutlich, daß sich die Sätze „ich bin zu Hause" und „ich bin in Köln" widersprechen, weil nicht sichtbar ist, daß der Satz „ich bin in Köln", bedeutet, daß ich nicht zu Hause bin. Um dies zu sehen, muß man wissen, daß ich nicht in Köln zu Hause bin. Bei einer streng formalisierten Sprache dürfte solch ein Vorwissen nicht erforderlich sein. Man müßte der Form allein ansehen können, ob Widersprüche vorliegen, um sehen zu können, daß man keine Sätze formuliert, von denen mindestens einer falsch sein muß. Eine Sprache dieser Art wäre *logisch deutlich*. Solch eine logische Deutlichkeit läßt sich natürlich nur erreichen, wenn Begriffe so definiert sind, daß der eine das logische Gegenteil des anderen bedeuten soll, was sie im einzelnen auch bedeuten mögen. Was sie im einzelnen bedeuten, muß in einer formalisierten Sprache dahingestellt bleiben, denn das hängt davon ab, wie oder in welcher Bedeutung einer das einzelne Wort gebraucht. Die formalisierte Sprache kann also nur Begriffe gegeneinander definieren. Dabei gibt es die drei Möglichkeiten, daß von sprachlichen Zeichen gesagt wird, 1) sie bedeuteten dasselbe (A = B), 2) die Bedeutung des einen sei mit der des anderen unvereinbar, weil die bedeuteten Begriffe Merkmale enthielten, die die Möglichkeit auch einer teilweisen Übereinstimmung ihrer Umfänge ausschlössen, oder 3) das eine bedeute dasselbe wie das andere, aber nicht umgekehrt, wie z.B. „Mensch“ und „Lebewesen“ oder, allgemein gesagt, Art und Gattung. In allen anderen Fällen haben Begriffe nichts miteinander zu tun und können sich folglich nicht gegenseitig definieren. Solche Begriffsverhältnisse kommen natürlich auch in der normalen Sprache vor. Nur wird man nicht sagen können, daß sie in ihr immer deutlich wären. Es muß problematisch bleiben, ob sich demgegenüber eine Sprache konstruieren läßt, in der das durchgängig der Fall wäre. Damit muß auch offen bleiben, ob es gelingen kann, über die Konstruktion einer reinen, philosophischen Sprache das Ziel zu erreichen, daß sich das Denken, über seine Gebundenheit an die historische Sprache hinaus, als Vermögen der Wahrheit begreifen und zu einem dementsprechenden Selbstbegriff und Selbstbewußtsein finden kann. Man sieht, daß die Thematik der Sprachphilosophie untrennbar mit den Fragen einer ‚Ersten Philosophie‘ überhaupt verbunden ist.

Ferner ergibt sich die Frage, wieso dem Denken denn eigentlich ein Ziel vorschwebt, das von ihm kaum zu erreichen sein wird. Offensichtlich ist es bestrebt, sich innerhalb seiner Sprache doch wenigstens einigermaßen um logische Deutlichkeit zu bemühen. Sie schwebt ihm als Sollensnorm, also als Pflicht vor. Das denkende Subjekt versteht sich von daher in seiner Sprachlichkeit als unvollkommen. Der metaphysische Topos der Unvollkommenheit des Subjekts, das der Denkende je selbst ist, läßt sich somit im Zusammenhang damit verstehen, daß er sich an eine unvollkommene Sprache gebunden weiß und daß er von daher den Begriff seiner selbst, denkendes Subjekt zu *sein*, nicht als erfüllt verstehen kann. Dieser Topos der Metaphysik läßt sich sprachphilosophisch aus der Spannung zwischen Denken und Ausdruck des Denkens in der verfügbaren, historischen Sprache, bzw. als Spannung zwischen dem überzeitlichen Anspruch wahren Denkens und seiner bedingten sprachlichen Möglichkeit verstehen. Sosehr es sich um eine angemessene, ‚richtige' Sprache bemüht, es bleibt in einem rezeptiven Verhältnis gegenüber ‚seiner' Sprache. So gesehen bedeutet die Vorstellung eines ihm gegenüber vollkommenen, transzendenten Subjekts die Vorstellung eines Subjekts, das dieses Problem nicht hat. Solch ein göttliches Subjekt verfügte über logisch deutliche Begriffe. Insofern erfüllte es seinen Begriff, denkendes Subjekt zu sein. Das endliche Subjekt dagegen ist ein Subjekt im defizienten Modus. Denken bleibt ihm unstillbares Bedürfnis, Trieb oder Pflicht. Indem es sich denkt, denkt es sich als unvollkommen, als ‚was' es sich auch denkt. Es hat von sich selbst keinen deutlichen Begriff. Denn es ist all das, als was es sich denkt, nur in einem unvollkommenen Sinn, also immer auch nicht.

Es ist etwas *anderes* gegenüber dem Begriff, den es von sich hat. Insofern der jeweilige auf es bezogene Begriff es nicht bestimmt, ist es *individuell*. „Individualität" ist der Name für etwas, das sich auch durch den inhaltsreichsten Begriff nicht adäquat bestimmen läßt. Ein Individuum läßt sich vom anderen der gleichen (untersten) Art nicht mehr begrifflich, sondern nur noch deiktisch unterscheiden. Als denkendes Individuum weiß es im *begrifflichen*

Sinn von sich selbst nichts. Sich selbst findet es nur im Scheitern seiner Bemühung um logische Deutlichkeit, nur in dieser Negativität. In der Geschichte der Philosophie drückte sich dies (vor allem in der Philosophie Fichtes) als Einheit von Selbstbewußtsein und Pflichtbewußtsein aus. Ich denke mich selbst nicht als irgendein Ding, sondern als Bewußtsein der Pflicht, die ich als Individuum wesentlich nicht erfüllen kann, aber erfüllen soll. Daß ich mich überhaupt als Können oder Vermögen (z.B. zu denken) denke, hängt (nach Kant) damit zusammen, daß ich weiß, daß ich soll. Daher stammt das Freiheitsbewußtsein. Es ist Folge des Pflichtbewußtseins, denn dieses ergibt nur dann einen Sinn, wenn ein Können dessen, was die Pflicht fordert, zumindest abstrakt vorausgesetzt wird. Nur an freie Wesen kann sinnvoll eine Forderung ergehen. Insofern denke ich mich konsequenterweise als frei. Ich denke, daß ich frei bin, und (so folgert Kant) *eo ipso* bin ich frei (Kant V. Rel., 1068). Das Sein der Freiheit ist die Fähigkeit, sich *als* frei zu denken, d.h. sich unter diesen Begriff zu subsumieren, wenngleich das Denken sich damit unter einen Begriff subsumiert, der es ‚wesentlich' überfordert. Von seiner sprachlich-historischen Bedingtheit her war ja schon der Selbstbegriff, Denken zu sein, eine Überforderung. Freiheit wäre von daher als die in der Sprachlichkeit liegende Fähigkeit der Selbstüberforderung zu verstehen, derzufolge sich in Sprache ausdrückendes Denken wesentlich immer zugleich ein *Bemühen* um eine ihm angemessene, ja es überhaupt im vollen Sinne des Begriffs ermöglichende Sprache ist.

So läßt sich nicht nur der metaphysische Zusammenhang der Begriffe Unvollkommenheit, Pflicht und Freiheit sprachphilosophisch rekonstruieren. Diese Rekonstruktion führt zugleich auf einen Begriff des Begriffs, demzufolge Begriffe an sich nichts Gegebenes, sondern etwas Gesolltes sind. Man hätte erst Begriffe, wenn man logisch deutliche Begriffe hätte. In der Lage dazu sind wir aber schon nach Leibniz (vgl. Leibniz Med.) und Kant nicht, und die Philosophie kann diesem Bedürfnis und Mangel auch gar nicht abhelfen. Daß sie dies nicht kann, ist der Kern der Kantischen kritischen Philosophie. Nur die Mathematik konstruiert deutliche Begriffe (vgl. Kant KrV, B 741), indem sie sinnliche *Zeichen für* Begriffe (als Größen) in bestimmte ‚ästhetische' Verhältnisse zueinander setzt. Diese Verhältnisse stehen für die logischen Grundrelationen 1) der Identität, 2) der Differenz (als Auseinanderliegen) und 3) der Identität nur in einer Richtung oder des ‚Enthaltenseins' eines Begriffs in einem anderen, aber nicht umgekehrt (Verhältnis von Menge und Teilmenge). Dieses Konstruieren ist aber nur möglich, wenn entweder die semantische Interpretation des einzelnen Begriffs unterbleibt und man es bei der rein ästhetischen Darstellung solcher Verhältnisse beläßt oder wenn, wie bei Tarski, ein ‚semantischer Wahrheitsbegriff' eingeführt wird, der ‚metasprachlich' *besagt*, was genau die Bedeutung eines Begriffs sein soll (indem metasprachlich gesagt wird, unter welcher Bedingung ein Ausdruck wahr sei). Damit wird aber das Problem in eine *andere* Sprache (Metasprache) verlagert. Unter dieser Bedingung, so könnte man nun im Anschluß an das Vorherige sagen, kann der Mathematiker die Pflicht zur Deutlichkeit erfüllen. Man kann auch umgekehrt sagen, daß der Mathematiker definiert ist als jemand, der seine Pflicht, Denken zu sein, unter dieser Bedingung ideal erfüllt. *Insofern* ist mit ihm der „freie Mensch" gefunden, den Platon im „Sophistes" noch im Philosophen zu finden glaubte. Der moderne Philosoph dagegen leidet darunter, daß er nur unter dieser philosophisch gesehen problematischen *Bedingung* frei, bzw. das *sein* kann, als *was* er sich *denkt*.

Er ‚denkt' sich immer zugleich als überfordertes Individuum, dem es noch nicht gelungen ist, die allgemeine philosophische Sprache als Sprache der Wahrheit zu erfinden.

Es wäre nur ein Wechsel der Ausdrucksweise, wollte man nun die traditionellen metaphysischen Topoi sprachphilosophisch reformulieren, indem man zeigte, daß jedes metaphysische Problem eine sprachphilosophische Entsprechung hat. Die einleitende Erörterung des Begriffs des Begriffs sollte vielmehr darauf hinweisen, daß eine Reflexion auf die Herkunft metaphysischer Fragen aus der Sprachlichkeit des Menschen dazu nötigt, über das bloße Hinnehmen dieser Topoi hinauszugehen: Begriffe können, und das ist die gegenwärtige ‚sprachbewußte' Situation der Philosophie, nicht mehr verstanden werden als etwas, über das man selbstverständlich verfüge, so als seien sie zuhandene Werkzeuge. Ein Begriff erweist sich wesentlich als etwas, um das man sich bemüht, wenn man spricht, und Sprechen erweist sich als ein ungesichertes Suchen nach einer adäquaten Sprache. Es verhält sich produktiv und rezeptiv zur vorhandenen Sprache, die somit auch nur im defizienten Modus etwas ‚Vorhandenes' sein kann, über das man wie über Dinge wiederum sprechen könnte. Wir suchen, bzw. erzeugen die Sprache, indem wir sprechen. Rein ‚vorhanden' ist sie in der Mathematik, insofern sie ihre ‚Begriffe' in einer ästhetischen Distinktheit ihrer *Zeichen* konstruiert und nicht in derselben ‚Sprache' semantisch interpretiert. Damit überläßt sie das *Problem* der Sprache der Philosophie. Wir verfügen nur insoweit über eine adäquate Sprache über etwas, als wir sagen können, ein mathematisches System von Zeichen habe als *Ganzes*, d.h. als die syntaktische Struktur im einzelnen semantisch uninterpretierter, sich *nur* gegenseitig durch ihre logischen Verhältnisse innerhalb des systematischen Ganzen definierender Begriffe einen Bezug zur Welt. Wir müssen die Welt *als durch solch eine Struktur bestimmt* ansehen.

Damit verändert sich auch der philosophische Begriff der Welt. Der ‚Kosmos' ist angesehen als dasjenige, was sich als Modell solch einer Struktur verstehen läßt. Dabei ist es notwendigerweise gleichgültig, was die Zeichen in der Struktur je für sich bedeuten. Es kommt nur auf ihre strukturelle Beziehung zueinander an, in der sie logische Deutlichkeit, d.h. den Rang von Begriffen erlangen. Nur das Ganze soll und kann, wie der Logiker und Mathematiker W. V. O. Quine hervorhebt (z. B. Quine *1951,* 41), auf die Welt bezogen werden. Das kann nun nicht mehr bedeuten, daß es sich auf die ganze Welt beziehe. Wir haben keinen deutlichen Begriff von dem, was die *ganze* Welt sei, gerade weil sich ‚Welt' für uns erst als Modell logischer Strukturen ergibt. Nur unter dieser Voraussetzung können wir *denken, daß wir denken,* und daß es Denken *ist,* wenn wir uns auf die Welt beziehen, im Unterschied zum Nacherzählen oder auch Erfinden von Geschichten (vgl. u. S. 267f.), deren Material uns die überlieferte, uns zu- und einfallende Sprache an die Hand gibt.

Die *ganze* Welt ist gerade nicht Gegenstand unseres Denkens, insofern es sich seiner selbst als ‚Denken' gewiß sein kann. Wir selbst z. B. bleiben uns dabei undeutlich. Auch das Wort „ich", das in seiner Bedeutung in der neueren Philosophie dem Rang nach den Begriff des ‚Wesens' in der älteren Philosophie abgelöst hat, kann unter der genannten Bedingung kein adäquat deutlicher Begriff werden, ja gerade unter ihr nicht, weil wir dieses Zeichen *notwendig* semantisch interpretieren, indem wir damit je uns selbst *meinen,* im deutlichen Gegensatz zu allem ‚Nicht-Ich'. Aber dieser Gegensatz ist nicht *logisch* deutlich. Wegen der Notwendigkeit der semantischen Interpretation genügte hier ein *logischer* Gegensatz auch nicht. Denn das, was wir meinen, wenn wir „ich" sagen, ist auch ‚Nicht-Ich', weil es allem *begrifflichen* Inhalt, mit dem wir ‚Ich' umschreiben wollten, immer auch nicht entspricht. Ich bin immer auch das nicht, was ich nach meinem oder der anderen Verständnis von mir sein soll. Im Bewußtsein dieses Umstandes ‚begreife' ich mich in diesem negativen Begriff meiner selbst, indem ich begreife, daß ich nur bedingt Denken bin. Die sprachphilosophische Formulierung metaphysischer Fragen führt zu dem (negativen) Begriff, daß ich mir nur als bedingtes ‚Ich' bewußt bin. Ich bin nicht nur ‚Subjekt', das sich ‚mentalistisch' als vermögend verstehen könnte, sondern auch von mir selbst unbegriffener ‚Trieb'. Aus diesem Grund stellt sich der ‚linguistische' Ansatz einer Begründung der Philosophie einem ‚mentalistisch'-transzendentalsubjektiven Begründungsversuch entgegen und bevorzugt eine ‚naturalistische' Auffassung auch des ‚Geistes'.

Man wird durch die sprachphilosophische Reflexion darauf aufmerksam, was z. B. der Cartesianische Ansatz beim ‚Ich-denke' bedeuten kann, auf dem die neuere Philosophie aufbaut. Es kann im Grunde nicht gemeint sein, ich sei mir meiner selbst *als Denken* gewiß. Descartes beginnt ja gerade mit dem Zweifel. „Ich denke" heißt zunächst nur, daß ich mir einer Tätigkeit bewußt bin, bei der ich mir durchaus auch des Umstandes bewußt bin, daß ich, statt ordentlich zu denken, mich von Trieben und von der Einbildungskraft bestimmen lassen kann, also von Kräften, die vom Körper her einwirken und deren freies Subjekt ich gerade nicht bin. Die Psychoanalyse spricht hier vom ‚Es' statt vom ‚Ich', aber auch für sie bleibt diese Differenz undeutlich. Trotzdem folgt für Descartes, daß ich bin. Es folgt notwendig, *weil* ich mich in einer bloßen

Modalität, als Modus finde und kein Modus semantisch denkbar ist ohne zugrundeliegende Substanz. Der ‚Schluß' Descartes' ergibt sich nicht als ein logischer Schluß aus wahren Voraussetzungen, sondern als eine semantische Verbindung. Dem Ansatz beim Zweifel zufolge weiß ich nicht, was wahr ist, also doch eigentlich auch nicht, ob ich, in einer logisch deutlichen Bedeutung dieses Wortes, denke. Ich weiß nicht einmal, ob „denken", im Sinne eines Bezuges auf etwas, ‚etwas' bedeuten kann, denn ich weiß nicht genau, wie oder nach welcher vorgegebenen Regel ich dieses Wort verwende, weil ich nicht weiß, was es ‚an sich' bedeuten *soll*. Ich weiß nicht, inwieweit ich es ‚individuell' gebrauche und inwieweit einer Norm folgend, denn dazu müßte es ein logisch deutlicher Begriff einer auf logische Deutlichkeit hin konstruierten Sprache sein. Aber dennoch kann ich das Wort nicht beliebig gebrauchen. Auf diesem Nichtkönnen basiert die „notwendige Verbindung" („conjunctio necessaria"; Descartes Reg., 421) zwischen ‚Denken' und ‚Sein', genauer, zwischen dem Gebrauch dieser Wörter, und auf Verbindungen dieser Art basiert die ganze uns mögliche Wissenschaft. Sie basiert auf dem Unvermögen, z. B. zu *sagen*, man denke, und dann zu leugnen, daß man sei, oder man denke eine Zahl, die keinen Nachfolger habe, eine Farbe ohne Ausdehnung usw. Schon Descartes rekurriert eigentlich auf semantische Zwänge, um darauf dann das Wissen zu begründen. Gerade die uns verfügbare Sprache, wie sie ist, enthält solche Zwänge. Sie können durchaus von Sprache zu Sprache verschieden sein. Man kann sich z. B. denken, daß es in einer bestimmten Sprache kein unserem Wort „Ursache" entsprechendes Wort gebe. Aber dennoch kann man nicht von einer Ursache sprechen und eine Wirkung leugnen. Die Verbindung Denken-Sein impliziert, daß ich in ihrem Vollzug nicht nur eine notwendige Verbindung vollziehe, sondern dazu gelange, sagen zu müssen, daß ich bin. Der zweite Begriff in dieser Verbindung ist der des Seins, und zwar des Seins meiner selbst als desjenigen, der die Verbindung vollziehen muß. Es findet hier *notwendig* eine semantische Interpretation statt. D. h. es wird notwendig gesagt, der Ausdruck „ich" beziehe sich auf ein Ding (res). Denken *ist*, wenngleich es nicht weiß, ob es seinen *Begriff* erfüllt. Das ist der eigentlich neue Zugang zum Sein. Damit ist zum ersten Mal in der Geschichte der Philosophie ein Individuum als substantiell gedacht, d. h. es ist auf die Notwendigkeit von etwas hingewiesen, dessen Sein nicht in der Erfüllung seines *Begriffs* gedacht wird. Ich in meiner Zufälligkeit und Angewiesenheit auf die historische Sprache, wie sie ist, und bei allem Zweifel, ob ich überhaupt etwas vermag und ob ich den Begriff ‚Denken' überhaupt erfülle, kann nicht anders, als mich als seiend zu denken, wenngleich dies auch ein Seiendes ist, von dem ich sonst noch nichts weiß.

Dies ist, wenn man so will, schon ein existentieller Begriff des Seins. Er resultiert aus einer semantischen Analyse. Um die Herausbildung der Sprachbewußtheit in der neueren Philosophie aus ihr selbst heraus verständlich erscheinen zu lassen, soll im folgenden noch ein weiteres Stück der Cartesianischen Methode skizziert werden. Wenn die Wissenschaft, zu der endliche Wesen fähig sind, nicht Willkür sein soll, dann muß sie auf etwas begründet sein, zu dem endliche Wesen unmittelbar fähig sind und das zugleich für sie notwendig ist. Wissenschaft muß auf der Fähigkeit beruhen, den *offenkundigen* Notwendigkeiten in der wirklich verfügbaren Sprache zu folgen. Zur *logischen* Deutlichkeit z. B. sind endliche Wesen, nach der nominalistischen Kritik an einem platonisch-aristotelischen Universalienrealismus, nicht unmittelbar fähig.

Dazu müßte erst eine ideale Sprache konstruiert werden, und auch dies gelingt ihnen als endlichen nur unvollkommen. Dagegen *kann* man, wenn man sich überhaupt auf die Sprache versteht, gewisse „notwendige Verbindungen" unmittelbar vollziehen. Man versteht, daß die Bedeutung ‚sein' in der Bedeutung ‚denken' so wie ‚lebend' in ‚atmend' enthalten ist. Wissenschaft wird demzufolge auf nichts anderes gegründet als auf ein Vermögen, das bei jedem Sprechenden und Sprache Verstehenden ohnehin vorauszusetzen ist. Dies ist die Minimalbasis möglicher Wissenschaft. Demgegenüber ist die Frage, ob damit auch die Wahrheit im objektiven Sinne zu erkennen ist, ein sehr schwieriges philosophisches Problem, bei dem man fragen muß, ob sich hier überhaupt eine Lösung auf dem Boden der *außer Frage* stehenden Fähigkeiten ergibt. Außer Frage steht das Vollziehen der genannten semantischen Verbindungen. Sie sind das absolut Leichte, denn hier handelt es sich um ein Können, demgegenüber Leichteres nicht gedacht werden kann.

Darin drückt sich die *vorhandene* (gekonnte) Sprache aus, *wie sie* (gekonnt) *ist*, nicht wie sie idealiter sein sollte. Auch die Mathematik und in erster Linie sie soll nach Descartes auf dieser Basis aufgebaut werden. Wer ‚Zahl' denkt, kann nicht denken, daß sie keinen Nachfolger haben könnte, wer ‚Dreieck' denkt, denkt Seiten, Fläche usw., und wer überhaupt ein mathematisches Problem lösen will, muß überlegen, wie er es in so viele kleine Schritte zerlegen kann, wie dazu erforderlich sind, daß der einzelne Schritt eine absolute (höchstmögliche) Leichtigkeit, d. h. einen unproblematischen Vollzug darstellt. Allgemein gesagt müssen Probleme auf dieser Basis des uns Möglichen dadurch ‚gelöst' werden, daß sie in einer zweckmäßigen Weise so eingeteilt werden, daß die einzelnen Teile kein Problem mehr darstellen. Problemlösung muß letztlich, wenn Descartes es natürlich auch noch nicht so nennt, semantische Analyse sein. Es kann uns auf dem Boden des uns Möglichen oder innerhalb einer „bona mens“ (Descartes Reg., 360), deren Name synonym ist mit dem einer „scientia generalis“ (378), gar nicht darum gehen, mit unseren Einteilungsentwürfen etwa die „Naturen“ der Sachen selbst nachzeichnen zu wollen (381). Wir teilen mit unseren Begriffen die Natur nicht in Naturen ein, so wie die Natur es ‚von sich aus‘ gemacht haben könnte, sondern wir teilen unsere Probleme, die wir als bedürftige Wesen mit der Natur haben, in einer für die befriedigende Lösung zweckmäßigen Weise in endlich viele Teile ein, so daß sich für unseren diskursiven Verstand dadurch eine Möglichkeit abzeichnet, mit der Lösung zu Ende zu kommen. Diese einteilenden Vorentwürfe für den Verstand vollzieht nach Descartes die Einbildungskraft oder Phantasie (vgl. 387 f. u. 415–417). Hegel wird später in dieser Tradition von einer „Zeichen machenden Phantasie“ (Hegel Enz., 367–374) sprechen. Man kann hier anknüpfend sagen: Unsere semantischen Gliederungen der Realität sind produktiv entworfene Einteilungen aus dem Blickpunkt unserer Bedürfnisse als endliche Wesen. Hierbei ist wieder nicht an sogenannte Gattungsbedürfnisse im Sinne einer ihrem Begriff nach (deutlich) erkannten ‚Natur‘ des Menschen zu denken, sondern an Bedürfnisse, wie sie sich einem sich selbst begrifflich undeutlichen, endlichen ‚Ich‘ jeweils in einer bestimmten Lage als Bedürfnisse *darstellen*. Das kann individuell verschieden sein, schon weil uns der Begriff einer objektiven Einteilung oder Aufzählung unserer Bedürfnisse aus den genannten Gründen fehlt. Auch sie teilen wir sprachlich-begrifflich ein unter dem Aspekt ihrer befriedigenden Aufhebung, die sich natürlich nur individuell ergeben kann.

Die Sprache, *wie sie ist*, ist hierbei dasjenige, auf das wir angewiesen sind. Aber sie ist zugleich auch das, was unser leichtestes Vermögen, unser absolutes Können und in diesem Sinn, als diese Freiheit, unser Absolutes ist. Sie ist das Notwendige und Wirkliche zugleich. Bei diesem Absoluten müssen jetzt sowohl die Wissenschaft als auch die Philosophie ansetzen. Insofern ist die Sprachphilosophie im Grunde schon ‚Erste Philosophie'. Aber gegenüber dem gängigen Begriff von Sprachphilosophie ist zu bemerken, daß es hier keineswegs um eine philosophische Betrachtung ‚der' Sprache zu tun ist. ‚Die' Sprache steht in diesen neuzeitlichen Grundlegungen der Philosophie als solche nicht im Blick. Sie *kann* auch gar nicht als ein objektiv ausgegliederter Bereich einer Einzeldisziplin betrachtet werden. Denn auch dabei würden, dem modernen Methodenbewußtsein zufolge, notwendigerweise irgendwelche leitenden Begriffe, etwa die Einteilung in Semantik, Syntax und Pragmatik, in Laut und Bedeutung usw., an die Sprache herangetragen, in der Absicht, so *Probleme* mit der Sprache lösen zu können. Es geht hier zunächst um den primitiveren gnoseologischen Tatbestand, daß wir uns auch bei einer Reflexion auf ‚die' Sprache schon des genannten (sprachlichen) Könnens bedienen müssen, wenn einleuchtende Problemlösungen gelingen sollen. Dafür gibt es, übrigens auch noch nach Kant (Kant KrV, B 172), keine Regel, die aus einem *vorgefaßten* Philosophiebegriff heraus gegeben sein könnte. Es handelt sich um ein absolutes Können der Urteilskraft als einer für den Verstand zweckmäßigen Einbildungskraft (KU, XLV). Man kann nur *Beispiele* dafür aufzählen, aber keine übergeordnete Regel angeben, nach der sie zu finden wären.

Dieses Moment von Faktizität im modernen Wissensbegriff verweist auf eine Selbstverständlichkeit semantischer Kompetenz. Anderenfalls bliebe Wissenschaft, wie die Philosophie bei Platon, von ihren sprachlichen Voraussetzungen her esoterisch. Es handelt sich um ein Absolutes im Sinne eines bei allen geistigen Operationen in Philosophie und Wissenschaft immer schon Vorauszusetzenden, das ‚man' schlicht können muß, wenn Wissenschaft und Philosophie überhaupt möglich sein sollen. Es handelt sich nicht mehr um Prinzipien, die der Philosoph als Anfang erst aufzufinden hätte, um dann von da aus sein Wissen aufzubauen, sondern um das, was prinzipiell allen ohne besonderes Ingenium verfügbar ist. Ingenium ist allerdings, wieder sowohl nach Descartes wie auch nach Kant, dazu erforderlich, unsere Probleme so zu erfassen und zu analysieren, daß sie in Teile zerfallen, von denen der einzelne Teil dann für niemanden mehr, mit dem man überhaupt auf dem Boden einer vorhandenen und nicht erst noch zu konstruierenden Sprache reden kann, ein Problem darstellt. Es erscheint deshalb immer wie ein glücklicher Zufall (vgl. Kant KU, XXXIV), wenn es jemandem gelingt, bedrängende Probleme sprachlich so zu erfassen und darzustellen, daß sie sich in von jedermann zu vollziehende Teilschritte, ins unproblematisch Vollziehbare der Sprache auflösen. Dann besteht Bereitschaft, den Lösungsvorschlag zu akzeptieren, wenn natürlich auch niemals abzusehen ist, ob nicht gerade dadurch wieder Folgeprobleme aufgeworfen werden, von denen noch niemand weiß, ob sich auch für sie wieder der lösende Einfall ergeben wird, d. h. ob sich eine dazu geeignete Sprache finden läßt.

# I. Die Aufgabe der Sprachphilosophie

Wenn die Sprachphilosophie aus diesem neuzeitlichen Ansatz heraus heute zu einer philosophischen Grunddisziplin geworden ist, stellt sich die Frage, wie denn die Tradition die Philosophie zu begründen versuchte. Nur in dieser Abhebung wird die gegenwärtige Funktion der Sprachphilosophie deutlich. Aristoteles führte den Begriff einer ‚Ersten Philosophie' ein (Aristoteles Metaph., 1003 a und 1025 b–1026 a). Dieser Begriff wird zumeist mit dem der *Ontologie* gleichgesetzt. Die Ontologie ist als der Teil der Philosophie verstanden, der sich dem Seienden vor aller Spezifikation zuwendet (ontologia generalis). Erst in einer analogen Bedeutung des Wortes wird auch von Spezialontologien gesprochen, z. B. von einer Ontologie des materiellen Seins. Die allgemeine Ontologie soll alle Aussagen beinhalten, die vom Seienden als solchem handeln. Sie ist insofern die Grundlage aller philosophischen Systematik.

Solch einem metyphysischen Ansatz liegt aber offensichtlich schon eine Vorentscheidung zugrunde. Er ist nur möglich, wenn als ausgemacht gilt, was ist und was nicht ist, bzw. worin das ‚Sein' des Seienden in dieser Allgemeinheit begründet ist. Somit scheint, wie es im Verlauf der Philosophiegeschichte ja auch tatsächlich geschah, die Erkenntnistheorie als die eigentliche Grunddisziplin noch vor der allgemeinen Ontologie als ‚Erste Philosophie' stehen zu müssen. Vor allem in unserem Jahrhundert wurde gegenüber der gnoseologischen Fundierung der

Philosophie seit Kant das Haus der Philosophie noch einmal umgebaut. Denn die Frage, was ist und was nicht ist, ist doch eine sehr merkwürdige Frage. Ihr ‚Gegenstand' ist *schon mit der Frage* als ‚etwas', und d. h. doch als ‚seiend' vorausgesetzt. Man muß dieser Unterscheidung zufolge von ‚etwas' *sagen* können, daß ‚es' nicht sei. So gehörte es schon nach Aristoteles zur Bestimmung der Wahrheit, daß man vom ‚Nichtseienden' sagen solle, daß ‚es' nicht sei.

Diese Merkwürdigkeit lenkt den Blick auf die Sprache zurück. Offenkundig können wir in der Sprache ‚etwas' (intensional) benennen, über das wir dann urteilen, daß ‚es' (extensional) nicht existiere. Auf diesen Umstand muß sich die ‚erste' Aufmerksamkeit der Philosophie richten. Das gilt nicht nur für Erkenntnisfragen, sondern auch für Urteile auf dem Gebiet der Moral, z. B. wenn gefragt wird, ob ‚etwas' ein Wert ‚sei' oder nicht. Alles, was wir in Frage stellen, was wir kritisch bedenken, verwerfen oder schließlich bejahen, haben wir zunächst in unserer Sprache, und über ‚etwas', was wir nicht in der Sprache haben, können wir erst gar nicht näher befinden. Die Sprache erlaubt zwar, auch noch von ‚etwas', das wir nicht in der Sprache haben, zu sprechen, aber ‚es' hat dann für uns überhaupt keine Bestimmtheit. Wir sprechen, wenn wir ‚darüber' sprechen, eher von unserer Sprache und ihrer besonderen Beschaffenheit als von ‚etwas'.

Die Sprachphilosophie als ‚Erste Philosophie' besinnt sich auf das, was wir *als sprachliche Wesen* können, um von daher überhaupt erst Fragen der Erkenntnistheorie, der Ontologie oder der praktischen Philosophie richtig stellen zu können. Unter diesem Aspekt sind drei ‚Arten' von Sein zu unterscheiden:

1) ‚Etwas', über das wir in unserer Sprache nicht sprechen können, da wir es in ihr nicht bezeichnen können.

2) ‚Etwas', das wir zwar intensional benennen können, von dem wir aber sagen, ‚es' sei nicht. Hierhin gehören die in der Philosophie berühmten Einhörner oder Pegasusse, aber auch die platonistischen Universalien in der Sicht der Nominalisten, die unbestimmte Materie in der Sicht der Platonisten, Gott in der Sicht der Atheisten usw.

3) ‚Etwas', das wir benennen und von dem wir auf irgendeine Weise, explizit oder implizit, sagen, daß es sei.

Man kann noch eine vierte ‚Art' hinzufügen, nämlich ‚etwas', das wir wohl anführen können, das aber doch keinen finiten Namen hat, wie die reellen Zahlen in der Mathematik. Sie sind dadurch definiert, daß zwischen benennbaren Zahlen immer noch andere, nicht benennbare Zahlen ‚existieren' sollen, ‚über' die dennoch etwas ausgesagt wird.

Schon mit diesem knappen Überblick über ‚Arten' des Seins wird verständlich, daß ontologische Fragen von der Sprache her aufgeworfen werden. Sprachphilosophie kann unter diesem Aspekt als der Ontologie systematisch vorgeordnete Disziplin oder als Protoontologie verstanden werden. Sie wendet sich der Sprache zu, aber nicht, um über die Sprache als über einen speziellen Gegenstand zu handeln, sondern um von der Sprache her Aufschluß über unser Denken in seinem Bezug zum Sein zu erhalten.

# II. Die nominalistische Krise und der Gegenzug der Transzendentalphilosophie

## *1. Der konsequente Nominalismus*

Die nominalistische Krise der Philosophie hat diese Fragestellung provoziert. Sie ging vom Zweifel am *Sein* der ‚Universalien' aus. ‚Universalien' sind Arten und Gattungen, in denen individuelle Dinge sprachlich klassifiziert sind, z. B. Allgemeinbegriffe wie ‚Mensch', ‚Pferd', ‚Säugetier', aber auch ‚das Gute' als das Gemeinsame aller guten Dinge oder Handlungen, usw. Wenn der Nominalismus, zu dem heute die meisten Sprachphilosophen zu rechnen sind, davon ausgeht, daß man von dem, was solche Wörter meinen, nicht sagen könne, daß ‚es' in einem sprachunabhängigen Sinne sei, so hat das weitreichende Konsequenzen. Wenn Arten und Gattungen nur als sprachbedingte Einteilungen genommen werden, verliert das „ist" in Sätzen wie „Sokrates ist ein Mensch" seinen ontologischen Sinn. Ontologischen Sinn behält nur der Eigenname „Sokrates", denn die Eigenschaft ‚Menschsein' kann dann nicht als ontologisch fundiert, sondern nur als Zuordnung zu Klassen verstanden werden, die in einem auf die Lebensbewältigung pragmatisch ausgerichteten Sprachsystem zu suchen wären. Aber in der radikalen Konsequenz des nominalistischen Ansatzes hebt sich auch der ontologische Sinn des Eigennamens auf. Auch das, was mit „Sokrates" gemeint ist, ist etwas Zusammengefaßtes. Es ist Sokrates in allen Stadien seines Lebens und in der Zusammensetzung seiner Körperteile zu einem bestimmten Ganzen, das sich in einer bestimmten Weise von seiner Umgebung abhebt. Ein Atomist z. B. würde es vorziehen, nur die Atome, aus denen Sokrates besteht, als seiend zu bezeichnen oder gar nur deren Teilchen. Doch auch das verweist auf eine Sprache zurück, nämlich auf die der Physik. Es bliebe nur die ‚materielle' Erfüllung bestimmter Punkte eines Raum-Zeit-Kontinuums, aber auch auf diesen allgemeinen Begriff wäre zu verzichten. Die Sache ginge tautologisch aus, indem man zum Schluß sagen müßte, der Begriff ‚Materie' sei durch den Ausdruck ‚das eigentlich (extensional) Seiende' zu ersetzen. „Flight from intension" (und damit eine Elimination des traditionellen Bedeutungsbegriffs) erscheint als einzige Konsequenz (Quine *1960*, 191).

Die nominalistische Kritik am Sein der Universalien hebt im Grunde den direkten Anspruch aller prädikativen Aussagen auf. Aus diesem Grund muß der Nominalismus etwas anderes als den Gegenstand solcher Aussagen als das Seiende ansehen, nämlich dasjenige, was der außersprachliche Grund dafür sein soll, daß solche Aussagen wahr oder falsch sein können. Zu diesem außersprachlichen Etwas soll der *Sinn* der Aussage hinleiten. ‚Sinn' ist damit als Methode der Verifikation verstanden (Verifikationalismus). Dieses Außersprachliche wurde „Gegenstand der Erfahrung", „Beobachtung", „Sinneseindruck" oder auch „Reiz" genannt. Der extreme Nominalist Quine entscheidet sich für den Begriff des Reizes („stimulation"). Unter ‚Reiz' versteht man wohl noch am ehesten das Unbenannte oder sogar Unbenennbare, das jemanden dazu motivieren kann, eine Aussage zu bejahen oder zu verneinen. Das soll nicht die Bedeutung des Wortes „Reiz" sein, sondern das Unbestimmte, das uns sagen läßt, wir empfänden einen Reiz. Das *Wort* „Reiz" könnte eventuell in anderen Sprachen kein Äquivalent haben. Seine Unübersetzbarkeit stellte dann seine ontologische Dignität in Frage. Aber die Sprecher solcher anderen Sprachen würden sich dennoch bei bestimmten Gelegenheiten, bei denen wir sagen würden, wir würden gereizt, so verhalten, daß wir es auch von ihnen sagen könnten. Die Konsequenz dieses extremen Ansatzes besteht darin, daß Aussagen sich überhaupt nicht mehr als Aussagen über ‚etwas' Bestimmtes in einem sprachunabhängigen Sinn festhalten lassen, weil alle Begriffe in ihrer Projektion auf Sein (d. i. in ihrer referentiellen Bedeutung) reizabhängig bleiben (Quine *1960*, 32-35).

Der logische Positivismus, vor allem im Anschluß an Carnap, hielt noch an der Gültigkeit synthetischer Urteile a posteriori und analytischer Urteile a priori und damit an der referentiellen *Bedeutung* der Wörter fest, die in solche Urteile eingehen. Er stellte nur die objektive Gültigkeit (Bedeutung) synthetischer Urteile a priori in Frage. Mit dieser *Einteilung* der Urteile folgte er durchaus noch der metaphysischen Tradition. Mit dem Begriff analytischer Urteile glaubte der logische Positivismus so wie die Tradition keine Schwierigkeiten zu haben. Sie sollen allein aufgrund der Bedeutung der in ihnen vorkommenden Ausdrücke wahr sein. Der radikale Zweifel an der Realität der Universalien erlaubt nun aber nicht mehr eine solche Unterscheidung zwischen ‚analytisch' und ‚synthetisch'. Er geht davon aus, daß man nicht a priori sagen kann, welche Bedeutungsimplikate in einem Begriff enthalten sind. Man weiß nicht a priori, was jemand ‚alles' unter einem Ausdruck versteht bzw. mitversteht. Wenn jemand sagt, daß Junggesellen unverheiratet seien, so könnte man auch unterstellen, daß er etwas mitteilen wolle und folglich das Wort „Junggeselle" nicht so gebraucht, daß ‚unverheiratet' für ihn schon darin enthalten gewesen ist. Er hätte dann ein synthetisches Urteil gebildet.

Wenn den Universalien kein Sein (im Sinne substantieller, sich durchhaltender Identität der Bedeutung) zukommt, kann man auch nicht sinnvoll sagen, daß ‚etwas' in ihnen enthalten sei. Man kann zu keinem eindeutig analytischen Urteil kommen. Die Analyse kann sich dann immer nur auf einen aktuellen, erst noch empirisch festzustellenden Sprachgebrauch beziehen, d. h. auch sie folgt der Erfahrung. Sprachanalyse ist dann keine ‚reine' Disziplin der Philosophie a priori, sondern Erfahrungswissenschaft auf derselben Stufe wie andere Einzelwissenschaften (Quine *1960*, 275 f.). Darin liegt aber noch eine weitere Konsequenz. Auch ‚Erfahrung' ist nicht mehr als möglich zu denken, wenn damit irgendeine Art von Verallgemeinerung gemeint sein sollte, mit der man etwas Seiendes erkannt zu haben meint. Das betrifft die Möglichkeit von Wissenschaft als einer ausgezeichneten Institution. Wissenschaft will sich doch von anderen Verhaltensweisen dadurch unterscheiden, daß sie sich systematisch um gesicherte Erfahrung bemüht, die sie in allgemeinen Sätzen formulieren kann. In einer vom bloßen Alltagsgerede abgehobenen Weise soll gesagt werden können, es ‚sei' so, wie der (allgemeine oder ‚gesetzesartige') wissenschaftliche Satz es formuliert. Man soll sich daran orientieren können, daß etwas Allgemeines sei. Die Frage, was ‚Wahrheit' überhaupt noch heißen kann, stellt sich als eine sprachphilosophische Frage, wenn überhaupt keine Urteile a priori, weder analytische noch synthetische, mehr als ‚möglich' (im Sinn von ‚objektiv gültig') gedacht werden können. Denn das heißt, daß Begriffe in den Verhältnissen zueinander, in die sie *als Begriffe* eingehen, überhaupt keinen Bezug zum Sein haben. Wir folgen, wenn wir Begriffe miteinander verbinden, dann nur noch den grammatischen, aber ontologisch belanglosen Vorschriften einer besonderen Sprache. Die grammatischen und semantischen Strukturen dieser Sprache bedeuten dann lediglich eine durch nichts anderes zu rechtfertigende Sprachgewohnheit, die sich so lange hält, wie sie sich eben hält. Quine glaubt in diesem Zusammenhang von Strukturen sprechen zu können, die sich bei der Orientierung in der Natur bewährt und im Kampf ums Dasein behauptet haben sollen, analog zu dem, was der Darwinismus von körperlichen Eigenschaften der Lebewesen annimmt. Bei Nietzsche finden sich ähnliche Thesen über die Grammatik. Aber immerhin bleibt ein gewisser Bezug zur Realität unterstellt. Der Reiz, demzufolge wir ‚Wahrheiten' gelten lassen oder verwerfen, müßte irgend etwas mit den Formulierungen und dem Verhältnis der Begriffe zueinander zu tun haben, das wir in unseren Formulierungen performieren, wenn diese ‚Möglichkeiten' sich auch nur eine gewisse Zeit lang sollen bewähren können.

Von einer Relation zwischen einem Reiz und einer sprachlichen Formulierung kann man auf befriedigende Weise aber nur sprechen, wenn der *Begriff* des Reizes deutlich ist. Damit ist man wieder zum Postulat der Realität von Universalien zurückgekommen. Um den bekannten Problemen zu entgehen, die damit verbunden sind, ist es besser, unter ‚Reiz' nichts Bestimmtes zu verstehen, sondern nur das, was uns auf unbestimmte Weise bewegt, eine bestimmte Formulierung gelten oder nicht gelten zu lassen. So kommt man zwar nur zu der tautologischen Aussage, daß wir genau durch ‚das', was uns zum Festhalten bzw. zum Preisgeben einer Formulierung bewegt, bewegt würden. Aber man kommt wohl nur so ohne metaphysische Postulate aus.

## 2. *Sprachphilosophie als Transzendentalphilosophie*

Eine solche Lage war schon Ansatzpunkt der Transzendentalphilosophie, wie sie durch Kant begründet wurde. Ihre Aktualität besteht also nach wie vor. Dem heutigen Problembewußtsein nach ist die transzendentale Fragestellung sprachphilosophisch zu rekonstruieren, ohne ihre fundamentalphilosophische Intention aus dem Blick zu verlieren. Kant sprach nicht vage von Reizen, sondern von Affektionen der Sinne. Das ist, vom heutigen Problembewußtsein aus, natürlich erst recht zuviel gesagt. Mit den Begriffen ‚Affektion' und ‚Sinne' sind wir bereits innerhalb einer Sprache und damit innerhalb des Universalienproblems. Wenn wir sagen, die Sinne würden affiziert, sprechen wir dem Allgemeinbegriff ‚Sinne' reale Bedeutung zu. Wir mögen zwar nur den einzelnen Sinn meinen, insofern er tatsächlich affiziert wird, aber wir nennen ihn einen Fall der Art ‚Sinne', und als solcher und nicht nur als beliebiges Einzelding soll er ‚etwas' sein, das affiziert wird. Es ist deshalb schon konsequenter, nur ‚irgend etwas', das uns zu einem Urteil als der Bejahung oder Verneinung eines Sachverhaltes bewegt, vorauszusetzen, ohne es näher zu qualifizieren.

Es kommt in der transzendentalen Argumentation zunächst darauf an, Argumente dafür zu finden, daß die *Formen* der Sätze, in denen wir einen Anspruch auf Wahrheit erheben, objektiv gültig sind, damit wir, als Bedingung der Möglichkeit der Erfahrung, sagen können, die Inhalte dieser Formen seien wahr oder falsch, bzw. sie könnten wahr sein. Denn wenn sich auch diese Formen, etwa die einfache Verknüpfung eines Satzsubjekts mit einem Prädikat, nur in einem darwinistischen Sinn bisher bewährt haben sollten, stellt sich doch die Frage, welchen

Sinn es haben sollte, anläßlich eines Reizes ‚von außen' ein bisher bejahtes Urteil zu verneinen und dabei die *Form* des Urteils unbedingt beizubehalten. Kant spricht in diesem Zusammenhang von einer „transzendentalen", d. h. in aller Erfahrung als Bedingung der Möglichkeit von Erfahrung *vorauszusetzenden* „Grammatik" (Kant V. Metaph., 576). Von deren transzendentalen Formen setzen wir voraus, daß sie alle Reizungen überstehen, die uns zur Bejahung oder Verneinung ihrer Inhalte bewegen mögen. Diese Formen sind also Universalien ganz anderer Art als die inhaltlichen Allgemeinbegriffe, unter die wir einzelne Dinge nach Arten und Gattungen zusammenfassen. Letztere nennt Kant „empirische", historisch (in der Sprache) vorgegebene Begriffe. Die transzendentalen Formen der Urteilsbildung heißen, wenn sie zur Bestimmung von Gegebenem verwendet werden, „Verstandesbegriffe" oder „Kategorien" (Kant KrV, B 128).

Damit ist eine folgenreiche Unterscheidung eingeführt. Die empirischen Begriffe mögen dieser Unterscheidung nach subjektiv gebildet worden sein und nur Einzelsprachen angehören, ohne ‚natürliche' Arten nachzuzeichnen. Die Verstandesbegriffe sind dagegen als echte Universalien zu rechtfertigen, wenn immer es einen Sinn haben soll, auch nur die Frage zu stellen, ob eine durch sie vorgegebene Verbindung von empirischen Begriffen wahr sei oder nicht. Diese Rechtfertigung heißt bei Kant „transzendentale Logik". Sie ist identisch mit der Rechtfertigung der Rede von (äußeren oder inneren) Reizen als dem Beweggrund der (positiven oder negativen) Urteilsbildung dem *Inhalt* des Urteils nach und rechtfertigt die Rede von einer Ich-Identität, von der man sagen könnte, sie werde gereizt und halte sich dabei durch. Denn ‚wir selbst' müssen uns als etwas sich Durchhaltendes voraussetzen, wenn wir sagen, daß wir dazu bewegt werden können, unsere Urteile zu ändern. Die sich durchhaltende *Form* der Urteile ist der Anhalt zu dieser Voraussetzung.

### *3. Sprachformen*

Kant ist der erste gewesen, der sich die Frage vorgelegt hat, wie die Wahrheit (oder „objektive Gültigkeit") der *Formen* unserer Urteilsbildung gedacht werden könne. Er meint zwar Verstandesformen und nicht sprachliche Formen. Aber die Formen des Verstandes sind nur als Sprachformen zu identifizieren. Die Unterscheidung zwischen den Sprachformen und ‚tieferliegenden' transzendentalen Verstandes- oder Denkformen zu rechtfertigen und universale Denkformen von den grammatischen Formen der Einzelsprachen zu unterscheiden, ist selbst ein sprachphilosophisches Problem. Als einfachste und deshalb fundamentale Sprachform gilt der einfache, aus Subjekt und Prädikat bestehende *Satz*. Die Logik, die ja nicht von der Sprache, sondern vom Denken handeln will, geht unbeirrt davon aus, daß diese ‚einfache' Form (symbolisch z. B. f(a)) die Grundlage allen Denkens sei.

Mit solchen symbolischen Notationen für Formen sollen die Strukturen der Einzelsprachen überwunden sein. Natürlich bewegt man sich mit diesen Notationen zumindest im Bereich der Einzelsprachen – genauer gesagt: in den Grammatiktheorien, die im Blick auf bestimmte Sprachen entwickelt worden sind (vgl. u. S. 197 ff.) –, in denen ‚Subjekt' und ‚Prädikat' Pflichtteile des Satzes darstellen und demnach alles Sprechen als Aussage über ‚etwas' aufgefaßt wird. Das Japanische z. B. kennt keine Verpflichtung, ein ‚Subjekt' als ontisches Substrat zu bezeichnen, ‚über' das das Prädikat dann etwas aussage. Dieser Umstand ist für den Sprecher einer indoeuropäischen

Sprache höchst seltsam. Das spricht nicht gegen das Japanische, sondern für die starke Befangenheit im einzelsprachlich gelenkten Denken. Kann ,man' sich ,denken', daß sinnvolles Sprechen auf das Subjekt eines Satzes, auch wenn es *grammatisch* nicht erscheinen muß, *logisch* verzichten kann? Sprachphilosophisch formuliert sich diese Frage unmittelbar um in die Frage, wer denn hier mit ,man' und was mit ,denken' gemeint sein könne. Offensichtlich fällt es nur dem Sprecher indoeuropäischer Sprachen schwer, sich dies zu denken. Er versteht ja ,Sprache' in einem universalen Sinn von *seiner* Sprache her. Er bewegt sich in dem Zirkel, das in den einzelnen Sprachen auszudrückende Denken so zu verstehen, wie es ihm von seiner Sprache her möglich ist.

Die Transzendentalphilosophie spricht von der Identität des Subjekts des Denkens, indem sie von universalen *Formen* spricht, in denen *das* Subjekt, das soll heißen, jedes Subjekt, denke. So gewinnt sie überhaupt erst einen Begriff vom Subjekt. Man kann sich nun entscheiden, ob man es hierbei belassen möchte, weil man die Voraussetzung solch eines transzendentalen Subjekts für unerläßlich hält, um überhaupt noch sinnvoll von Denken sprechen zu können, oder ob man das ,sprachrelativistische' Argument gelten lassen will und damit auf einen an universalen Denkformen identifizierbaren Begriff des Denkens verzichtet. Entscheidungen sind zwar in der Philosophie etwas Unbefriedigendes. Doch in diesem Fall wird die Entscheidung dadurch vorgezeichnet, daß nur die Option für den Begriff eines transzendentalen Subjekts den Begriff sachhaltigen Denkens überhaupt zu gewährleisten scheint. Nur so ist ,etwas' als etwas Bestimmtes vorausgesetzt, ,von' dem man sagen kann, es sei wahr oder falsch, und dieses ,etwas' ist das Denken und seine Form das Urteil. Unter dieser Voraussetzung ,zerfällt' das Urteil in seine apriorische ,transzendentale' Form und in seinen wechselnden empirischen Inhalt, der wahr oder falsch sein kann.

Es ist im Grunde gleichgültig, ob man es bei der bloßen (transzendentalen) Voraussetzung der Form bewenden läßt oder außerdem ,mentalistisch' auf den Begriff eines Subjekts als des ,Vermögens', in diesen Formen zu urteilen, rekurriert. Gegenüber der sprachanalytischen Philosophie, die den ,mentalistischen' Rückgriff auf ein Subjekt des Denkens nicht vollzieht, wäre die Frage nach einem Begriff der objektiven Gültigkeit von sprachlichen Formen zu stellen, und nur im Zusammenhang mit dieser Frage gelangt Kant zu dem Begriff eines transzendentalen Subjekts. In der heutigen Problemlage der Philosophie ist es aber wichtiger, darauf hinzuweisen, daß beide Positionen sich im Grunde a priori für die universale Geltung der Form entschieden haben, bzw. aufgrund der Befangenheit in den Bahnen der indoeuropäischen Sprachen dafür entschieden sind (vgl. Rorty *1979*, 8). Der Unterschied besteht lediglich darin, daß die Transzendentalphilosophie dennoch nach einer Begründung der objektiven Gültigkeit dieser Formen, aber eben im Ausgang von diesen Formen fragt.

## *4. Der Archetyp des Verstandes als Gegenposition zur Sprachlichkeit*

In der Form des Satzes wird von ,etwas' gesagt, ,was' es sei, z. B. ,die Rose' *sei* ,rot'. Von der Form des Satzes her scheint dies schon zu präsupponieren, daß ,die Rose', ob sie nun rot ist oder nicht, als *Rose* sei. Analog dazu scheint auch der Satz „es gibt Primzahlen zwischen 10 und 20" zu implizieren, daß es Primzahlen ,gibt'. Allgemein gesagt scheint die Form des Subjekt-Prädikat-Satzes, vor aller Frage nach der Wahrheit seiner inhaltlichen Aussage, vorauszusetzen, daß ‚etwas' *als* dasjenige existiere, als das es im Satzsubjekt vorausgesetzt ist. Die Satzform erscheint als Garantie der Realität der Universalien. Sonst bliebe der Reiz nur unbestimmt ‚er selbst' und könnte nicht in bezug auf *etwas* den Ausschlag geben. Rein als Reiz ist er nur Reiz und sonst nichts; er wäre nicht ‚etwas' und damit nichts. Die Form des Satzes, die ‚etwas' in seinem Sein *als* ‚etwas' voraussetzt, setzt auch die Distanz zwischen dem bloß subjektiven, tautologischen Reiz und dem, was dieser Reiz objektiv bewirken und bedeuten soll, nämlich die Differenz zwischen dem Wahren und dem Falschen.

Es ist also von der Form her vorausgesetzt, daß außer dem tautologischen subjektiven Reiz noch etwas anderes *ist*, wenn immer der Reiz ‚etwas' (Bestimmtes) *sein* soll. Dieses andere ist das, was der Begriff faßt: etwas, benannt als etwas, z. B. *als* Rose oder *als* bestimmtes Seiendes überhaupt, als ‚Dieses-da'. Es ist das Sein der Dinge in ihrer begrifflich bestimmten oder doch wenigstens deiktisch bedeuteten Differenz gegeneinander vorausgesetzt. Dieser Differenz wird Realität zugesprochen. Auch wenn wir zweifeln, ob etwas eine Rose sei, so unterstellen wir doch schon, daß es, wenn keine Rose, dann doch ‚etwas' bestimmtes anderes sei. Wir zweifeln nicht an der Form, in der wir etwas bestimmen. Wir bleiben Begriffsrealisten, auch dann, wenn wir voraussetzen, daß wir uns in der konkreten Bestimmung, ‚was' etwas sei, täuschen könnten. Daß wir Begriffsrealisten bleiben, ist der Punkt der Reflexion auf die Identität unserer selbst. Von der Form des Satzes her postulieren wir einen Archetyp von Verstand, für den Form und Inhalt nicht auseinanderfallen, so daß es für ihn der diskursiven Abänderung von Inhalten (bei bleibender Form) nicht bedarf. Er ist gedacht als ‚intuitiver' Verstand. Gewiß weist das in eine metaphysische Richtung. Diese Richtung ist aber schon in der Voraussetzung der Fallibilität ‚unseres' Verstandes angelegt. Wir denken ihn so, daß wir bereit sind, ihn an der ‚Erfahrung', und d. h. in äußerster Konsequenz, an Reizwirkungen scheitern zu lassen, die, als das absolut Andere des Begriffs, an ihnen selbst begrifflich unbestimmt sein müssen. Denn damit setzen wir voraus, daß wir unser Urteil ändern, also seine Form anders ausfüllen wollen. In der Form als solcher, so denken wir, partizipieren wir schon (a priori) an der Wahrheit, in Übereinstimmung mit einem archetypischen Verstand, wenn für diesen auch die Trennung einer reinen Form oder einer reinen Grammatik vom Inhalt als hinfällig gedacht ist. Diese Gewißheit ‚begleitet' unser Denken. Sie bestimmt auch den *Begriff* der Erfahrung. Dieser Begriff ist seinerseits als metaphysisch gekennzeichnet, solange in ihm zwischen einer reinen Logik des Denkens, die an der *Voraussetzung* der Satzform *ansetzt*, und dem Inhalt der Erfahrung unterschieden wird.

Die Satzform als Form der Verbindung von Begriffen verweist auf die Voraussetzung grundsätzlicher Realität allgemeiner inhaltlicher Begriffe, in denen wir die Wirklichkeit zu bestimmen gedenken, auch wenn wir eine *adäquate* Bestimmung ‚noch nicht' gefunden haben und mit unseren Bestimmungen faktisch einer Einzelsprache und deren historisch-zufälligem Angebot an Bestimmungsmöglichkeiten verhaftet bleiben sollten. Von unserer Sprache her denken wir, daß andere Sprachen die Wirklichkeit möglicherweise anders artikulieren, aber daß sie sie dennoch so wie wir in Allgemeinbegriffen artikulieren, die nach universalen Formregeln in Sätzen zum Ausdruck der Wahrheit verknüpft werden können. Wir haben die Idee einer Sprache, die die Wirklichkeit auf diese Weise *adäquat* artikuliert. Diese Idee ist identisch mit der Idee der *möglichen* Adäquatheit auch unserer sprachlichen Gliederung der Welt. Von ihr her halten wir es für *sinnvoll*, unsere Urteile, unter Beibehaltung ihrer Form, zu ändern. Nur so erhält auch der in seiner Namenlosigkeit tautologische Reiz Bedeutung: Der sinnlichen Affektion kann und muß von da her transzendentalphilosophisch eine Rolle bei der Auffindung der wahren Aussage zugesprochen werden.

Das ist auch noch der Ansatz des Husserlschen phänomenologischen Sprachbegriffs mit den Begriffen einer reinen Grammatik und einer reinen Bedeutungsintention, die in der Deskription eines reinen Bewußtseins zu erfassen sein sollen (Husserl LU II 1, 294–342). Die Richtigkeit der Form kann folglich nur darin bestehen, daß die formale Bildung des Urteils einer vorgegebenen *Regel* folgt. Solch eine Regel generiert den Satz grammatisch. Sie ist zunächst als Regel für die Grammatizität und somit als einzelsprachliche Regel reflektiert, die mit dieser Sprache gelernt worden ist. Aber sie ist damit zugleich als Regel verstanden, die auch noch die *Reflexion* auf den Umstand regiert, daß sie zusammen mit einer historischen Einzelsprache gelernt worden sei. Die alte Unterscheidung von Logik und Grammatik verweist auf eine über das Grammatische hinausgehende universal*logische* Bedeutung von Regeln. Wir haben diesen Begriff der Regel *zugleich* mit dem transzendentalen Begriff unseres Selbstbewußtseins als Denken. Somit können *wir* ihre Geltung nicht in Frage stellen, sosehr ihr Begriff auch hypothetisch und die Performation der wirklichen Sprache von solchen universalen Regeln her problematisch bleibt. (Vgl. Chomskys generative Grammatik, z. B. Chomsky *1957*, und das Problem einer entsprechenden generativen Semantik, z. B.

Katz *1966*.) Nietzsche spricht von einem Schema, das wir nicht abwerfen können (Nietzsche N VIII 1, 198).

Diese metaphysische Fundamentalität der *Form* des Satzes bleibt der feste Punkt aller modernen Sprachanalyse. Nur von ihrer Voraussetzung her sind wir in der Lage, Tiefenstrukturen von grammatischen Oberflächenstrukturen einzelner Sprachen zu unterscheiden und Sätze als Sätze zu beschreiben, die nach Regeln aus einfachen Sätzen zusammengesetzt sind. Denn wir ‚wissen', im Maße unseres Selbstbewußtseins, Denkende zu sein, ‚was' die Form eines einfachen Satzes ist und daß sie das objektiv gültige Element des Denkens ist. Wir wissen es in einem transzendentalen Sinn, weil wir ‚ich' nicht von einem Subjekt der Bildung solcher einfachen Sätze reflektierend unterscheiden können. Unser Selbstbewußtsein ist seinem Begriff nach mit dem Vermögen der Bildung dieser einfachen Sätze gleich ursprünglich, und so können wir uns empirisch nur als das Subjekt der *Zusammensetzung* von Sätzen aus solchen einfachen Sätzen reflektieren.

Wenn man sich weiterhin metaphysisch ausdrücken will, kann man sagen, die einfachen Sätze seien in unserem Selbstbewußtsein ihrer Form nach nicht unser Werk, sondern vorgegeben als das Werk eines archetypischen Verstandes. Unser Werk sei lediglich das Bilden zusammengesetzter Sätze aus solchen einfachen Sätzen, die die allgemeine Form haben: *das einzelne ist etwas Allgemeines*, ob man nun weiß, welches Allgemeine es ist oder nicht. Man muß aber nicht diese historisch-metaphysische Ausdrucksweise wählen. Es läuft auf dasselbe hinaus, S = P bzw. f(a) als fundamental anzusehen, d. h. den Seinsbezug dieser *Form* nicht in Frage zu stellen.

## *5. Die rationalistische Theorie über Begriff, Zeichen und Realität (Leibniz)*

Damit ist eine sprachbezogene Bedingung aller Transzendentalphilosophie genannt. Kant geht historisch von der Idee eines (archetypischen) Verstandes aus, dessen (intuitives) Denken vollkommen *adäquat* sei. Systematisch bedeutet das, daß von der Idee einer Sache ausgegangen wird, die in diesem Denken in allen ihren Prädikaten *zugleich* und also vollkommen bestimmt sei. Von solch einem vollkommenen Denken unterscheidet Kant unseren *menschlichen* (diskursiven) Verstand (vgl. Kant KrV, B 33). Der Grund für diesen Ansatz liegt in der rationalistischen (Leibnizschen) Philosophie. Da von da her die meisthin unreflektiert verwendete Terminologie unserer Reflexionen auf Sprache erst philosophisch verständlich wird, soll dieser Ansatz zunächst erläutert werden.

Leibniz unterscheidet zwischen Begriff (notio) und Realität. Ein Begriff kann zunächst *dunkel* (obscura) oder *klar* (clara) sein. Dunkel ist er, wenn er schon zum bloßen Identifizieren der durch ihn intendierten Sache nicht ausreicht; wenn er dazu ausreicht, ist er klar. Wenn ein Begriff einer Eigenschaft eines Dinges ausreichen sollte, ein Ding an dieser Eigenschaft wiederzuerkennen bzw. zu identifizieren, so ist ein Satz, der dem Ding diese Eigenschaft zuspricht, eine klare Erkenntnis (cognitio). Eine Erkenntnis ist darüber hinaus *deutlich* (distincta), wenn in ihr einer Sache prädikativ solche bzw. so viele Merkmale zugesprochen werden, daß sie von allen anderen Sachen dadurch (systematisch) unterschieden werden kann. Der dementsprechende Satz heißt nach Leibniz auch *„Nominaldefinition"*. Das Gegenteil zu „deutlich" heißt *„verworren"* (confusa), so daß eine Erkenntnis, bzw. ein Satz zwar klar, aber doch noch verworren sein kann. – Wenn nun auch noch alle Begriffe, die zu einer deutlichen Erkenntnis gehören, selbst wiederum deutlich sind, nennt Leibniz die Erkenntnis (bzw. den entsprechenden Satz) *adäquat* (adaequata). Er hält es aber für fraglich, „ob Menschen dafür ein vollkommenes Beispiel geben können". Wir hätten mit ihr die wahre, von der perspektivischen Situation, in der auch schon eine nur klare Erkenntnis die reale Sache befriedigend identifizieren kann, unabhängige *„Realdefinition"*. Aus ihr ginge hervor, daß die Sache von ihr selbst her *möglich* ist, weil sie sich, als adäquat erkannte, durchgängig in der Widerspruchsfreiheit aller ihr zugesprochenen Eigenschaften präsentiert (Leibniz Med., 422–426).

Während die Klarheit nach einem pragmatischen Gesichtspunkt, nämlich der Möglichkeit der Wiedererkennung von etwas als etwas bestimmt wird und auch die Deutlichkeit noch von der subjektiven systematischen Unterscheidbarkeit von etwas von allem anderen innerhalb eines gegebenen Begriffssystems her gedacht ist, überschreitet der Begriff der Adäquatheit die Gewißheit menschlicher Möglichkeiten. Leibniz gibt allerdings keine scharfe Grenze der Erkennbarkeit im Sinne der Deutlichkeit zu der Erkennbarkeit im Sinne der Adäquatheit an. Das mathematische Wissen um Zahlen soll der Adäquatheit „sehr nahe" kommen. Hier liegt der Ursprung des Gedankens der Näherung. Bei einer „längeren Analyse" jedenfalls ist Adäquatheit nicht möglich, weil wir uns hier „an Stelle der Dinge der Zeichen" bedienen, „deren Erklärung wir beim augenblicklichen Denken der Abkürzung wegen voraussetzen, da wir wissen oder glauben, daß wir sie zur Verfügung haben". Man bedient sich dann nur „der Worte (deren Sinn wenigstens dunkel und unvollkommen dem Geiste vorschwebt)". Solch eine Erkenntnis mit Hilfe von Zeichen nennt Leibniz *„blind* oder auch *symbolisch*" („caecam vel etiam symbolicam"; 423).

Die Differenz zwischen nur deutlicher und adäquater Erkenntnis wird offensichtlich in Abhängigkeit vom Grad der Komplexität gesehen. Wenn ein Begriff „sehr zusammengesetzt" ist, können wir nicht alle in ihn eingehenden Begriffe gleichzeitig (intuitiv) denken, so daß wir uns, zur Reduktion von Komplexität, (diskursiv) mit den Wörtern begnügen müssen, ohne deren Bedeutungsgehalt voll zu explizieren. Für eine sprachphilosophische Rekonstruktion dieser Gedanken, die für das spätere Philosophieren bis hin zur Gegenwart prägend geblieben sind, ist es wichtig festzuhalten, daß Leibniz den Unterschied zwischen sachlichem Denken und Denken in (bloßen) Wörtern im unterschiedlichen Grad der Explikation sieht. Worte stehen ‚für' Sachen, d. h. sie sind Zeichen (und nicht selbst nur Sachen), *weil* ihre Bedeutung, also die Realität der Sache, nicht hinreichend expliziert (deutlich) ist, entweder weil das momentan nicht für erforderlich gehalten wird, da die Erkenntnisintention auf anderes abzielt, oder weil es aus der Lage der Dinge heraus nicht möglich ist. Ein Wort ist also quasi per definitionem etwas in seiner Bedeutung (noch) zu Explizierendes, d. h. etwas nicht Deutliches!

Weil nun die Explikationen nicht so durchgeführt werden können, daß alle hierbei verwendeten Wörter zugleich in ihrer vollen Bedeutung explizit sind, ist es immer möglich, „daß uns ein Widerspruch verborgen bleibt, den ein zusammengesetzter Begriff vielleicht in sich schließt". Erst wenn alle bei der Explikation verwendeten Begriffe vollständig analysiert wären, könnten wir sagen, „daß sie real sind" (424). Wörter würden dann aufhören, ‚nur' Wörter zu sein, d. h. *für* Sachen zu stehen, deren Möglichkeit von ihnen selbst her und nicht nur von der Analyse her besteht, soweit wir sie durchgeführt haben bzw. durchführen können. Da dies aber eine bloße Idee ist, bleiben wir auf Wörter angewiesen, die uns als solche oder wesentlich nicht in ihrer vollen Bedeutung deutlich sind. Wir bleiben endliche, sprachliche Wesen. Die „Realdefinition" ist also nur bei sehr einfachen und deshalb intuitiv zu erfassenden Begriffen möglich. Ihr Begriff ist ein Grenzbegriff unseres Erkenntnisvermögens. Eine intuitive adäquate Erkenntnis nennt Leibniz die *vollkommenste* Erkenntnis (perfectissima).

Sprachphilosophisch ist hier vor allem wichtig, daß Leibniz den ganzen Bereich, in dem wir auf die ‚Oberflächenstruktur' bloßer Wörter angewiesen sind, d. h. den der diskursiven Sprache, pragmatisch versteht. Wenn wir die Bedeutung eines Wortes auslegen, so geschieht das durch andere Wörter, deren Bedeutung wir (zugleich) nicht ebenfalls explizieren. Solche intensionalen Angaben der Bedeutung bleiben wesentlich inadäquat. Eine Zurückführung der Bedeutung auf die Realität der Sachen selbst, also ein referentieller Bedeutungsbegriff, wäre erst möglich, wenn wir mit dem verbalen Explizieren an ein Ende kämen, das nicht nur von pragmatischen Zwecken, wie Wiedererkennen oder systematischer Unterscheidung, sondern von der Sache selbst her bestimmt wäre. Die Möglichkeit einer Sache selbst ist nach Leibniz aber die erwiesene Widerspruchsfreiheit der Gesamtheit aller auf sie bezogenen Bedeutungen. Die Sache selbst ist nur in solch einem (uns aber nicht möglichen) System aller Aussagen über sie in vollständig explizierten Begriffen möglich, d. h. begrifflich zu erkennen.

## 6. *Transzendentale Bedeutungstheorie (Kant)*

Diese ‚Sprachphilosophie' ist der historische und auch systematische Ausgangspunkt der transzendentalphilosophischen Überlegungen Kants. „Dinge an sich" können wir nicht erkennen. Man kann diese Position auch folgendermaßen paraphrasieren: Wir können sie nicht erkennen, *solange* wir über sie sprechen, d. h. Ausdrücke als Abkürzung für eine Explikation ihrer Bedeutung oder anstelle einer (uns niemals restlos möglichen) Explikation ihrer Bedeutung gebrauchen. *Deshalb* entsteht die (transzendentalphilosophische) Frage, wie denn zu denken sei, daß Urteile (Sätze) sich überhaupt auf Realität beziehen können. Wir kennen die Antwort Kants, daß wir dies nur denken könnten, wenn wir sagten, daß sich unsere Urteile nur auf „Erscheinungen" bezögen. Dinge, wie sie uns erscheinen, sind die Dinge, wie sie in dem bisherigen leiblichen Umgang mit ihnen als widerspruchsfrei erschienen sind. Es sind die Dinge der Wahrnehmung, die wir, so wie wir *bisher* über sie geredet haben, als ‚möglich' voraussetzen können, weil uns unser Reden über sie noch nicht zu einem Widerspruch geführt hat. Sie gelten in dieser Zeitbestimmung und nicht allein nach dem Prinzip des zu vermeidenden Widerspruchs als real. „Die Rose ist rot" ist ein Satz, der uns als widerspruchsfrei *erscheint*, obwohl wir nicht wissen können, ob er in allem Gebrauch wirklich widerspruchsfrei ist. Denn wir kennen nicht alle Bedeutungsimplikate der Begriffe, mit denen man ‚Rose' und ‚rot' etwa naturwissenschaftlich explizieren könnte. Wir urteilen nach dem Anschein der Erfahrung, nach dem sich ‚rot' und ‚Rose' zusammenfügen, und das kann und muß genügen.

Wie sind aber, im Unterschied zu solchen synthetischen empirischen Urteilsbildungen, „synthetische Urteile *a priori*" möglich? Diese Frage fußt ebenfalls auf der Leibnizschen Sicht der Sprache. Sie fragt danach, wie sprachliche Aussagen über eine pragmatisch-empirische Verwendung der Sprache hinaus mit objektivem Anspruch möglich seien. Argumente zur Begründung solch eines weitergehenden Anspruchs heißen „transzendentale Argumente". Indem sie *Bedingungen* für objektiv gültige Ansprüche der in ihrer Diskursivität zunächst pragmatisch orientierten Sprache nennen, begrenzen sie zugleich diese Ansprüche. Da es hier nur um die sprachphilosophische Bedeutung transzendentaler Argumente und nicht um eine Kant-Interpretation gehen kann, sollen nur die Argumente für die ‚Relationskategorien' als Beispiele erörtert werden. Die transzendentale Argumentation geht vom *Begriff* der Erfahrung aus. „Erfahrung ist ein empirisches Erkenntnis, d. i. ein Erkenntnis, das durch Wahrnehmungen ein Objekt bestimmt." (Kant KrV, B 218) Z. B. in dem Satz „die Rose ist rot" werden dessen Begriffe verknüpft, weil ‚Rose' und ‚rot' zusammen wahrgenommen werden. Es genügt hierbei die *klare* Erkenntnis, daß in der Wahrnehmung ‚dasselbe' ‚Rose' und ‚rot' ist. Die Wahrnehmung ist die Instanz, die dieses Urteil als realitätsvoll bestehen läßt. Solch ein Wahrnehmungsurteil hat als solches schon einen (wenn auch niedrigen) sprachphilosophischen Erkenntnisgrad. Er besteht darin, daß es von seinen inhaltlichen Begriffen her eine klare (wenn auch verworrene) Erkenntnis impliziert. Man versteht hinreichend, daß dieses Ding da eine Rose ‚ist' und daß es auch rot ‚ist'. Ob aber die Verknüpfung dieser Begriffe in bezug auf *ein* Ding ohne Widerspruch möglich ist, kann man ohne die explizite oder vollkommen deutliche Bedeutungsanalyse beider Begriffe nicht wissen. Man weiß, so könnte man sagen, nur in pragmatischer Hinsicht, daß das, was ‚rot' und ‚Rose' ist, (etwas) *sein* kann.

Der Empirist würde sagen, man wisse es, weil man es ja sehe. Damit begnügt sich Kant aber nicht. Denn in der Erfahrung kommen „die Wahrnehmungen nur zufälligerweise zueinander“ (B 219). Sie kommen zueinander, wie wir sie subjektiv wahrnehmen, aber daraus folgt nicht, daß sie auch unabhängig von unserer Wahrnehmung beieinander sind. Von der Wahrnehmung her erhalten wir „keine Vorstellung von der Notwendigkeit der verbundenen Existenz der Erscheinungen“ (ebd.). Der für das transzendentale Argumentieren entscheidende Satz lautet: „Da aber Erfahrung ein Erkenntnis der Objekte durch Wahrnehmungen ist, folglich das Verhältnis des Daseins des Mannigfaltigen, nicht wie es in der Zeit zusammengestellt wird, sondern wie es objektiv in der Zeit ist, in ihr vorgestellt werden soll, die Zeit selbst aber nicht wahrgenommen werden kann, so kann die Bestimmung der Existenz der Objekte in der Zeit nur durch die Verbindung in der Zeit überhaupt, mithin nur durch a priori verknüpfende Begriffe, geschehen.“ (ebd.) – Das Argument benutzt eine bestimmte Definition von ‚Erfahrung‘, nach der Erfahrung eine Erkenntnis der Objekte durch Wahrnehmungen ist. Es wird also *vorausgesetzt*, daß dies eine widerspruchsfreie und deshalb reale Erkenntnis des Wesens von Erfahrung sei. Man setzt dies natürlich immer voraus, wenn man Erfahrungswissenschaft betreibt und von der Erfahrung objektive Erkenntnis erhofft, nachdem man die metaphysische Voraussetzung übernommen hat, daß „uns Menschen“ (B 33) eine ‚adäquate‘ Erkenntnis aus Begriffen nicht möglich sei. Es gehen also massive sprachphilosophische, sprachkritische Voraussetzungen in den transzendentalphilosophischen Begriff der Erfahrung ein. Wenn aber Erfahrung eine *objektive* Erkenntnis aus Wahrnehmungen sein soll, muß sie sich auf das Mannigfaltige beziehen, wie es in seinem zeitlichen Verhältnis zueinander *ist* und nicht nur, wie es zeitlich wahrgenommen ist: Was durchgehend wahrgenommen wird, muß allein *deshalb* nicht auch objektiv von Dauer sein (Beharrlichkeit), was nacheinander wahrgenommen wird, muß deshalb noch keine objektive Folge in der Zeit sein, und was gleichzeitig wahrgenommen wird, muß deshalb noch nicht gleichzeitig sein. Aus dem Wahrnehmen allein ist also keine Erfahrung objektiver Verhältnisse zu gewinnen. Die Zeit selbst kann nicht wahrgenommen werden (B 233). Zeitliche Dauer, zeitliches Nacheinander und zeitliches Zugleichsein nehmen wir nur wahr, indem wir sinnlich Gegebenes in einem dieser Modi wahrnehmen. Nach der Kantischen Einteilung der subjektiven Möglichkeiten in Sinnlichkeit, reine Anschauung in Raum und Zeit und Verstandesbegriffe (unter Ausschluß der referentiellen Adäquatheit sprachlicher Zeichen als solcher) verbleiben nur die reinen Verstandesbegriffe zur Konstitution von objektiver Erfahrung. *Deshalb* können wir „nur durch a priori verknüpfende Begriffe", die „jederzeit zugleich Notwendigkeit bei sich führen", zu einer Objektivität der Dauer, des Nacheinander und des Zugleichseins gelangen. Unsere Wahrnehmungen sind nur dadurch Erfahrungen gemäß der Definition von Erfahrung, daß wir sie mittels solcher Begriffe verknüpfen (synthetisieren), die „jederzeit zugleich Notwendigkeit bei sich führen". Es muß sich um Begriffe handeln, die ihre Bedeutung rein in der Verknüpfungsfunktion haben. Denn sonst teilten sie das Schicksal der Begriffe, von denen wir nur voraussetzen, daß sie ‚etwas' (Reales) bedeuten, ohne daß wir diese Realität der Bedeutung jemals in einer vollkommenen Weise darstellen können. Solche Funktionsbegriffe müssen ohne eigene (auf reale Dinge bezogene, referentielle) Bedeutung und in ihrer Funktion intuitiv deutlich sein. Man kann nicht fragen, *was* sie bedeuten, aber man *kann* sie ohne Frage (‚intuitiv') verwenden. Der Verstand versteht sich als dieses ursprüngliche Vermögen. Daß er sie absolut problemlos verwenden *kann* und daß sie „jederzeit zugleich Notwendigkeit bei sich führen", ist dasselbe. Ihre Notwendigkeit liegt sozusagen mit ihrer Klarheit offen zutage, so daß sie zugleich klar, deutlich, adäquat und vollkommen sind. Es sind Begriffe, bei denen das Wort unmittelbar für die ‚Sache' stehen kann, weil es sich hier nicht um eine in dunklen, klaren (verworrenen), deutlichen (inadäquaten) oder adäquaten Sätzen vorgestellte Sache handelt, sondern die Funktion (der gekonnte Gebrauch) schon die Sache ist. Man kann die Bedeutung des Formalen in ihrer Vorordnung vor ‚inhaltlichen' Bedeutungen (Begriffen) in der sprachphilosophischen Diskussion nicht verstehen, wenn diese von Kant ins Bewußtsein gehobenen Zusammenhänge außer acht bleiben. So hat das transzendentale Argument in letzter Zeit auch das besondere Interesse von Vertretern der sprachanalytischen Philosophie gefunden (Strawson *1966*; Bennett *1966*).

Mit Sachen im inhaltlichen Sinn der Wortbedeutungen haben wir es auch nach Kant immer nur auf eine dunkle oder verworrene (wenn auch klare) oder inadäquate (wenn auch deutliche), aber nicht auf eine adäquate Weise zu tun. Insofern bleiben sie („an sich selbst betrachtet") unserem Denken transzendent. Dagegen sind die Formen der Satzbildung für die Erfahrung von ontologischer Relevanz. Sie bedeuten an sich Realität, weil wir nur über ihre Funktion Wahrnehmungen als Erkenntnisse verstehen können. Der vorausgesetzte *Begriff* der Erfahrung als Erkenntnis aufgrund von Wahrnehmungen war zunächst nur eine Nominaldefinition. Wir benötigen den Begriff der unmittelbaren Realität der Verknüpfungsformen, um diesem Begriff Konsistenz zu verleihen. Nur so läßt sich der Begriff der Erfahrung als möglich verstehen, d. h. denken, daß „Erfahrung“ ein Wort von realer Bedeutung ist. Der Kern des transzendentalen Arguments betrifft die sprachphilosophische Grundlegung des möglichen Realitätsbezugs der Erfahrung.

Nur wenn „Erfahrung“ von realer Bedeutung ist, können auch die Gegenstände der Erfahrung ‚etwas‘ sein. Nur dann können wir Erfahrung als Bezug zu Seiendem verstehen. Das transzendentale Argument verleiht mithin unserer Rede von Gegenständen der Erfahrung, also von den ‚gewöhnlichen‘ Dingen, einen objektiven Sinn. Damit rechtfertigt es in einer nachnominalistischen Situation die Voraussetzung der Realität der Universalien wie ‚rot‘, ‚Rose‘ usw., allerdings nicht im einzelnen, sondern nur, insofern sie überhaupt in Wahrnehmungssätzen gebraucht werden.

Die transzendentalphilosophischen Überlegungen Kants haben die Reflexion des Universalienproblems auf eine Stufe gehoben, die nicht mehr unterschritten werden darf.

## *7. Die transzendentalphilosophische Reflexion des Universalienproblems*

Der extreme Nominalismus spricht den Universalien keinerlei Realität zu. Aber auch er verwendet den *Begriff* der Erfahrung, wenn er sie als das einzige Realitätskriterium beansprucht. Erfahrung, verstanden als sinnliche Erkenntnis, soll uns bewegen, Sätze gelten zu lassen oder nicht gelten zu lassen. Hier stellt sich die Frage, was averbale sinnliche Eindrücke mit unseren Sätzen und deren Geltung zu tun haben können. Ein extremer Nominalismus dürfte solche Eindrücke nicht einmal als ‚sinnlich' klassifizieren, da das ja auch ein Allgemeinbegriff ist. Im Grunde müßte konsequenterweise wieder die Erfahrung zeigen, was eine ‚Erfahrung' ist, d. h. ob der Satz „das ist eine Erfahrung" ein wahrer Satz ist oder nicht. Diesem Dilemma zeigt das transzendentale Argument einen Ausweg, indem es unserem Reden *von* der Erfahrung *vor* der Erfahrung (a priori) eine Rechtfertigung gibt. Es geht von der Nominaldefinition aus und will sie in eine Realdefinition, d. h. in den Aufweis der Möglichkeit dessen überführen, als was die Nominaldefinition sie unmittelbar vom Wort her vorstellt. Es reflektiert *mit sprachlich-diskursiven Mitteln* eine ontologische Priorität des Erfahrungsbereichs vor der Sprache und im Unterschied zu ihr.

Damit ist eine allgemeine Theorie der objektiven Bedeutung (Referenz) von Allgemeinbegriffen in ihrem empirischen Gebrauch aufgestellt, obwohl wir nicht wissen, was sie einzeln rein als Begriffe adäquat bedeuten. Das transzendentale Argument will die Verwendung solcher Begriffe, die nur klar und allenfalls deutlich, aber nicht adäquat sein können, für den Erfahrungsbereich rechtfertigen, und diese Rechtfertigung kann nur in einem Zug mit der Rechtfertigung des Gebrauchs des *Begriffs* der Erfahrung (vor aller konkreten Erfahrung), d. h. mit der Rechtfertigung der Klassifikation von etwas *als* Erfahrung geschehen. Die Explikation eines widerspruchsfrei erscheinenden *Begriffs* der Erfahrung (als objektiver Erkenntnis aus Wahrnehmungen) ersetzt den Aufweis der Widerspruchsfreiheit der *einzelnen* Erfahrungsurteile aus der Analyse der in ihnen jeweils kopulierten Begriffe. Wenn wir aber einen widerspruchsfreien (möglichen) Begriff der Erfahrung konstruieren wollen, dann müssen wir die Objektivität unserer Erfahrungsurteile allein aus der Notwendigkeit der sie bildenden Verknüpfungsbegriffe ableiten, d. h. daraus, daß wir deren Bedeutung intuitiv (oder vollkommen) erfassen, und das wieder heißt, daß wir ihre Bedeutung allein von ihrer *Funktion* her verstehen.

Gerade an den transzendentalen Argumenten, die das Bedeutendsein des Begriffes der Erfahrung in einer Nominaldefinition (intensional) voraussetzen und von daher fragen, wie das darin Bedeutete als möglich (d. h. als widerspruchsfrei oder real) gedacht werden könnte, wird deutlich, daß alles Fragen nach der Bedeutung von etwas im Sinne objektiver Gültigkeit die Bedeutung von etwas anderem unbefragt gelten lassen muß. In allen Fragen dieser Art drückt sich vom Ansatz her eine Position oder Perspektive aus. Insofern läßt sich die Realität der Universalien *generell* überhaupt nicht bezweifeln. Es läßt sich jeweils nur die Realität gewisser Universalien bezweifeln. Kant ließ sich auf die Frage ein, ob die Formen objektiv gültig seien, in denen wir z. B. von etwas als Substanz und von etwas anderem als Akzidenz dieser Substanz (von Ding und Eigenschaft) sprechen oder in denen wir etwas mit etwas anderem nach der Form „wenn … dann …" verknüpfen, um auf diese Weise von objektiven Naturgesetzen zu sprechen. Er ließ sich auf diese Humesche Frage ein, indem er ihre Voraussetzung teilte, daß dem *Wort* „Erfahrung" eine objektive Bedeutung zukomme. Da wir auch und gerade nach Kant über eine vollkommene Deutlichkeit aus Begriffen nicht verfügen, wird der *Begriff* der Erfahrung, quasi ersatzweise, verdeutlicht, indem gefragt wird, unter welchen Bedingungen, die man *nennen* kann, Erfahrung als möglich gedacht werden kann. An sich hätten wir die Gewißheit der Möglichkeit von Erfahrung oder der Realität ihres Begriffs erst dann, wenn wir durch eine vollkommene Analyse der Begriffe wissen könnten, daß die Vorstellung von „Erkenntnissen aus Wahrnehmungen" nicht irgendwo zu einem Widerspruch führt. Da solch eine Analyse (die für uns ins Unendliche führen würde) uns (endlichen Wesen) aber nicht möglich ist, müssen wir zusehen, wie wir *statt dessen*, d. h. auf dem Boden zugestandener (unproblematisierter) Begriffe, von *genannten Bedingungen* der Möglichkeit her die Möglichkeit von Erfahrung darstellen können. An sich wäre die erschöpfend erwiesene Widerspruchsfreiheit der Nominaldefinition *die* Bedingung der Möglichkeit. Statt dessen müssen wir uns mit der *erscheinenden* Widerspruchsfreiheit der Beweise der Grundsätze, wie Kant sie durchführt, begnügen. Die Widerspruchsfreiheit eines solchen Beweisganges ist u. a. unter der Bedingung einsehbar, daß *zugestanden* wird, daß die Verstandesbegriffe „jederzeit zugleich Notwendigkeit bei sich führen". Es wird also letztlich argumentiert, daß das zunächst Bezweifelte, nämlich die objektive Gültigkeit oder die Bedeutung der *Formen* unseres Verstandes, notwendig gelten müsse, weil ohne dies der erhobene Anspruch, nämlich die objektive Gültigkeit oder die Bedeutung des Begriffs ‚Erfahrung', nicht zu rechtfertigen wäre.

Das transzendentale Argument hat im wesentlichen keine andere Struktur als *Beweise* sonst auch: Wenn etwas zugestanden wird, dann muß auch etwas anderes gelten gelassen werden. *Wenn* zugestanden wird, daß „Erfahrung" ein Wort von Bedeutung sei, dann muß eingeräumt werden, daß die Verstandesbegriffe als verknüpfende Begriffe von Bedeutung sind. Es ist also nicht bewiesen, daß sie überhaupt von Bedeutung sind, sondern nur, daß sie für ‚Erfahrung' von Bedeutung sind. Der Struktur transzendentaler Argumentation ist zu entnehmen, daß eine objektive Bedeutung von Wörtern (Referenz) nicht unbeschränkt bewiesen werden kann, sondern nur als Bedeutung in gewissen Zusammenhängen, d. h. unter der (perspektivischen) Voraussetzung der Bedeutung anderer Wörter. Die *Reflexion* auf (philosophiehistorisch problematisch gewordene) Bedeutung führt zu einem Bedeutungsbegriff zurück, demzufolge die (intensionale) Bedeutung von Sprachlichem nur *innerhalb eines sprachlichen Rahmens* auf etwas (Seiendes) verweist, in dem feststeht, wie und über *welche* ihrer Ausdrücke eine Sprache sich auf Seiendes beziehen soll (vgl. in bezug auf formale Sprachen Quines Begriff „ontological commitment", Quine *1971*, 106; der Sache nach auch 49–51). Die transzendentale Argumentation Kants ist die erste Theorie, die diesen Umstand explizit macht, wenn auch noch nicht expressis verbis als Sprachphilosophie, so doch in einem universalen Sinn: Sie macht dies für die Bedeutung der (transzendentalgrammatischen) *Formen* unseres Urteilens explizit. Unter dem historischen Eindruck des Fortschritts der empirischen Naturwissenschaft geht Kant von der *vorausgesetzten* Realität des Erfahrungsbegriffs aus und ist *nur insofern* mit seinen Voraussetzungen sparsam. Alles, was er über die Realität oder objektive Bedeutung der Verstandesbegriffe, z. B. des Kausalitätsbegriffs, sagt, muß deshalb auch *in diesem Rahmen* bleiben. So kommt es zu der Merkwürdigkeit einer Ontologie in der Beschränkung auf Gegenstände möglicher Erfahrung.

Für die semantische oder auch ontologische Reflexion wird damit deutlich, daß die Strenge der Wissenschaft nicht in dem Anspruch bestehen kann, die Realität aller ihrer Begriffe auf einmal zu beweisen. Sie kann nur darin bestehen, in ihren Voraussetzungen möglichst sparsam zu sein. Je weniger Voraussetzungen gemacht oder je weniger ontologische Ansprüche erhoben werden, um so wahrscheinlicher ist die Akzeptation der Voraussetzungen vom ‚Geist' einer bestimmten Epoche her.

*8. Sprache und Erfahrung*

Wenn die Wissenschaftlichkeit der Wissenschaft darin besteht, daß sie einen ökonomischeren und deshalb *allgemein* akzeptableren Universalienrealismus darstellt als die Alltagssprache, tendiert sie zur nominalistischen Aufhebung der in der Alltagssprache ‚unkritisch' vorausgesetzten Realität der Universalien. Sie *reduziert* Bedeutungsdifferenzen. Sie sagt z. B. nicht, dieses da sei ein Tisch. Was im alltäglichen Umgang ein Tisch *ist, ist* für die Wissenschaft etwas Allgemeineres als ein Tisch, z. B. ein bestimmtes Material oder sogar nur ganz allgemein Materie. ‚Materie' wäre dann der ontologisch relevante Begriff. Stellt man auch die Realität der Begriffe in Frage, die inhaltliche Begriffe in der Form eines Urteils verknüpfen, dann kommt man, wenn man die Realität des Begriffs ‚Erfahrung' zugleich *nicht* bezweifelt, zu dem Ergebnis, daß Materie das ontische Substrat der Erfahrung sei.

Dies ist die sprachphilosophische Grundlage einer Reflexion über das Verhältnis von Sprache und Realität im modernen Sinne. Ontologische Bedeutungsansprüche gelten der Wissenschaft im modernen Verständnis nur in Abhängigkeit von der Erfahrung als einer Erkenntnis *aus* Wahrnehmungen. Wenn die transzendentalphilosophische Reflexion und ihr sprachphilosophisches Motiv, das bis zu diesem Punkt geführt hat, in Vergessenheit geraten, wird die Wahrnehmbarkeit letzter Referenzrahmen aller Bedeutsamkeit. Ein Wahrnehmungsurteil ist hierbei verstanden als eine Aussage (von etwas als etwas) aufgrund von Empfindung, und das Wort „Empfindung" bedeutet das, was den im Wahrnehmungsurteil erhobenen ontologischen Anspruch hinreichend bestätigen soll. Dieses Wort bedeutet in diesem Zusammenhang *nicht mehr* als das, so daß der *Begriff* ‚Empfindung' darin, *daß* sie ein

Wahrnehmungsurteil begründen soll, unmittelbar vollkommen deutlich wäre. Der Zirkel in der Begründung von Bedeutsamkeit soll aus der sprachphilosophischen Problematik der *Voraussetzung* der Realität von Begriffen hinausweisen. Er kennzeichnet die Position des empirischen Positivismus. Im Anschluß an Wittgenstein ist viel über Urteile diskutiert worden, die unmittelbar Empfindungen, sozusagen als ‚seelische Ereignisse', auszudrücken scheinen. Daß man solch ein Ereignis erlebt, soll der alleinige und hinreichende Grund dafür sein, daß man dies mit dem Anspruch der Realität sagt. Schon Hegel hatte darauf verwiesen, welche Schwierigkeiten sich hier ergeben. Das Sprechen hat nach Hegel „die göttliche Natur", eine vermeintliche Unmittelbarkeit immer schon als etwas Allgemeines vorzustellen (Hegel Phän., 88), so daß sich mit einer Erkenntnis ‚unmittelbar' aus Empfindungen als einem Referenzrahmen, in bezug auf den sich die Urteilsformen und damit alle möglichen Begriffsverknüpfungen als objektiv gültig (d. h. als bedeutend) rechtfertigen ließen, grundsätzliche Probleme ergeben.

An diesem Punkt setzt auch die behavioristische Sprachtheorie an. Sie deutet die Empfindung als Reiz, der veranlaßt, etwas zu *tun*. Der Reiz kann verdrängt oder in Handlung umgesetzt werden, z. B. in die sprachliche Handlung, die ihn *deutet*. Sprechen ist in dieser Sicht Handlung. Als solche wäre es mit der Realität verknüpft. Es stellt sich aber die Frage, wie eine Handlung als ‚Handlung' begriffen werden kann, wenn ihre Veranlassung nicht im Handelnden als einem freien Subjekt, sondern in einem Reiz bestehen soll. Deshalb wird zumeist auch nicht von ‚Handlungen', sondern von ‚Verhalten' gesprochen. Es ist aber problematisch, das sprachliche Deuten eines Reizes, z. B. *als* Lichtempfindung oder *als* Schmerz, nur als stimuliertes Verhalten zu verstehen.

Diese Frage führt auf Überlegungen in der Art der Frage nach dem Ursprung der Sprache. (Condillac [Condillac Essai] sah ihn in einem „cri de passion" als einem unmittelbaren *Ausdruck* der Empfindung, Herder dagegen in der „Besonnenheit" als einer Aktivität des Menschen [Herder Ursprung].) In kategorial reicheren Ansätzen der philosophischen Tradition versuchte man dieses Problem des Zusammenhangs zwischen Eindruck und Ausdruck dadurch zu lösen, daß man den Begriff der Wahrnehmung zwischen Empfindung und Urteil einschob. Husserl spricht von „kategorialen Wahrnehmungen" (Husserl LU II 2, 144), um deutlich zu machen, daß man von der Empfindung als solcher nicht zu dem Allgemeinen gelangen kann, *als* das etwas wahrgenommen wird, z. B. dieser Tisch da *als* Tisch. Aber gerade der Begriff der Wahrnehmung bezeichnet das sprachphilosophische Problem eher, als daß er es löst. Er bezeichnet die Einheit der Passivität des Empfindens und der Aktivität ihrer sprachlichen Verarbeitung.

Diese Fragen führen zu dem Themenkreis ‚Sprache und Bewußtsein'. Reine, sprachlich unverarbeitete Empfindungen kommen überhaupt nicht zu Bewußtsein. Wir erleben sie erst (bewußt), *indem* wir sie *als* dieses oder jenes deuten. Die sprachlich vorgezeichnete Möglichkeit hierzu bestimmte demnach die Schwelle des Bewußtseins. ‚Ich' im Sinne des Selbstbewußtseins versteht sich dann als die ursprüngliche Handlung dieser Verarbeitung, die sich im Vermögen dazu in der Gegenübersetzung von ‚etwas' *selbst* erfährt. Vor allem die Fichtesche Philosophie verstand ‚Ich' als ursprüngliche Tathandlung. Sprachphilosophisch wäre zu bedenken, daß das Ich *Möglichkeiten* zu einer solchen Verdeutlichung seiner selbst in der Sprache *vorfinden*, d. h. daß es in ihr Bedeutungen unanalysiert als realitätsbezogen voraussetzen oder aus dem sprachlich

Vorgefundenen formen können muß. Es ‚selbst' wäre demnach nicht als das Frühere gegenüber ‚seiner' Sprache zu verstehen, sondern als ein Zusichselbstkommen im Vollzug der genannten Tathandlungen gemäß den Möglichkeiten einer vorgegebenen Sprache.

Zum Bewußtsein gehört aber auch das Bewußtsein, daß Wörter nicht schon die Sachen sind, die sie bezeichnen. Das ist das Bewußtsein der bleibenden Inadäquatheit der Zeichenrelation als des Ausdrucks eines Eindrucks. Gerade im Hinblick auf die Bedeutung der Wörter „Reiz", „Empfindungen" und „seelische Ereignisse" spielt ein Bewußtsein der ungenügenden Möglichkeit des sprachlichen Ausdrucks eine konstitutive Rolle. *„Spricht* die Seele so spricht ach! schon die *Seele* nicht mehr." (Goethe/Schiller Tab., 302) Diese Tatsache berührt alle philosophischen Versuche, den Zusammenhang von Sprache und Erfahrung theoretisch-begrifflich zu bestimmen. Er hat seinen kritischen Punkt im ‚Begriff' der Empfindung, soweit sie noch nicht sprachlich geformt, aber doch, als ‚Grund', von irgendeinem Einfluß auf sprachliche Formulierungen sein soll. Sie soll letztlich die Behauptung einer Aussage durch den Sprecher, aber auch die Akzeptation oder Ablehnung einer Aussage durch den Hörer im *Unterschied* zu dem, was sprachlich intensional formuliert wird, begründen. Es ist von einem unbewußten, zumindest unartikulierten *Beweggrund* der sprachlichen Artikulation die Rede. Der Klarheit halber soll in diesem Zusammenhang wieder an Kant angeknüpft werden. Kant definiert ‚Wahrnehmung' als „das empirische Bewußtsein", „in welchem zugleich Empfindung ist" (Kant KrV, B 20). Den Anteil der Empfindung an der Wahrnehmung nennt Kant „das Reale". Es ist für ihn „bloß subjektive Vorstellung, von der man sich nur bewußt werden kann, daß das Subjekt affiziert sei, und die man auf ein Objekt überhaupt bezieht" (B 207). Man bezieht sie auf ein Objekt „überhaupt" und nicht auf ein bestimmtes Objekt, d. h. man subsumiert sie nicht unter einen Begriff, mit dem man sie als etwas Bestimmtes identifizieren könnte. Insofern ist sie im herkömmlichen Sinne nicht ‚etwas' in diskreter Unterschiedenheit von etwas anderem. Verschieden ist die Empfindung lediglich von der (leeren) „reinen Anschauung = 0" (B 208). Sie erfüllt einen Raumzeitpunkt, ist an ihr selbst aber weder räumlich noch zeitlich und damit keine extensive Größe, denn Räumlichkeit und Zeitlichkeit sind nach Kant „reine Anschauung". Das Reale der Empfindung hat also wesentlich einen von Null verschiedenen intensiven Grad. A priori kann man von Empfindungen nur sagen, daß sie *in unbestimmter Weise* ‚zwischen' dem je diskret Bestimmten liegen können. Eine Empfindung hat in ihrer Realität einen intensiven *Grad*, der „niemals der kleinste" (B 211) ist, weil er sich von seiner Realität (realitas phaenomenon) her von der (in Raum und Zeit als *reinen* Formen der Anschauung) *bestimmbaren* extensiven Größe unterscheidet.

## *9. Die Mathematisierung der Erfahrung als sprachphilosophisches Thema*

Es ist hier von einer Realität die Rede, die sich als solche jeder Bestimmbarkeit entzieht. Sie wird gerade in der Differenz zur Bestimmbarkeit „das Reale" genannt. Das Bestimmbare ist das Nennbare. Alles Nennbare ist auch zählbar. Folglich ist das Reale der Empfindung das nicht Abzählbare. Es bildet einen „kontinuierlichen Zusammenhang" (Kant KrV, B 211). Zunächst ist es ein Widerspruch, das wesentlich nicht Benannte nun „das Reale" zu *nennen*. Die Mathematik kennt aber Verfahren, diesen

Widerspruch nicht gelten zu lassen, indem sie ‚reelle' Zahlen einführt. Man kann diese Zahlen zwar nicht in einer zu Ende kommenden Weise bei ihrem Namen nennen, aber man kann Verfahren angeben, den Wert der reellen Zahlen immer *genauer* zu bezeichnen, so daß ihre ‚Realität' nicht in der Bedeutung des schon Hingeschriebenen aufgeht.

Es wird somit eine ‚Sprache' konstruiert, die, im Gegensatz zu der Sprache aus Namen, der Realität der Empfindung und damit dem nominalistischen Realitätsbegriff korrespondieren soll. Die philosophische Bedeutung dieser Konstruktion ist in der nachkantischen Philosophie allerdings kaum erfaßt worden. Unter den Ausnahmen wäre Cohens Arbeit „Das Prinzip der Infinitesimal-Methode und seine Geschichte" zu nennen. Der Sache nach kommt Quine wieder hierauf zu sprechen, allerdings ohne direkten Bezug auf Kant und damit auch ohne Bezug zu der philosophischen Herkunft dieser Problemstellung aus der Reflexion der Beziehung von Sprache und Erfahrung. Die Verkennung dieser entscheidenden Wendung in der philosophischen Einstellung zur Sprache (als einem System von Namen) dürfte die Verständigung zwischen Philosophie und Naturwissenschaft sehr erschwert haben. Es entgleitet der Philosophie die ‚Sprache', die die mathematische Naturwissenschaft erfolgreich gebraucht.

Obwohl vom Begriff dieser ‚Sprache' her keine Adäquatheit zwischen Begriff und Realität im herkömmlichen (Leibnizschen) Sinne besteht und die Frage der Referenz mithin offen bleibt, besteht von ihrer Konstruktion her doch die Vorstellung einer ‚beliebig' zu verbessernden Adäquation. Es gehört zum Wesen der reellen Zahlen, daß man den ‚Namen', das hingeschriebene Zeichen, immer genauer, adäquater *machen* kann, während die Philosophie mit dem Begriff der Adäquatheit *vorgegebener* und vollständig hingeschriebener Namen bis heute die größten Schwierigkeiten hat. Nach Leibniz kommt das Wissen von den Zahlen dem Begriff der Adäquatheit „sehr nahe". Die reellen Zahlen sind ihrem Begriff nach im Maße der pragmatischen Bedürfnisse näherungsfähig, ob wir nun eine hinreichende und widerspruchsfreie (sprachphilosophische) Theorie von der Realität der Begriffe und damit auch der Zahlen überhaupt haben oder nicht. Einerseits liegt in dieser Sicht die Realität wesentlich jenseits der Deckung mit dem Nennbaren. Andererseits ‚wissen' wir, wie wir diese Differenz nach einer Verfahrensregel verringern können. Wir ‚beziehen' uns so auf eine Realität, für die wir wesentlich noch keinen Namen haben. Die Vorstellung von der Macht der Namen und der Kraft des Benennens kehrt sich um. Absolute Adäquatheit wird auch als Idee aufgegeben. An ihre Stelle tritt der Begriff einer je nach pragmatischer Anforderung zu perfektionierenden Adäquatheit. Nicht mehr die Intuition ist die vollkommenste Erkenntnis (Leibniz), sondern die jeweils befriedigende oder hinreichende Perfektion des erzeugten Ausdrucks.

Da Naturwissenschaft und Technik diese Möglichkeit, die über den traditionellen Begriff der Möglichkeit vollkommener sprachlicher Deutlichkeit hinausgeht, in ihrem Sinne erfolgreich benutzen, operieren sie in einem Feld, zu dem die Philosophie so lange keinen Zugang hat, wie sie an der *Idee* festhält, die Sprache bezöge sich ihrem *Wesen* nach in ihren Namen oder überhaupt in finiten Gebilden (wie Wörtern, Sätzen, Texten) auf Realität, so daß ‚Sprachanalyse' in einem definiten Realitätsbezug stehen könnte. Solange diese Idee aufrechterhalten wird, muß mit zwei verschiedenen Begriffen der Realität operiert werden, von denen der eine sich auf das im Namen

Benannte, der andere auf ein Unbenanntes (der Benennung Transzendentes) bezieht.

## III. Zeichen und Bedeutung

### *1. Zeichenrelation*

Unter einem Zeichen wird traditionellerweise ‚etwas' verstanden, das ‚für etwas' anderes steht. Darin besteht die Idee einer eindeutigen Zeichenrelation in ihrer normativen Auswirkung auf alle sprachphilosophischen Überlegungen. Parmenides vertrat gewissermaßen noch eine ‚holistische' Theorie, wenn er lehrte, das Sein sei ein unteilbares und in jeder Beziehung in sich gleiches Ganzes, und die Wörter der Menschen seien allein deshalb schon das Falsche, weil sie diese Einheit mißachteten und in den vielen Wörtern als entsprechend diskretes Vielerlei bezeichneten. Platons „Kratylos", das erste von den Griechen überlieferte Werk mit einer ausgesprochen sprachphilosophischen Thematik, geht dagegen unmittelbar schon von der Frage aus, ob die Dinge ‚ihre' Namen von Natur aus (φύσει) hätten oder ob die Beziehung zwischen Wort und Sache auf Übereinkunft (θέσει) beruhe. Für die moderne Sprachwissenschaft gilt diese Alternative als entschieden, aber die Voraussetzung einer festen Zuordnung von Zeichen und Bezeichnetem wird im allgemeinen aufrechterhalten. Man geht davon aus, daß diese Beziehung ‚arbiträr' sei, wie sie im einzelnen auch zustande gekommen sein möge. Eine Ausnahme wird allenfalls in der Onomatopöie gewisser lautmalender Wörter gesehen. Natürlich sieht man den Zirkel in der These, die von Übereinkunft als der Wurzel der Zeichenrelation ausgehen möchte. Übereinkünfte kann man nur mit Hilfe der

Sprache erzielen. Insofern ist die Arbitrarität der Zeichenrelation eine dogmatische These. Sie geht davon aus, daß zuerst Dinge existierten, denen dann nach Übereinkunft (oder wie auch immer) Namen zugeordnet würden. Im Idealfall soll jedes Ding einen und nur *einen* Namen haben. Gegenüber einem solchen Standpunkt hatten schon Descartes (Descartes Reg., 433 f.) und Leibniz (Leibniz Med., 423) eingewandt, daß wir von Wörtern auf Sachen schlössen, bzw. daß wir uns *anstelle* der Sachen (symbolisch) der Zeichen bedienten. „Anstelle" meint hier nicht, dies geschehe nur aus praktischen Gründen, sondern mangels eines adäquaten Begriffs von der Möglichkeit (Realität) der Sache: Wir bedienen uns der Wörter in der Regel auf eine zufriedenstellende Weise, ohne daß wir *sagen* könnten, ‚was' denn exakt ihre Bedeutung sei. Wir wissen dabei nicht, was sie *alles* bedeuten oder wie sie *überhaupt* in Gebrauch genommen werden können. Wir kennen die Bedeutung nicht in allen ihren Implikaten, wenn wir ein Wort gebrauchen, weil wir darüber keine Übersicht haben. Deshalb können wir auch nicht a priori voraussehen, ob uns die Art, wie wir ein Wort zusammen mit anderen Wörtern gebrauchen, nicht in Widersprüche verwickelt. Wir können mithin nicht wissen, ob die Sache, so wie wir von ihr reden, möglich ist.

„Alle Schwäne sind weiß" wäre ein möglicher Gebrauch des Wortes „Schwan". Diesem Satz ist nicht zu entnehmen, ob er auf der (bisherigen) Erfahrung beruht und eine Hypothese für künftige Erfahrungsfälle darstellen soll oder ob er definitiv gemeint ist und (als analytisches Urteil) der Erfahrung grundsätzlich entzogen sein soll. Im letzten Fall verhielte es sich nicht anders als bei weißen Schimmeln. Wenn unter dieser Voraussetzung jemand sagt, er sehe einen schwarzen Schwan, dann ist ein Widerspruch im Gebrauch des Wortes „Schwan" manifest, oder es wird dadurch deutlich, daß das Sprechen von weißen Schwänen doch nicht analytisch, sondern im Sinne eines Erfahrungsurteils synthetisch gemeint war. Die Unterscheidung zwischen *analytischen* (definitiven) und *synthetischen* Sätzen hat nur in dieser Retrospektive Sinn (Quine *1960*, 61–72). Solche Beispiele sind konstruiert; aber man kann natürlich kein Beispiel für einen *noch verborgenen* Widerspruch im Sprachgebrauch geben. Man kann aber sagen, daß wir nur dann vor solch einem Widerspruch sicher sein könnten, wenn die ‚Sache selbst' sich einer Definition verdankte. Am ehesten ist hier an geometrische Objekte oder an die Zahlen zu denken. Absolute Sicherheit vor der Manifestation eines Widerspruchs im weiteren Gebrauch und damit die Möglichkeit einer deutlichen Unterscheidung zwischen analytischen (definierenden) und empirischen Sätzen bestünde jedoch nur, wenn die Definitionen wiederum nur aus definierten Begriffen bestünden. Das ist unmöglich, weil das fortschreitende Definieren irgendwo abgebrochen werden muß und nur pragmatische Definitheit (Leibniz: eine „cogitatio caeca"; Med., 423) den Ausschlag dafür geben kann. Die Wörter stehen demnach nicht unmittelbar für Sachen, sondern sind ‚Abkürzungen' eines prinzipiell nicht beendbaren Verfahrens, in dem die Realität der intendierten Sache erst noch zu erweisen wäre. Insofern ist es korrekt, von der Sache als einer *intendierten* Sache zu sprechen. Wir haben unmittelbar nur die Wörter, und bei unseren Versuchen, zu ‚Sachen selbst' zu kommen, kann unsere Sprache, verstanden als ein Geflecht ‚bedeutungsverleihender Akte', durchaus zusammenbrechen. Sie bleibt auf die Praxis, auf den weiteren und im Prinzip unabschließbaren sprachlichen Erfahrungszusammenhang *mit* Sachen statt auf ‚Sachen selbst' bezogen. Die wesentliche Vorläufigkeit der *Erklärung* von Bedeutungsintensionen und diese Unabschließbarkeit des Erfahrungsbezuges verweisen auf dieselbe Eigenart der Zeichenrelation. Diesen Sachverhalt kann man von der Sprachphilosophie her als den Grund der Kantischen These von der Unerkennbarkeit der ‚Dinge an sich' betrachten.

Die Krise der Referenz, wie sie vor allem bei Quine sichtbar geworden ist, ist also nicht erst neueren Datums. Es hat vielmehr niemals eine befriedigende Referenztheorie der Bedeutung, verstanden als Theorie der Relation zwischen einem Zeichen oder einem Zeichenzusammenhang und einer Sache oder einem Sachzusammenhang gegeben. Eine solche Theorie war nur möglich, insoweit eine spezielle philosophische Disziplin sich als ‚Sprachphilosophie' auf der Grundlage einer axiomatischen *Voraussetzung* einer solchen Relation von der philosophischen Reflexion ontologischer und erkenntnistheoretischer Probleme abgesondert hatte. Eine sich so verstehende Sprachphilosophie ist deshalb vom Ansatz her eigentlich schon Sprach*wissenschaft.*

## *2. Der semantische Wahrheitsbegriff*

Es ist vielfach versucht worden, einen eindeutigen ‚realistischen' Bedeutungsbegriff als Begriff der Relation zwischen finiten Zeichen oder Zeichenketten und finiter Bedeutung mit Hilfe des Begriffes der *Wahrheit* zu bestimmen. Wenn schon in Definitionen an irgendeiner Stelle die Definitionskette durch Regreß auf undefinierbare Ausdrücke abgebrochen werden muß, so scheint sich Bestimmtheit von Bedeutung doch über den Begriff der Wahrheit erreichen zu lassen. Verschiedene Ausdrücke sollen *dieselbe* (und deshalb auch eine bestimmte) Bedeutung haben, wenn sie sich salva veritate austauschen ließen. Denn dann könnte man sagen, sie bezögen sich auf ‚dasselbe', ohne daß man sich mit der Problematik beladen müßte, wie dieses ‚Selbe' denn außersprachlich zu bestimmen sei. ‚Wahrheit' ist hier als ‚Übereinstimmung' des sprachlichen Ausdrucks mit der gemeinten Sache (allerdings mit Hilfe undefinierter Ausdrücke) definiert. Wenn also Ausdrücke ausgetauscht werden können, ohne daß sich der Wahrheitswert ändert, dann sind sie auf dieselbe Sache bezogen, was immer diese Sache auch sein mag. Man könnte ontologisch neutral bleiben, wenn man nur eine unproblematische Wahrheitsdefinition hätte.

Das traditionelle Problem der Realdefinition verschiebt sich damit zu dem vermeintlich eher zu bewältigenden Problem einer Wahrheitsdefinition. Hier setzt Tarskis semantische Wahrheitsdefinition (für formale ‚Sprachen') an. Sie lautet: Ein Satz „p" ist genau dann wahr, wenn p (vgl. Tarski *1949*, 55). Vom Gedanken Tarskis her soll es gleichgültig sein, ‚was' p ist, wie es ontologisch einzuordnen ist, und damit auch, wie festgestellt werden soll, ob p. Es könnte mit dem ‚Sein' von p Realität im Sinne von Widerspruchsfreiheit oder auch im Sinne des Empirismus gemeint sein oder *irgendwie anders* verstandene Realität. Wichtig ist dagegen, daß p einmal in Anführungszeichen erscheint und einmal ohne Anführungszeichen. „p" (in Anführungszeichen) ist verstanden als (uninterpretierter) Ausdruck oder als ‚Name' eines Satzes einer *Objektsprache,* die ganze Wahrheitsdefinition als *Metasprache*, in der nicht direkt über Realität, sondern über den genannten Ausdruck der Objektsprache („p") gesprochen wird, z. B. indem *gesagt* wird, was als Bedingung seiner Wahrheit gilt. (Natürlich gibt es auch andere Möglichkeiten als das Setzen in Anführungszeichen, den ‚Namen' eines Satzes zu bilden.) Die Unterscheidung zwischen Objekt- und

Metasprache (60) erlaubt, von der Wahrheit objektsprachlicher Ausdrücke zu sprechen, ohne einen bestimmten Begriff von Realität zu beanspruchen. Sie impliziert nicht selbst eine Wahrheitstheorie, sondern ermöglicht das Sprechen von Wahrheit auch ohne solch eine Theorie mit all ihren Schwierigkeiten, wenn auch nur in bezug auf eine Objektsprache. Wir können von dieser Wahrheitsdefinition her Ausdrücke einer Sprache, *über* die wir sprechen, in einer geregelten Weise ‚wahr' nennen, aber nicht die der Sprache, *in* der wir dabei sprechen. Z. B. kann die Frage nach der Wahrheit (oder auch der Widerspruchsfreiheit) dieser Wahrheitsdefinition selbst nicht zugleich in derselben Metasprache gestellt werden. Aus der Not, die definierenden Ausdrücke nicht *zugleich* mit dem zu definierenden Ausdruck definieren zu können, wird in dieser Trennung von Sprachebenen eine Tugend gemacht. Ob die metasprachlich formulierte Wahrheitsbedingung erfüllt ist oder nicht, bzw. ob es ein Kriterium dafür gibt, kann nun offenbleiben. Dieser Umstand ermöglicht erst die Definition der Wahrheit, die dem Wort „wahr" eine auf Objektsprachen bezogene Bedeutung gibt. Solche Objektsprachen können z. B. die Sprachen der einzelnen Wissenschaften sein. Die Wissenschaftstheorie spricht über diese Sprachen, und gerade weil sie sich nicht damit befaßt, ob die einzelnen Sätze der einzelnen Wissenschaften wahr oder falsch sind, ist sie nach der Tarskischen Wahrheitsdefinition berechtigt, von der Bedingung der Wahrheit oder Falschheit dieser Sätze im allgemeinen zu sprechen. Mit Hilfe des so gewonnenen Wahrheitsbegriffs kann nun auch ‚Bedeutung' definiert werden: Zwei Ausdrücke haben dieselbe Bedeutung, wenn sie bei bleibendem Wahrheitswert gegeneinander austauschbar sind.

Durch den Kunstgriff Tarskis ist es möglich, definitiv von Bedeutung und Wahrheit zu sprechen, ohne sich für einen bestimmten Begriff der Realität entscheiden zu müssen. Die Begriffe ‚Wahrheit' und ‚Bedeutung' sind nun neutral gegenüber dem Gegensatz zwischen einem ontologischen Realitätsbegriff, wie ihn etwa Leibniz im Sinne einer definitiv widerspruchsfreien Denkbarkeit bestimmt, und dem Begriff einer phänomenalen Realität der Empfindung. Die damit verbundenen ontologischen Probleme können übergangen werden, wenn man sich daran hält, von Wahrheit und von Bedeutung nur noch metasprachlich zu sprechen, d. h. in bezug auf (Objekt-) Sprachen, *innerhalb* derer diese Begriffe selbst nicht vorkommen, und wenn man nicht gleichzeitig nach der Wahrheit und der Bedeutung der Begriffe der eigenen (Meta-) Sprache, *in* der man gerade spricht, zurückfragt.

Die semantische Wahrheitsdefinition Tarskis ist mißverstanden, wenn man (wie Strawson) von einer ‚Philosophie der normalen Sprache' her einwendet, daß in der normalen Sprache das Attribut ‚wahr' nicht auf Sätze bezogen werde, sondern als Bestätigung von Sätzen gemeint sei, im Sinne einer an und für sich redundanten Unterstreichung des Gesagten, und daß „p ist wahr" keine andere Bedeutung habe als „p" (Redundanzbegriff der Wahrheit) (Strawson *1964 a*). Die Umgangssprache macht natürlich nicht die künstliche Unterscheidung, die von Tarski als Bedingung für einen *definierten* Gebrauch von „wahr" genannt wird. Sie gebraucht „wahr", wie alle ihre Ausdrücke, ohne Definition und geht ohne weiteres das Risiko ein, sich damit in ‚semantische Antinomien' zu verwickeln. In ihr geht es auch nicht um die Lösung der Aufgabe, „wahr" ohne Frage nach der jeweiligen Bedeutung der Ausdrücke zu gebrauchen, von denen gesagt wird, sie seien wahr. Sie setzt vielmehr deren Bedeutendsein in einem naiv begriffsrealistischen Sinne voraus und beabsichtigt nicht, ‚Bedeutung' mit Hilfe des Wahrheitsbegriffs erst noch zu definieren. In der normalen Sprache gilt auch ‚Bedeutung' als ein Begriff, der im Gebrauch genügend deutlich oder zumindest hinreichend zu *verdeutlichen* ist. Der Einwand gegen Tarski von der Umgangssprache her übersieht den Zweck vorgeschlagener Definitionen und verabsolutiert sie damit über den Rahmen hinaus, innerhalb dessen sie ihren Sinn haben sollten. Das heißt noch nicht, daß Tarskis Vorschlag seinen Zweck erfüllt. In „‚p' ist wahr, wenn p" ist p (ohne Anführungszeichen) die metasprachlich formulierte Wahrheitsbedingung. „q" könnte also unter derselben Bedingung wahr sein, wenn es sich bei der Metasprache und der Objektsprache wirklich um verschiedene Sprachen handeln soll. Man könnte also auch sagen: „‚q' ist wahr, wenn p"; „p" und „q" hätten dann dieselbe Bedeutung. Die Schreibweise „‚q' ist wahr, wenn p" läßt sogar deutlicher erkennen, daß es sich bei der Objektsprache um eine andere Sprache als die Metasprache handeln soll. Dieser Unterschied wird auch deutlicher, wenn man sagt: der englische Satz „it is raining" ist wahr, wenn es regnet. In einer bedeutungstheoretischen Verwendung der semantischen Wahrheitsdefinition kommt Davidson dann auch dazu, von der Wahrheit von Sätzen *in einer bestimmten Sprache* zu sprechen. Wenn man darüber hinaus bedenkt, daß Sätze der normalen Sprachen in ihrer Bedeutung schon durch das Vorkommen von ‚Zeigwörtern' (s. u. S. 214 f.) situationsabhängig sind, muß man letztlich sogar statt z. B. „wahr in der deutschen Sprache" sagen: „wahr in der deutschen Sprache für den Sprecher S zum Zeitpunkt t" (vgl. Davidson *1969*, 756). Der Gedanke der Austauschbarkeit bedeutungsgleicher Ausdrücke salva veritate hebt sich damit auf.

Es fragt sich aber, ob man die Tarskische Wahrheitsdefinition überhaupt verstehen kann, wenn man nicht sowohl die Objektsprache als auch die Metasprache versteht, d. h. wenn es sich um Sprachen handelt, die einander so fremd sind, daß der Sprecher nur der Metasprache noch nicht weiß, was „p" bedeutet. Ihm wäre dann nicht *verständlich*, daß „p" gerade dann wahr sein sollte, wenn p, es sei denn, daß dies seine Bedeutung sein sollte. Dann könnte man „p" aber nur verstehen, wenn man auch p versteht (vgl. Dummett *1973*, 452). Bei der Tarskischen Rettung der Referenz ohne ontologische oder transzendentalphilosophische Belastung scheint vorausgesetzt zu sein, daß Objektsprache und Metasprache ineinander übersetzbar sind. Es besteht das Postulat zwar verschiedener, aber doch ineinander übersetzbarer Sprachen. Die Tarskische Problemlösung führt systematisch in die Problematik der Übersetzung.

### *3. Die Unbestimmtheit der Übersetzung*

Die Möglichkeit der Übersetzung einer Sprache in eine andere ist ebensogut eine alltägliche Erfahrung wie die Schwierigkeit der Übersetzung. Quine spricht allerdings von einer wesentlichen Unbestimmtheit der Übersetzung. Dieser Punkt bildet das eigentliche Zentrum seiner Sprachphilosophie.

Schon von Tarskis Wahrheitsdefinition her könnte man von einer wesentlichen Unbestimmtheit der Übersetzung sprechen. Seine Definition der Wahrheit sollte bezwekken, daß man von objektsprachlichen Ausdrücken sagen könne, sie seien wahr (oder falsch), ohne die schwierige Frage nach dem Begriff einer Realität gelöst zu haben, auf die sich Ausdrücke kraft ihrer Bedeutung beziehen sollen. Ausdrücke verschiedener *Objekt*sprachen, die unter derselben metasprachlich formulierten Bedingung wahr sein sollen, sind von dieser Grundlage her ohne weiteres ineinander zu übersetzen. Die Metasprache dagegen bleibt demgegenüber eine in ihren Bedeutungen nicht eindeutig bestimmte Sprache. Weil und solange sie als Metasprache fungiert, kann man von keinem ihrer Ausdrücke sagen, unter welcher Bedingung er wahr sei. Deshalb kann man auch keinen ihrer Ausdrücke der Bedeutung nach mit einem Ausdruck aus den Sprachen vergleichen, die im Verhältnis zu ihr Objektsprachen sind. Eine Übersetzung in dieser Richtung bleibt wesentlich unbestimmt.

Der Sache nach war die Philosophie mit der These von der Unbestimmtheit der Übersetzung schon lange vertraut. Vom Leibnizschen Sprachbegriff her können wir mangels einer vollkommenen Deutlichkeit unserer Begriffe niemals endgültig, sondern nur in einem pragmatischen Sinne hinlänglich wissen, ob wir uns sprechend überhaupt auf mögliche Dinge oder auf Realität beziehen. Indem wir Begriffe einmal so und einmal anders gebrauchen, legen wir sie immer auch zugleich auf eine wesentlich nicht abzuschließende Weise aus. Man könnte im Anschluß an Leibniz und vor allem an W. v. Humboldt sagen, unser Sprechen über Dinge sei deshalb in einem Akt auch ein Sprechen über unsere Sprache. Es sei zugleich eine jedesmalige Verdeutlichung der aktuellen Bedeutungen in Rücksicht auf den jeweiligen Adressaten und dessen Verständnis, das dieser aus seinem bisherigen Sprachgebrauch mitbringt. Wir sprechen demnach immer objekt- und metasprachlich in einem. Diese Einheit muß auch der wirkliche Ansatz der Tarskischen Unterscheidung gewesen sein, als einer Unterscheidung zweier Momente im wirklichen Sprechen. Ausdrücke, die in einen wesentlich unabgeschlossenen pragmatischen *Prozeß* ihrer Verdeutlichung einbezogen bleiben, können natürlich auch nicht ‚eindeutig' ineinander übersetzt werden. Das betrifft nicht nur das Übersetzen in andere Sprachen, sondern auch das Austauschen von Ausdrücken innerhalb ‚derselben' Sprache. Eine generelle Unbestimmtheit der Übersetzung von Sprachen ineinander muß ja – wie man unabhängig von Quine sagen kann – ihren Grund in der inneren Beschaffenheit von Sprachen überhaupt haben. Genau genommen betrifft es sogar die Austauschbarkeit (Synonymität) ‚desselben' Ausdrucks bei verschiedenen Sprechern und beim gleichen Sprecher zu verschiedenen Zeiten. Es betrifft, kurz gesagt, überhaupt die Identifizierbarkeit von Ausdrücken von ihrer Bedeutung her.

Die These von der Arbitrarität der Zeichenrelation besagt, die Beschaffenheit des Zeichens sei gegenüber seiner Bedeutung gleichgültig. Die Bedeutung wird mithin, gegenüber der Willkür der Bezeichnung, als etwas Identisches vorausgesetzt. Nach der These von der Unbestimmtheit der Übersetzung läßt sich aber keine gleiche Bedeutung verschiedener Zeichen, und seien sie auch nur durch den Zeitpunkt ihrer Aussprache verschieden, identifizieren. Sie läßt sich nur voraussetzen, und diese Voraussetzung kann sich bewähren oder auch nicht. Sie bewährt sich nicht, wenn es unter ihr zu erscheinenden, offenkundigen Widersprüchen kommt.

Es bleibt unbestimmt, in *welcher* Bedeutung verschiedene Zeichen synonym sein sollen oder in *welcher* Bedeutung auch nur ‚dasselbe' Zeichen zu verschiedenen Zeiten seines Gebrauchs ‚dasselbe' bedeuten soll. Damit bleiben auch die ontologischen Implikationen des jeweiligen Sprachgebrauchs unbestimmt. Im allgemeinen wird dies als eine resignierende Einsicht angesehen. Aber sie führt doch näher an die sprachliche Wirklichkeit heran. "Systematic considerations can press not only for repudiating certain objects, and so declaring certain *terms* irreferential; they can also press for declaring certain *occurences* of terms irreferential, while other occurences continue to refer." (Quine *1971*, 17) Quine schreibt dies im Zusammenhang mit der Reflexion über die Realität von Eigenschaften, genauer: der universalen Begriffe von Eigenschaften. Haben Dinge, ontologisch gefragt, Eigenschaften? "The positing of attributes is accompanied by no clue as to the circumstances under which attributes may be said to be the same or different. This is perverse, considering that the very use of terms and the very positing of objects are unrecognizable to begin with except as keyed in with idioms of sameness and difference." (19) Das betrifft natürlich nicht nur Eigenschaften, sondern auch Dinge als deren ‚Träger'. Quine versteht allerdings unter Dingen materielle Dinge, *von* denen als dem materiell Zugrundeliegenden Eigenschaften ausgesagt werden, und er expliziert die sprachphilosophische Problematik zunächst nur an Begriffen für Eigenschaften. Dinge gelten ihm ausgemachterweise als das Reale. Eigenschaften sind dem Logiker Quine dagegen zweifelhaft, weil man mit ihnen, wie mit dem Reden von Klassen, in Antinomien geraten kann, sobald man prädikative Aussagen als Zusprechen einer Eigenschaft mit ontologischer Relevanz versteht. So empfiehlt er, nicht einfach die „well-learned grammatical forms" des Prädizierens auf Eigenschaften zu projizieren, „without settling identity for them" (ebd.). Dasselbe muß natürlich auch für Dinge gelten, insofern sie in (logischdeutlicher) Unterschiedenheit von anderen Dingen und nicht nur als letztlich unaussprechliche, außersprachlich zugrundeliegende Individuen verstanden sind.

Ob jemand einen Ausdruck referentiell gebraucht oder nicht, sieht man dem Ausdruck nicht an. In dem Ausdruck „Paul glaubt, daß p" ist z. B. offen, ob der Sprecher „p" referentiell meint oder nicht, d. h. ob er auch selbst „p" für wahr hält oder nur sagen möchte, was Paul glaubt.

Quine benutzt das extreme Beispiel eines Linguisten, der eine ihm fremde, für ihn in ihren Bedeutungen *absolut* problematische Sprache in ihren referentiellen Bezügen beschreiben, d. h. auf seine eigene Sprache, genauer auf seine eigene Verteilung der Referenzen in dieser Sprache, abbilden will (Urübersetzung). Dies gelänge nur, wenn gesagt werden könnte, welche identifizierbaren Ausdrücke der fremden Sprache auf ‚dieselben' Gegenstände referentiell bezogen werden wie ‚entsprechende' identifizierbare Ausdrücke der eigenen Sprache. Dieses Vorhaben muß scheitern, wenn es schon bei Ausdrücken der eigenen Sprache von der Sprache her offen bleibt, wie sie jeweils auf Gegenstände bezogen sein sollen. Bei absolut fremden Sprachen ist auch völlig unbekannt, was deren Sprecher ‚glauben', d. h. aus welchem Weltbild heraus oder auf dem Hintergrund welcher unbezweifelbaren Gewißheiten sie Sätze bilden, die im Unterschied dazu wahr *oder* falsch sein können. Eine Sprache, in der *alles* wahr oder falsch sein könnte, enthielte nicht die Möglichkeit analytischer Urteile und damit auch nicht die Möglichkeit des Sprechens über Identität oder Nichtidentität von Bedeutungen. In ihr gäbe es mithin keine in ihrer *Intension* angebbaren Bedeutungen und damit auch keine Extension, denn es gäbe in ihr nichts, *was* wahr oder falsch sein könnte.

Ein Ausweg zur Rettung der Referenz scheint darin zu bestehen, daß man sich damit begnügt, von Identität der Referenz dann zu sprechen, wenn keine *pragmatisch relevanten* Unterschiede vorliegen. Dann besteht aber die Schwierigkeit zu sagen, was relevant ist und was nicht (20). Wenn es unter gegebenen Umständen nicht darauf ankommen soll, ob jemand sagt, daß Paul etwas Wahres glaubt, oder ob er nur sagt, was Paul glaubt, dann kann man sagen, hier bestehe kein relevanter Unterschied in der

Referenz. Man sieht, daß gerade die Einführung des Begriffs der Relevanz die Unmöglichkeit eines eineindeutigen Redens über Referenz betont.

Der Hinweis auf die pragmatische Relevanz führt dennoch weiter. Er besagt, daß Übersetzen zwar keine absolute Bestimmtheit hat, daß man aber dennoch übersetzen und mithin von synonymen Ausdrücken und Bedeutungsidentität sprechen kann, nämlich dann, wenn die Unbestimmtheit nicht für relevant gehalten wird (vgl. Simon *1981*). Diese pragmatische Toleranz wird vom Zweck der Übersetzung abhängen. Es hängt vom Zweck ab, ob man sagen kann, ein gewisser Ausdruck habe eine bestimmte, ihn auf einen Gegenstand beziehende Bedeutung. In Begriffen faßbare ‚Gegenstände' resultieren aus dem Zweck der Rede, der eine gewisse Toleranz darin zuläßt, daß man sagt, verschiedene Ausdrücke hätten ‚dieselbe' gegenständliche Bedeutung, oder auch, in der Bedeutung eines Ausdrucks sei eine weitere (subordinierte) Bedeutung eingeschlossen. Von diesem Zweckgesichtspunkt her läßt sich der Begriff der Intension neu verstehen. Die Unterscheidung zwischen analytischen und synthetischen Sätzen würde demnach ebenfalls pragmatischen Gesichtspunkten folgen und nicht an abstrakten *Beispielsätzen* aufzuzeigen sein, die rein theoretisch einleuchten sollen.

Aus der Unbestimmbarkeit der Übersetzung folgt bei Quine keineswegs ein „sprachliches Relativitätsprinzip" (s. u. S. 114ff.). Sie steht aber in einem inneren Zusammenhang mit einer „ontologischen Relativität". Eine Relativität zwischen verschiedenen Sprachen setzte ihrem Begriff nach voraus, daß innerhalb der einzelnen Sprachen die möglichen Referenzen (intensional) feststünden. Nur so könnte eine Relativität zwischen ihnen als in sich identifizierbaren Objekten deutlich bestimmt werden. "Reference itself proves behaviorally inscrutable." (Quine *1971*, 35) Damit ist generell die Referenz isolierbarer sprachlicher Ausdrücke gemeint und nicht, daß eine Sprache und eine Kultur eine Welt für sich darstellten, zu der man nur von *anderen* Sprachen her keinen Zugang habe. ‚Andere' Sprachen konstituieren sich in ihrer Bestimmtheit wie die Gegenstände von Wissenschaften überhaupt, nämlich durch die Bildung von Hypothesen über ihre syntaktische und semantische Struktur und die Bewährung dieser Hypothesen. "The whole truth about the most outlandish linguistic behavior is just as accessible to us, in our current Western conceptual scheme, as are other chapters of zoology." (25) Wir können uns auf unsere eigene Weise eine Theorie darüber bilden, aber diese Theorie wird immer nur „just one among various empirically admissible" sein, weil wir eben immer ‚von außen', d. h. „from the vantage point only of our own provincial conceptual scheme and scientific epoch" urteilen müssen, wie in einer fremden Sprache die referentiellen, Sprache auf Realität beziehenden Akte verteilt seien. Eine darüber hinausweisende Ontologie, die sich auf ‚zwischensprachliche' oder ‚universalsprachliche' Merkmale oder auf Synonymitäten zwischen einzelnen Ausdrücken *verschiedener* Sprachen beziehen könnte, ist ausgeschlossen. Die „analytischen Hypothesen" (Quine *1960*, 68–72), in denen solche Beziehungen formuliert sind, bleiben ohne empirische Basis. Zwar ist auch eine Theorie über *eine* (fremde) Sprache „as a complex of present dispositions of verbal behavior" (27) immer aus dem Blickpunkt des Sprachforschers und mit den Mitteln seiner Sprache aufgestellt, und es sind auch hier schon verschiedene Theorien auf der Basis gleicher Beobachtungen möglich. Aber während solche Theorien sich immer wieder am beobachteten sprachlichen Verhalten der Sprecher ausrichten können, muß eine Theorie der Übersetzung als Theorie der Beziehungen zwischen Ausdrücken *verschiedener* Sprachen über ‚Bedeutungen' sprechen, als über das, was Ausdrücke mit ihrer Übersetzung „gemeinsam haben" (32) sollen, ohne daß sie sich dabei noch auf „an objective matter" beziehen könnte, „to be right or wrong about" (73). Zu der allgemein wissenschaftstheoretischen Einsicht in die Unbestimmtheit empirischer Theorien kommt nach Quine daher eine zusätzliche „Unbestimmtheit der Übersetzung". Er will damit nicht sagen, daß man nicht übersetzen könne. Daß man es kann, hat in der Zweisprachigkeit eine pragmatische Evidenz. Er wendet sich aber gegen „an uncritical mentalistic theory of ideas", nach der „each sentence and its admissible translations express an identical idea in the bilingual's mind" (74). Quine lehnt es ab, solche „Ideen" *vorauszusetzen*, nur um eine Übersetzbarkeit isolierter Ausdrücke theoretisch sicherzustellen. Von seinem Ansatz her muß es dabei bleiben, im pragmatischen Sinn befriedigende Übersetzungsleistungen einer (faktischen) „Naturgabe" oder „Urteilskraft" (vgl. Kant KrV, B 172; s. o. S. 30, s. u. S. 97, 103 f., 149–154) zuzuschreiben. Wenn man bedenkt, daß auch nach Kant schon „transzendentale" Kategorien nur als *Formen* einer „transzendentalen", übersprachlichen Grammatik in Betracht kommen und die Frage, wie Gegebenes unter Begriffe mit inhaltlicher Bedeutung („empirische Begriffe") zu fassen ist, eine Sache der individuellen Urteilskraft bleibt, ist Quine trotz des grundverschiedenen Ausgangspunktes in der Problemlage nicht so weit von Kant entfernt (vgl. Markis *1979*).

Die These von der Unbestimmtheit der Übersetzung impliziert auch eine wesentliche Unbestimmtheit der Beziehungen zwischen ‚Oberflächenstrukturen' und ‚Tiefenstrukturen', wie sie die ‚generative Grammatik' voraussetzt (s. u. S. 111). Schließlich betrifft sie, wie Quine selbst sieht (Quine *1960*, 79), die Frage nach ‚gemeinsamen' Bedeutungen auch für Gesprächspartner innerhalb ‚derselben' Sprache. Sie wird relevant, sobald man von „intrasubjektiven" Akten (vgl. 46–51), wie sie etwa zweisprachige Personen beim Übersetzen vollziehen, zu der Frage nach ‚intersubjektiven' Gegebenheiten übergeht. (Nach Hamann ist *alles* Reden „übersetzen" [Hamann Werke II, 199].) Man kann hier immer nur *von sich aus voraussetzen*, wie Sprache von anderen jeweils auf Realität bezogen werde, und man kann im weiteren sprachlichen Verhalten seine diesbezüglichen Voraussetzungen vorläufig bestätigt oder widerlegt sehen. Bei Quine erscheint diese Position als krasser Naturalismus. Es bleibt bei ihm unbefragt, wieso dennoch Verstehen möglich ist, d. h. es wird von der Kritik der bisherigen Sprachphilosophie aus nicht versucht, einen positiven Ansatz zu gewinnen. Ähnliche Überlegungen, die aber bei diesen Autoren erst das erstaunliche *philosophische* Phänomen der Sprache zum Bewußtsein bringen, finden sich bereits bei Platon, Augustinus, Pascal, Schleiermacher (Dial., 373) und natürlich vor allem bei W. v. Humboldt (vgl. im einzelnen Simon *1978*, 13–27). Die Position des Naturalismus übersieht, daß auch die Naturwissenschaften und die Konstitution ihrer Gegenstände, also der Natur im naturalistischen Sinne, kommunikative Geschehnisse sind.

Solche proto-ontologischen, einer möglichen allgemeinen Ontologie vorauszuschickenden sprachphilosophischen Überlegungen treten, im historischen Bewußtsein dieser Fragen, an die Stelle der ontologia generalis. Sprachphilosophie wird Erste Philosophie. Der Zugang zur Referenz in anderen Sprachen, aber auch bei anderen individuellen Sprechern ist nicht auf eine definite allgemeine Weise, sondern nur auf hypothetische Weise möglich. Sprache als *System*, das die Referenz für alle Individuen oder auch nur für diejenigen, von denen man sagt, daß sie eine bestimmte gemeinsame Sprache (langue) sprechen, durchgehend und gleichbleibend regele, ist nur noch als (einzelwissenschaftlicher) Gegenstand unter hypothetischen Setzungen denkbar (vgl. u. S. 197ff.). Es ist ein Rückschritt hinter die dargestellten (und bei Quine auch in einer für positivistisch orientierte Sprachtheoretiker verständlichen Weise wiederentdeckten) Einsichten, wenn man nun etwa sprachliche Strukturen im Sinne der Sprach*wissenschaft* in transzendentalphilosophische Überlegungen einbeziehen will. Solche Strukturen sind nur nach Prinzipien einzelwissenschaftlicher Forschung hypothetisch faßbar. Sie haben keinen endgültigen Status und deshalb auch keinen apriorischen Rang. Es verhält sich mit ihnen im Prinzip nicht anders als mit den Vermutungen, die man im Dialog, vom eigenen Sprachgebrauch ausgehend, von dem des anderen hat. Man versteht andere, indem man sich im Zuhören eine Theorie über die referentiellen, bedeutungsverleihenden Akte in ihrem Sprechen macht und die Voraussetzungen dieser Theorie beständig korrigiert. Auch hier bleibt die Referenz schon allein deshalb ‚unerforschlich', weil der andere sich gewiß entwickelt und sein Schema, nach dem er Redeteile auf Gegenstände bezieht, ändert, indem er seinerseits versucht, mich zu verstehen. Jemanden zu verstehen heißt immer zugleich zu versuchen, seine Sprache zu lernen, d. h. eine Theorie über sein ‚Sprechen über Gegenstände' zu entwickeln. Das Moment der Andersheit ist dabei untilgbar (vgl. Gadamers Theorie einer Universalhermeneutik; *1960*, bes. 449–465). Das sprechende und auch das verstehende Individuum bleiben selbst ineffabile. In der Entwicklung dieser sprachphilosophischen Reflexionen hat sich mithin eine ‚Revolution der Denkungsart' vollzogen, der gegenüber die Kantische ‚kopernikanische' oder transzendentalphilosophische Wende nur als Zwischenspiel erscheinen kann. Kant glaubte, von den reinen Verstandesformen als einer „transzendentalen Grammatik" „einer jeden Sprache" her eine allgemeine Ontologie wenigstens der möglichen Erfahrungsgegenstände restaurieren zu können. Sie stellen nach Kant die Formen dar, *in* denen wir auf (kategorial) verschiedene Weise Referenzen herstellen. Im Substanz-Akzidenz-Verhältnis z. B. ist die Wahrheit des einzelnen Satzes „p" beansprucht, der einer Substanz (als einem Seienden) eine Eigenschaft zuspricht. Im Ursache-Wirkung-Verhältnis ist dagegen nicht beansprucht, daß der einzelne Satz „p" wahr sei, sondern nur, daß „wenn p, dann q" im ganzen wahr sei. Die Bedeutung solcher Formen kann also nur darin liegen, daß man sich auf sie versteht, d. h. daß man *vermögend* ist, die Referenzverteilung zu verstehen, die sie bedeuten. Dieses Verstehen soll nach Kants und überhaupt nach universalgrammatischer Voraussetzung für alle Sprachen dasselbe, d. h. eine transzendentalgrammatische Kompetenz sein, die mit dem *Verstand* schlechthin identifiziert wird. Wenn aber die Philosophie Aussagen über Referenz und damit auch über solche referenzverteilenden Formen aus philosophischen Gründen in die Einzelwissenschaften verweisen muß, die nur aus ihrem jeweiligen kulturell und historisch bedingten Ansatz heraus hypothetische Theorien über Schemata der Referenzverteilung entwickeln können, und wenn darüber hinaus sogar innerhalb derselben Sprache Spielräume in dieser Beziehung bestehen, die letztlich nur individuell und deshalb überhaupt nicht auf eine wissenschaftlich bestimmbare Weise ausgefüllt werden können, so hat sich die Krise der Referenz und damit der Ontologie als einer Ersten Philosophie entscheidend verschärft. Mit der Einsicht, daß das Moment der Andersheit in bezug auf Seiendes als solches untilgbar ist, ist allerdings auch ein positives Resultat gewonnen (bzw., nach der Lehre vom Sein in Hegels „Wissenschaft der Logik“ als der Identität von *„reinem“* Sein und *Nichts* [Hegel Log. I, 66 f.], wiedergewonnen). Der Charakter der Sprache als interindividuelles Verhältnis tritt hervor. Es wird deutlich, daß sie, wie Humboldt es formuliert hatte, „erst im Individuum ihre letzte Bestimmtheit“ erhält (Humboldt Schriften VI, 182) und „notwendig zweien“ angehört (V, 388; VI, 180; VII, 63), und zwar so, daß der eine nicht *a priori* einen Begriff vom Gebrauch der Sprache durch den anderen haben kann.

## *4. Sprachspieltheorie*

### a) Logische Bedeutungsbegründung

Die Frage, unter welchen (ontologischen) Voraussetzungen man von einem Satz sagen könne, er sei als dieses isolierte Gebilde wahr oder falsch (wahrheitsdefinit), war auch schon das Hauptproblem des „Tractatus logico-philosophicus“ Wittgensteins. Zunächst erschien dies als ein Grundlagenproblem der Logik. Der Begriff der logischen Verknüpfung von Sätzen setzt (in der zweiwertigen Logik) voraus, daß man von Sätzen *als isolierten sprachlichen Gebilden* sagen könne, sie seien wahr oder falsch. Die Logik fordert dies als den *Sinn* von Sätzen. Von diesem logischen Gesichtspunkt aus wird postuliert, daß isolierten sprachlichen Gebilden ebenso isolierbare Teile in der „Welt“ entsprechen. „Die Welt zerfällt in Tatsachen“ (Wittgenstein Tract., 1.2), und „eines kann der Fall sein oder nicht der Fall sein und alles übrige gleich bleiben“ (1.21). „Was der Fall ist“, nennt Wittgenstein

„Tatsache“ oder das *Bestehen* von „Sachverhalten“ (2). Ein Sachverhalt ist „eine Verbindung von Gegenständen (Sachen, Dingen)“ (2.01). Der „Gegenstand“, die „Sache“ oder das „Ding“ ist nun durch nichts anderes bestimmt als durch seine *Möglichkeit*, in Sachverhalten vorzukommen. „Wenn ich den Gegenstand kenne, so kenne ich auch sämtliche Möglichkeiten seines Vorkommens in Sachverhalten.“ (2.0123)

„Die Möglichkeit seines Vorkommens in Sachverhalten“ nennt Wittgenstein auch „die Form des Gegenstandes“ (2.0141). Er kann in den Sachverhalten, also in den Verbindungen mit anderen „Gegenständen“ vorkommen, die nicht zu Absurditäten führen. Es liegt sozusagen am „Gegenstand“ (im Sinne Wittgensteins), daß er nicht in allen Sachverhalten vorkommen oder nicht mit allen anderen „Gegenständen“ verbunden sein kann. Er hat darin seine Identität; insofern ist er Substanz. „Die Gegenstände bilden die Substanz der Welt.“ (2.021) Die „Substanz der Welt“ besteht in der Verschiedenheit der „Gegenstände“ gegeneinander (2.0233), d. h. darin, daß nicht jeder mit jedem zusammen einen Sachverhalt darstellen, also eine sinnvolle Verbindung eingehen kann.

Diese Bestimmung von „Gegenstand“ hat immer noch den genannten logischen Grund: „Hätte die Welt keine Substanz, so würde, ob ein Satz Sinn hat, davon abhängen, ob ein anderer Satz wahr ist“ (2.0211), d. h. davon, daß sich der Sprecher (oder Hörer) darin, daß ein Satz für ihn Sinn hat, an gewissen, *im selben Akt* nicht bezweifelten Grundansichten (Weltbildern) orientiert. Das *Problem* der Intension bemächtigte sich der Logik. Schon Frege war von der Problematik des Zusammenhangs zwischen dem „Sinn“ (in der Wittgensteinschen Bedeutung dieses Wortes) eines Satzes und der Wahrheit eines anderen Satzes ausgegangen. Sein Beispielsatz: „Der die elliptische Gestalt der Planetenbahnen entdeckte, starb im Elend" (Frege SB, 54) hat, wenn er sinnvoll (wahr oder falsch) sein können soll, die Voraussetzung der Wahrheit des Satzes „es gab einen, der die elliptische Gestalt der Planetenbahnen entdeckte" (55). Nur von etwas, das es gibt (oder gab), kann man sinnvollerweise etwas behaupten. Daß der Sinn eines Satzes von der Wahrheit eines anderen Satzes abhänge, ist nach Frege aber ein Schein, der aus „einer Unvollkommenheit der Sprache" (ebd.) resultiere, die darin bestehe, daß sie „scheinbare Eigennamen" (56) enthalte. Der Satz „Kepler starb im Elend" drücke nur dann einen Gedanken aus oder habe nur dann Sinn, wenn „Kepler" ein echter Eigenname sei, d. h. ein Name, der sich auf etwas beziehe, das es gebe, und der dadurch (extensional) Bedeutung habe. Die Tatsache, daß für diesen (echten) Eigennamen der Nebensatz (die ‚Kennzeichnung') „der die elliptische Gestalt der Planetenbahnen entdeckte" steht, bewirke zusammen mit der Tatsache, daß die Sprache mitunter scheinbare Eigennamen enthalte, die Vorstellung, dieser Nebensatz müsse wahr sein, damit der ganze Satz „der die elliptische Gestalt der Planetenbahnen entdeckte, starb im Elend" Sinn (Wahrheitsdefinitheit) haben kann.

### b) Eigennamen und Individuen

Eine dem Anspruch der Logik genügende Sprache dürfte demnach also nur ‚echte' Eigennamen enthalten. Dann käme es erst gar nicht zu der problematischen Vorstellung, der Sinn eines Satzes könnte von der Wahrheit eines anderen Satzes abhängen. Wäre letzteres der Fall, so wäre es „unmöglich, ein Bild der Welt (wahr oder falsch) zu entwerfen" (Wittgenstein Tract., 2.0212) oder sich *vorzustellen*, ‚etwas' sei wahr. Man könnte keine wahrheitsdefiniten Sätze unabhängig von Voraussetzungen darüber bilden, was der Fall und was nicht der Fall sei, und d. h.: man wäre schon im *Vorstellen* der Wirklichkeit von einer (eigenen) Wirklichkeit abhängig.

Im „Tractatus" Wittgensteins werden Fragen reflektiert, die weit über Vorfragen der formalen Logik hinaus und auf das Problem freier Subjektivität und deren Zusammenhang mit der Struktur der Sprache hinweisen. Die Fregesche Lösung des Problems einer denkbaren Relation zwischen Sprachgebilden und Wirklichkeit besteht im Postulat an Sprachen, nur echte Eigennamen zuzulassen. Das führt auf die Problematik der *Eigennamen* (vgl. Strawson *1964 a*). Sind sie Prädikate, und ist es eine ‚Eigenschaft', Fritz zu heißen? Der Eigenname soll ein (existierendes) Individuum bezeichnen, damit man etwas von ihm aussagen kann, aber er soll selbst noch nichts *über* dieses Individuum aussagen. Selbst wenn es auf viele zutrifft, daß sie Fritz heißen, ist das nicht deren gemeinsame Eigenschaft in dem Sinne, in dem ‚rot' als gemeinsame Eigenschaft aller roten Dinge verstanden wird. Der Eigenname meint in jedem Fall etwas Einzelnes in seiner Einzelheit. Offenbar gehört es zu einer allgemeinen kommunikativen Kompetenz, sich auf diesen Unterschied zwischen Eigenname und Eigenschaftswort zu verstehen, obwohl man ihn den Lautzeichen in der gewöhnlichen Sprache nicht ansehen muß und obwohl mitunter durchaus die Nennung einer Eigenschaft als ‚Kennzeichnung' *für* den Eigennamen stehen kann. „Der die elliptische Gestalt der Planetenbahnen entdeckte" steht für Kepler, den es gibt, wenn immer „Kepler" ein ‚echter' Eigenname ist. Es ist aber auch über die Frage diskutiert worden, ob Eigennamen intensionale Bedeutung („Sinn" in der Fregeschen Terminologie) haben (Searle *1969 b*). Vor- und Zuname z. B. sind beides

Eigennamen, aber sie sollen sich doch unter Umständen in verschiedenem Sinn auf ‚dieselbe' Person beziehen. Deren Identität wäre, sofern sie nicht klar ist, in einer ‚Kennzeichnung' (Carnap *1958 a*, 41) festzustellen. Die Eigennamen wären dazu mit Eigenschaften ihrer Träger zu verbinden. Man sieht sich auf die Problematik der Unterscheidung von analytischen und synthetischen Aussagen bzw. auf das Problem der Existenz von Eigenschaften zurückgeworfen, wenn man genau zu sagen versucht, ‚was' Eigennamen eigentlich sind oder leisten sollen. Ob ein Ausdruck für ein Individuum oder für etwas Allgemeines, eine ‚Klasse' oder eine ‚Eigenschaft' stehen soll, hängt offenbar selbst wiederum davon ab, wie die Sprache jeweils in Gebrauch genommen ist. In der Tradition galt die Materie als ‚principium individuationis'. Individuen sollten im Abstieg der Begriffspyramide nicht mehr intensional oder logisch deutlich durch Begriffe, sondern unterhalb des untersten Begriffs (infima species) nur noch durch ihre Stelle in Raum und Zeit ‚ästhetisch deutlich' unterschieden sein. Auf solch einer Unterscheidung zwischen logischer und einer eigenständigen *ästhetischen Deutlichkeit* baut noch Kants Lehre von Raum und Zeit und damit sein transzendentalphilosophischer Realitätsbegriff auf. Die moderne Sprachphilosophie ist wieder auf die Problematik dieses Lösungsvorschlages aufmerksam geworden. Ob der Name „Bundesrepublik Deutschland" als Eigenname für etwas Individuelles oder als Klassenbegriff angesehen ist, hängt vom Gebrauch der Sprache ab. In dem Satz „x ist Bürger der Bundesrepublik Deutschland" gehört er zur Bezeichnung einer Eigenschaft, z. B. rechtlicher Art, in einer Aufzählung europäischer Länder dagegen bezeichnet er ein (einzigartiges) Individuum. Sogar „Sokrates" ist nur in einem bestimmten Sprachgebrauch ein Eigenname für ein Individuum. In der ‚Sprache' der Physik z. B. wäre das unter ‚anderer', umgangssprachlicher Perspektive mit „Sokrates" Bezeichnete eine Menge von Atomen, bzw. von Prozessen auf atomarer Ebene. Nach Leibniz kennt nur Gott (intuitiv) den vollständigen Begriff aller *wahren* Individuen a priori (Leibniz De lib., 180 f.). Ihm kommt deshalb auch selbst *vollkommene* Individualität (ohne perspektivische Determination) zu. D. h. daß Individuen in diskursiven Sprachen nicht mit letzter Deutlichkeit von bloßen ‚Aggregaten' zu unterscheiden sind. Bei Hegel ist etwas deshalb *insofern* ein Individuum, als es *als* freies Selbstsein *anerkannt* ist, dem die Subsumtion unter allgemeine Begriffe äußerlich bleiben soll, und der Anerkennende konstituiert im Akt dieser Anerkennung zugleich seine eigene Subjektivität und Individualität, weil er sich in ihm der perspektivischen Betrachtungsweise seines Gegenstandes entäußert (Hegel Phän., 470 f.). Die Individualität besteht hier letzten Endes im Akt der gegenseitigen Anerkennung. Ihr entspricht eine bestimmte anerkannte Weise, die Sprache zu gebrauchen und zwischen Individualität und Objektivität zu unterscheiden, wobei die Objektivität dadurch als konstituiert gedacht ist, daß sie unter einem allgemeinen (anerkannten) Begriff oder Zugriff *als* bestimmt *angesehen* ist. Dieses Ansehen als bestimmt ist *so lange* eine mögliche Grundlage weiterer Aussagen *über* solche Gegenstände und damit ihrer grammatischen Substantialität, wie dies nicht zu einem Widerspruch führt. Der ‚wahrhaften' (anerkannten) Individualität wird dagegen *jederzeit* der Widerspruch gegen solch ein Ansehen als ... *von ihr selbst aus* zugestanden (vgl. Simon *1978*, bes. 239–243).

Im „Tractatus" Wittgensteins besteht die Lösung des Problems einer denkbaren Relation zwischen Zeichen und Bezeichnetem angesichts des schwierigen Begriffs des Eigennamens darin, der Welt eine „Substanz" oder den

„Gegenständen" eine einfache, in ihnen selbst begründete Selbständigkeit zuzusprechen. Das ist hier die metaphysische Voraussetzung dafür, daß man sie zu Sachverhalten verbinden oder einen Gedanken fassen kann, der wahrheitsdefinit ist. Man kann dies, wenn man sich auf die „Gegenstände" versteht, d. h. aus deren Namen keine sinnlosen Sätze bildet. Diese Lösung unterscheidet sich fundamental von der Freges. Denn „Gegenstand" war ja bestimmt durch die *Möglichkeit* des Vorkommens in Sachverhalten, die als solche noch keine Tatsachen sind, sondern ‚etwas', das der Fall sein oder nicht der Fall sein kann, ein Bild, das wir uns von den Tatsachen machen (Wittgenstein Tract., 2.1). Die Cartesianische Tradition hätte hier von *Imagination* gesprochen. Die Gegenstände werden im Satz durch die „Namen" vertreten (3.22). Die „Namen" sind deshalb, der Einfachheit der „Gegenstände" entsprechend, „einfache Zeichen" (3.202), die „durch keine Definition weiter zu zergliedern" sind (3.26). Man muß sich in einem ursprünglichen Sinn auf sie verstehen. Das ist dasselbe wie das Sich-Verstehen auf das Bilden sinnvoller Sätze. Daß man sich darauf versteht, hängt hier allein von dieser Fähigkeit als einem ursprünglichen Können ab, das nicht näher reflektiert werden kann und darin an die Kantische Bestimmung der *Urteilskraft* erinnert. Es ist ein Vermögen, das in keiner Weise als von *Tatsachen* determiniert gedacht werden kann. Die „Namen" sind für Wittgenstein „Urzeichen" (3.26).

Im Gegensatz zu Frege wird hier nicht das problematische Vermögen einer ursprünglichen Differenzierung zwischen Eigenname und Eigenschaftswort vorausgesetzt, weil das Sich-Verstehen auf diese Differenz und damit auf die besondere sprachliche Kategorie ‚Eigenname' letztlich die Voraussetzung einer Verbindung mit der Realität implizierte. Der ‚echte' Eigenname im Sinne

Freges meint immer in einem extensionalen Sinne etwas Unmittelbares, das in der Realität vorkommt und als etwas außersprachlich Vorkommendes (als „Gegenstand" im Sinne Freges) die Bedeutung *dieser* Art von Namen sein soll. Die Philosophie hatte aber längst schon die Problematik der Rede von einer unvermittelten Unmittelbarkeit bedacht.

Nun ist allerdings auch nach Wittgenstein nicht Name gleich Name. „Im Satze ‚Grün ist grün'" ist das erste Wort ein „Personenname", das letzte ein „Eigenschaftswort" (3.323). Der Unterschied zu Frege besteht aber darin, daß Wittgenstein diese grammatische Unterscheidung keineswegs darin begründet sieht, daß „Grün" für etwas individuell Existierendes und „grün" für eine Eigenschaft stehen soll. Namen stehen als solche für „Gegenstände", die nichts mit dem zu tun haben, was außersprachlich ist. Sie sollen in dem Sinn die Substanz der Welt bilden, daß unter „Substanz" das verstanden ist, „was unabhängig von dem was der Fall ist, besteht" (2.024). Der Unterschied zwischen „Grün" und „grün" besteht darin, daß man „das Symbol am Zeichen" erkennt, indem man „auf den sinnvollen Gebrauch" achtet (3.326). Er wird also rein innersprachlich bestimmt und besteht in der „logisch-syntaktischen Verwendung" (3.327). Ohne Rücksicht auf sie ist das Zeichen „bedeutungslos". Das ist nach Wittgenstein „der Sinn der Devise Occams" (3.328).

Es geht Wittgenstein vor allem darum, die Logik und deshalb auch die Sprache in ihrer Funktion von konkreten Existenzvoraussetzungen freizuhalten. Von da aus ergeben sich dann erst die vieldiskutierten ontologischen Voraussetzungen des „Tractatus". Aus dieser Hauptabsicht resultiert auch die Notwendigkeit, die Bedeutung des Zeichens ausschließlich in seinem jeweiligen „Gebrauch in der Sprache" und in diesem Sinne „in der

Grammatik" ausgesprochen zu sehen, auf die man sich versteht, *weil* man sich auf sie versteht, oder deren Regel man „blind" folgt. Diese Position der späteren „Philosophischen Untersuchungen" Wittgensteins ist schon in der des „Tractatus" angelegt. Unter „Grammatik" ist dabei die der Einzelsprache gemeint, deren Identität über die einer Nationalsprache hinaus letzten Endes mit der besonderen Art und Weise zusammenfällt, in der die Sprache gerade gebraucht und in der in ihr eine referentielle Bedeutung der Zeichen verteilt wird. (Vgl. den entsprechenden Humboldtschen Begriff der „inneren Form", der sich ebenfalls nicht mit den wissenschaftlich erarbeiteten Grammatiken einzelner Sprachen deckt. Diese gehören nach Humboldt wie die Wörter zum „Chaos", das im „jedesmaligen" Sprechen erst seine Form und damit auch seinen Sinn erhält.) Die grammatische Unterschiedlichkeit der Symbole, d. h. der ‚richtig' gebrauchten Namen ergibt sich für Wittgenstein nicht einfach von der (extensional gemeinten) Bedeutung her (3.323), sondern daraus, daß es *Symbole*, also *auf eine bestimmte Weise* in Gebrauch genommene Zeichen sind. Der Unterschied zwischen „Personenname" und „Eigenschaftswort" ist ein grammatischer Unterschied in diesem nicht a priori festgelegten Sinne. Er besteht weder von einer transzendentalen Grammatik des reinen Denkens noch von einem unterschiedlichen ontologischen Status des Gemeinten her. Die Schwierigkeiten des realistischen Bedeutungsbegriffs sollen mit diesem Begriff des Symbols überwunden werden. Das betrifft die Schwierigkeiten, die sich aus dem rationalistischen Begriff der Realität im Sinne der Möglichkeit als Widerspruchsfreiheit (noumenale Realität) ergeben, wie auch die Schwierigkeiten, die der Begriff einer Realität der Empfindung (phänomenale Realität) mit sich bringt. Die Spaltung des Realitätsbegriffs, die sich aus der philosophischen Unzulänglichkeit eines Ansatzes sowohl bei dem einen wie bei dem anderen Realitätsbegriff historisch ergeben hatte, wird obsolet. Diese Spaltung reicht bis in die ontologische Interpretation der verschiedenen Teile eines einzigen Satzes hinein, wenn, wie bei Frege und im Gefolge Freges bei vielen anderen analytischen Sprachphilosophen, verlangt wird, daß das Satzsubjekt über die *grammatische* Funktion hinaus ein ,echter' Eigenname sei, der etwas individuell Existierendes bezeichnen müsse, und das Prädikat ein Wort für einen Klassenbegriff, also einen Allgemeinbegriff. Die Existenz des im Eigennamen Bezeichneten müßte, als individuelle, für die Erkenntnis notwendig in ihrem schlichten (ästhetisch deutlichen) Gegebensein bestehen oder auf Empfindung beruhen. Die Existenz des im Prädikat Bezeichneten dagegen müßte, bei allen Schwierigkeiten, irgendwie im Sinne der Existenz von Universalien verstanden werden. Wenn nun aber solche verschiedenen Auffassungen von Realität darin ihren Grund haben sollen, daß man „das Symbol am Zeichen" erkennt, und nicht in der Seinsart des Bezeichneten, dann werden die Gegensätze, die den Universalienstreit bestimmen, in die „Grammatik" hineingezogen. In ihr gibt es Zeichen, die durch ihre Art der Bezeichnung den Nominalisten recht geben, wenn man durch die Grammatik als Form des jeweiligen Gebrauchs voraussetzt, diese Art sei vom Sein her bestimmt, und es gibt andere Zeichen, die unter dieser Voraussetzung den Realisten recht geben. Wir machen solche Unterscheidungen, indem wir der Grammatik „blind" folgen. Der Grund dafür liegt sozusagen nicht vor uns, sondern hinter uns in den uns pragmatisch bestimmenden Sprachregeln, zu denen wir uns so wenig umdrehen können wie die Menschen in Platons Höhlengleichnis zu den Ideen. Nur gibt es nach Wittgenstein auch keinen ,Philosophen', verstanden als einen vom wechselnden Gebrauchssinn der Sprache „freien“ Menschen (Platon Soph., 253 c), der ‚Ideen‘ als absolute Paradigmata des Gebrauchs erblicken könnte.

### c) Das Problem der Reflexion auf Sprachformen

Man hat die Philosophie des „Tractatus“ mit Kants Transzendentalphilosophie verglichen (Stenius *1960*, 214 bis 226). Bei Kant spielt aber der Unterschied zwischen Anschauung und Denken als grundverschiedenen Zugängen zum Seienden (Quellen der Erkenntnis) eine tragende Rolle. Dem Denken kommt dabei nur eine ordnende Funktion in der Erkenntnis zu. Sie muß von „Anschauungen“ oder von dem als Realität der Empfindung Gegebenen ausgehen. Von den Schwierigkeiten, die der Begriff einer Realität der Empfindung mit sich bringt und die sich im Begriff der Wahrnehmung verbergen, war die Rede (o. S. 64ff.). Wenn sich der genannte Gegensatz bei Wittgenstein in der Grammatik der Symbole aufheben soll, hebt sich natürlich auch der Kantische Begriff einer transzendentalen Reflexion auf. Sie verstand sich als *Reflexion* auf verschiedene Quellen der Erkenntnis und von da her auf unsere Möglichkeit des Erkennens. Wittgenstein ist allerdings vielfach so verstanden worden, daß bei ihm an die Stelle einer *Reflexion* auf subjektive Vermögen eine *Reflexion* auf die Sprache treten solle. Sowohl die Reflexionen auf durchgehende Bedingungen einer „kommunikativen Kompetenz“ (Habermas *1971*) wie auf „Sprechakte“ (Austin *1962*; Searle *1969 a*) gehen von solch einem Verständnis aus. Apel fordert in diesem Zusammenhang eine sprachpragmatische „Transformation der Philosophie“, vor allem der Transzendentalphilosophie (Apel *1973*). – Die Sprache ist nach Wittgenstein aber solch einer Reflexion entzogen. Schon im „Tractatus“ heißt es aus Gründen, die mit dem Problem der Antinomienvermeidung zusammenhängen, die „Form der Abbildung" lasse sich ihrerseits nicht abbilden. „Seine Form der Abbildung aber kann das Bild nicht abbilden; es weist sie auf." (Wittgenstein Tract., 2.172) Bilder sind nach Wittgenstein nicht Nachbildungen der Wirklichkeit, sondern „Projektionen", die „wir" uns „machen" (2.1). Sie stellen die Wirklichkeit so vor, wie wir sie uns von unseren Möglichkeiten, von unserem „Standpunkt" aus vorstellen. Die „Form der Abbildung" entspricht dem „Standpunkt", der nicht selbst ins Bild kommt (2.173), so daß er sich auch nicht erkenntniskritisch reflektieren läßt. In diesem Punkt ist Wittgenstein viel eher mit Nietzsche zu vergleichen, der die metaphysischen (und theologischen) Fragen mit einem „Glauben an die Grammatik" zusammenbringt, in dem die Regeln der Grammatik, die zum Verständnis indoeuropäischer Sprachen entwickelt worden sind, mit apriorischen Regeln des Denkens identifiziert seien (Nietzsche GD, 72).

Natürlich entstehen auch mit dieser Lösung neue Schwierigkeiten. Es stellt sich vor allem die Frage, wie man denken kann, daß die „Form der Abbildung" etwas mit der Wirklichkeit zu tun haben könne, so daß das Bild richtig oder falsch sein kann. Nach Wittgenstein wird die Wirklichkeit „mit dem Satz verglichen" (Wittgenstein Tract., 4.05). Es muß also Vergleichbarkeit bestehen. „Einen Satz verstehen" heißt nun aber „wissen, was der Fall ist, wenn er wahr ist" (4.024), und ich verstehe den Satz, „ohne daß mir sein Sinn erklärt wurde" (4.021). Das „Denken des Satz-Sinnes" ist die „Projektionsmethode" (3.11); es ist *nicht die Reflexion* auf ihn, sondern sein direkter Vollzug. Im Verständnis des Satzes ist demnach schon eingeschlossen, was es heißt, die Wirklichkeit mit ihm zu vergleichen. Das zugehörige Verifikations- oder

Falsifikationsverfahren gehört zur jeweiligen „Form der Abbildung“ und damit zum „Standpunkt“ der Satzbildung. Es gibt weder eine transzendentale Grammatik der Satzbildung noch *allgemeine* Verfahren der Überprüfung von Sätzen überhaupt. Nur wenn man weiß, unter welchen Bedingungen man einen Satz wahr nennen würde, hat man seinen Sinn verstanden, und dies weiß man, wenn man ihn versteht. Es muß nicht noch außerdem erklärt werden.

In den „Philosophischen Untersuchungen“ wird in dieser Hinsicht kein Bruch gegenüber dem „Tractatus“ vollzogen. Es wird vielmehr noch genauer gesagt, inwiefern sich die Form der Satzbildung nicht in einer über den jeweiligen Sprachgebrauch hinausweisenden Allgemeinheit bestimmen oder erklären läßt, und d. h. doch auch, inwiefern eine transzendentale Reflexion darauf nicht möglich ist. Daß die Logik „transzendental“ sei (Tract., 6.13), heißt bei Wittgenstein, daß wir uns nicht aus ihr herausstellen können und sie nicht in den Blick bekommen, sondern ihren „Regeln“ folgen. In den „Philosophischen Untersuchungen“ wird die „Grammatik“ unseres Abbildens näher als geregeltes „Sprachspiel“ unter „unzähligen“ anderen möglichen Sprachspielen und jedes „Sprachspiel“ als Teil einer „Lebensform“ angesehen (PU, 23). Das betont noch einmal die Unmöglichkeit der Reflexion auf solche „Regeln“. Wir können zwar keinen Satz an der Logik vorbei bilden, denn daß wir ihn bilden, heißt, daß wir der „Regel“ seiner Bildung folgen, wenn es sich überhaupt um einen (verständlichen, sinnvollen) Satz handeln soll. Aber diese „Regel“ können wir nicht (metasprachlich) angeben. Kant hatte den Begriff einer „Regel, die man nicht angeben kann“ und die sich nur *exemplarisch* in ihrem faktischen Vollzug zeigt, innerhalb der Problematik der *Urteilskraft* als eines individuellen Vermögens und nicht im Zusammenhang mit transzendentalen Prinzipien verwendet (Kant KU, 62 f.). Das Angeben solcher Regeln könnte nur wiederum eine hypothetische Vorstellung bzw. ein Bild sein, das wahr oder falsch sein kann, das aber nicht *a priori* wahr wäre, und auch dabei würden wiederum nicht identifizierbare Regeln zu befolgen sein. So gesehen ist ‚Logik' kein möglicher *Gegenstand* des Wissens, sondern dessen Element. Was wir wissen können, sind die „Tatsachen", d. h. das, was der Fall ist, wenn ein regelgerecht gebildeter Satz wahr ist. Das Wissen bezieht sich nicht auf das Bilden der Sätze, sondern auf deren Wahrheit oder Falschheit. Das Bilden der Sätze ist ein nicht reflektierbares Können.

### d) Sprachspiele als Lebensformen

Wir können regelgerechte oder sinnvolle Sätze bilden, insofern wir reflexionslos und problemlos an einer „Lebensform" partizipieren. Nicht ‚die' Sprache (langage), auch nicht eine bestimmte Sprache (langue) ist Inbegriff der „Regeln" der Satzbildung, sondern ein „Sprachspiel", d. h. eine faktische Art und Weise, Sprache zu gebrauchen. ‚Die' Sprache als reflektierbarer und wissenschaftlich bestimmbarer Gegenstand löst sich bei Wittgenstein auf in *„unzählige"* solcher Arten: unzählige verschiedene Arten der Verwendung alles dessen, was wir „‚Zeichen', ‚Worte', ‚Sätze' nennen. Und diese Mannigfaltigkeit ist nichts Festes, ein für allemal Gegebenes; sondern neue Typen der Sprache, neue Sprachspiele, wie wir sagen können, entstehen und andere veralten und werden vergessen." (Wittgenstein PU, 23)

Die Sprachspiele wechseln mit den Umständen und Formen des Lebens. Die „Philosophischen Untersuchungen" bestimmen von daher den Begriff des Gegenstandes, wie er im „Tractatus" gebraucht wurde, philosophisch genauer: Das ‚Einfache' ist nicht dieses oder jenes Bestimmte in einem in einer ‚Sprache' fertig vorgegebenen Sinn, sondern das, worauf man sich in einem seinerseits *nicht auseinanderzulegenden* Sinne einfach versteht und woraus man seine Rede sinnvoll zusammensetzt (46 f.). Die Lehre von den „einfachen Gegenständen", die durch „Namen" bezeichnet werden, wird dadurch erweitert, daß jetzt auch auf den Gebrauch von Wörtern wie „einfach" und „zusammengesetzt" reflektiert wird, mit dem Ergebnis, daß man nicht ‚allgemein' sagen könne, wie sie gebraucht werden. „Das Wort ‚zusammengesetzt' (und also das Wort ‚einfach') wird von uns in einer Unzahl verschiedener, in verschiedenen Weisen miteinander verwandten, Arten benützt." (47) Man könnte dies auf das Wort „Abbilden" ausdehnen. Im „Tractatus" hatte es eine zentrale Funktion, um das Wesen der Sprache zu erklären. Aus der Sicht der „Philosophischen Untersuchungen" könnte man von „unzähligen" Arten, dieses Wort zu gebrauchen, sprechen. Mit anderen Worten: Wenn der „Tractatus" über „Sprache", „Satz", „Gegenstand", „Name" usw. spricht, dann ist das aus der Sicht der „Untersuchungen" jeweils *eine* von den „unzähligen" Arten, diese Wörter zu gebrauchen. Sie haben aus dieser neuen Sicht an sich keine feste Bedeutung. Im „Tractatus" dienten sie dazu, sich ein bestimmtes Bild von der Sprache und ihrem Bezug zur Wirklichkeit zu *machen*. Dort wurden noch Thesen über diesen Bezug formuliert. Nun wird diese Formulierung metaphysischer Postulate als Möglichkeit aus einer Lebensform heraus verstanden. Die Rede vom Abbilden wird als bedingtes Reden begriffen, dessen Bedingungen aber nicht feststellbar sind. Das Wort „Abbilden" selbst erhält seine Bedeutung aus dem Sprachspiel, in dem es gebraucht wird, und ebenso verhält es sich bei dem Wort „Bedeutung“. Auch dieses Wort hat „eine Unzahl“ von Bedeutungen. Wird aber nach der Bedeutung eines Wortes *gefragt,* so ist „die Bedeutung des Wortes ... das, was die Erklärung der Bedeutung erklärt“ (560). Sie ist das, was, durch die „Lebensform“ bedingt, als Erklärung akzeptiert wird. Die Theorie der Bedeutung, die der „Tractatus“ impliziert, könnte im ganzen solch eine Erklärung von ‚Bedeutung‘ genannt werden. Aber sie könnte nicht beanspruchen, die einzig mögliche Erklärung zu sein. Da eine von der ‚Sache selbst‘ her abschließende Realdefinition der Bedeutung nicht möglich ist, bleiben ‚unzählige‘ pragmatische ‚Realdefinitionen‘ möglich.

Wenn nach der Bedeutung eines Wortes *gefragt* wird, so ist sie nicht mehr einfach. Es wird dann nicht mehr intuitiv in seiner „ganzen Verwendung“, d. h. in allen seinen „unzähligen“ möglichen Verwendungsweisen „mit einem Schlage“ (191) erfaßt. Denn es wird ja eine Antwort erwartet, die als solche diskursiv oder „zusammengesetzt“ ist. Das fragliche Wort gehört insofern nicht mehr zu den selbstverständlichen Elementen, aus denen die Rede zusammengesetzt wird.

Mit dieser Theorie von Sprachspielen, die zu Lebensformen gehören, wird jede Deskription der Sprache mit *philosophischem* Anspruch und jede Reflexion über eine aussagbare Beziehung zwischen Sprache und Welt obsolet. Es bleibt natürlich möglich, hierüber Theorien aufzustellen. Aber es bleibt nur möglich zusammen mit der Einsicht, daß es keine endgültige Theorie hierüber geben kann. Sprachtheorien gehören jeweils selbst zu besonderen Lebensformen. Wenn immer sie einen Sinn haben, haben sie ihn im Zusammenhang einer Lebensform, aus der man ohne Sinnverlust nicht heraustreten und die man mithin gerade als sinnstiftende Form nicht in den Blick bekommen kann. Man kann natürlich auch „Lebensformen", z. B. kulturgeschichtlich oder soziologisch, beschreiben. Aber dann handelt es sich um ‚Bilder' von Lebensformen und nicht um die, in der man lebt. Es kann deshalb auch nicht von einer Determination durch ‚die' jeweilige Lebensform gesprochen werden. Dazu müßte die Lebensform ja als identifizierte in den Blick kommen können. Die Lebensform, in der man lebt, kommt allenfalls als das Bild in den Blick, das man sich von ihr *macht*, aber nicht als sie selbst oder als Grund dafür, daß man sich gerade *so* ein Bild von ihr macht. Es kommt nicht in den Blick, *warum* man die Verwendung der „einfachen" Wörter oder Namen, indem man sich darauf versteht, „mit einem Schlage" so erfaßt, wie man sie erfaßt, oder wie man sich überhaupt auf eine „Unzahl" der Verwendungsweisen eines Wortes verstehen kann.

Die ‚linguistische' Wende („linguistic turn") in der Philosophie (Rorty *1967*) impliziert eine Kritik der sich ontologisch verstehenden Reflexionsphilosophie. Von ontologisch ausgerichteten Philosophen wird dagegen der Einwand erhoben, uns interessiere doch nicht die Sprache, so interessant ein ‚Anteil' der Sprache am Denken usw. auch sein möge, sondern die ‚Sachen selbst'. Solch ein Einwand erscheint aus dem erreichten sprachphilosophischen Reflexionsstand als überholt. Er impliziert eine unreflektierte sprachphilosophische Position, derzufolge Wörter ohne weiteres Zeichen *für Sachen* seien. So können sie nach dem genannten Reflexionsstand natürlich *auch* verstanden werden, und man kann Theorien aufstellen, die diese natürlich erscheinende, weil althergebrachte metaphysische Voraussetzung begründen wollen. Vorweg aber müssen bestimmte Wörter aus der „Unzahl" ihrer möglichen Verwendungsweisen heraus in fest eingefahrenen Lebensformen ‚grammatisch' *so* verwendet worden sein, *daß* sie sich stets auf „Gegenstände“ beziehen sollen. So geben wir in einer Antwort auf die *Frage* nach der Bedeutung dem Wort „Gegenstand“ *unter Umständen* die Bedeutung, es meine das, was aller Bezeichnung als das eigentlich Gemeinte und als Ziel aller Rede vorausliege. *Insofern* ist ‚Bedeutung‘ dasselbe wie der traditionelle Begriff des ‚Begriffs‘ (vgl. Coseriu *1970; 1975*, 262 f.). Daß Wörter oder auch umfassende finite sprachliche Gebilde sich (über Begriffe) auf Gegenstände beziehen oder, wenn die Theorie sich normativ versteht, beziehen sollten, ist *eine* mögliche Theorie der Sprache. Deren Schwierigkeiten sind der Philosophie spätestens seit Occam bekannt. Sie kann aber dennoch, wie Theorien überhaupt, als Theorie immer noch verteidigt werden und diese Schwierigkeiten durch Exhaustion oder Variation aufzufangen versuchen.

Eine Lebensform ist in diesem sprachphilosophischen Zusammenhang dasselbe wie die Begrenztheit der Möglichkeiten, die Sprache zu verwenden. Sie setzt dem individuellen Gebrauch Grenzen der Akzeptabilität, aber so, daß die begrenzte Menge möglicher Verwendungsweisen immer noch „unzählig“ oder unübersehbar bleibt. Eine Lebensform wird somit allenfalls als Begrenztheit der Willkür spürbar (vgl. Descartes, o. S. 25 ff.), aber sie wird nicht reflexiv deutlich. Nur im Licht einer Lebensform kann umgekehrt etwas befriedigend deutlich werden. Es wiederholt sich die Einsicht, daß wir über eine vollkommene begriffliche Deutlichkeit nicht verfügen. Wir können nur bestimmte Begriffe, etwa in Definitionen, verdeutlichen, unter der von uns selbst nicht zu besorgenden Voraussetzung, daß wir uns intuitiv auf den Inbegriff der Bedeutungen (auf die „unzähligen“ Verwendungsmöglichkeiten) anderer Begriffe fraglos verstehen.

## 5. *Einfache oder angeborene Ideen*

In der rationalistischen Tradition hießen die intuitiv zu erfassenden einfachen Bedeutungen ‚einfache' oder ‚angeborene' Ideen. Die moderne Sprachtheorie nimmt die Rede von solchen ‚angeborenen Ideen' wieder auf. Chomsky spricht ausdrücklich von einer Cartesianischen Linguistik (Chomsky *1966*). Bei Descartes waren z. B. ‚Ausdehnung' oder auch ‚Bewegung' solche Ideen. Die Idee ‚Ausdehnung' ist einfach, unteilbar, nicht zu explizieren und deshalb selbst nicht ausgedehnt („Extensio non est corpus"; Descartes Reg., 443). Sie besteht darin, daß man weiß, ‚was' Ausdehnung ist und was alles darin eingeschlossen ist, wenn man von etwas sagt, es sei ausgedehnt. Genauso ist es bei ‚Bewegung'. „Quis ignorat quid sit motus?" (426) Auch von der Philosophie Descartes' her ist es ausgeschlossen, alle einfachen Ideen a priori vollständig aufzuzählen. Ob etwas eine ‚einfache' Idee ist, zeigt sich darin, daß man sie einfach versteht, und *Probleme* lassen sich letztlich nur dadurch lösen, daß es gelingt, sie in kleinste Zusammenhänge aufzulösen, von denen jeder eine Verbindung darstellt, die ‚einfach' (im Sinne von absolut leicht oder problemlos vollziehbar) ist, so daß kein Zweifel an ihr möglich ist („conjunctiones necessariae"). *Daß* an ihnen kein Zweifel möglich ist, ist die Grundlage aller Gewißheit und damit aller Wissenschaft. Man kann wegen dieser Einfachheit nicht (in anderen Worten) sagen, warum an ihnen nicht gezweifelt werden könne und worin die Einfachheit bestehe. Man kann Beispiele, aber keine Regel für solche einfachen oder angeborenen Ideen nennen. Das berühmteste Beispiel ist das „cogito, sum". „Cogito" impliziert oder präsupponiert „sum". Es kommt bei der Lösung von Problemen (quaestiones) darauf an, daß sie richtig (in einfache

Zusammenhänge) eingeteilt (analysiert) werden. Sie werden dann richtig eingeteilt, wenn die Problematik sich durch die analytische Darstellung in solchen Verbindungen, die ihrerseits nicht in Frage gestellt werden können, auflöst. Von Wittgenstein her läßt sich entsprechend sagen, daß die unangebbaren Grenzen der Lebensform zugleich den Boden der *Gewißheit* begrenzen, auf dem wir überhaupt mit Problemlösungen, innerhalb und außerhalb der institutionalisierten Wissenschaften, zu Ende kommen können.

In der rationalistischen Philosophie war noch nicht davon die Rede, daß das intuitive Verstehen seinen freilich unauslotbaren ‚Grund' in besonderen Lebensformen habe. Die einfachen Ideen schienen für alle Menschen dieselben zu sein. Die Frage „quis ignorat quid sit motus?" unterstellt ‚mentalistisch', daß jedermann eine ‚Idee' von Bewegung habe. Da ihre Einfachheit mit ihrer Unbezweifelbarkeit oder ihrer Evidenz für den, der sie hat, zusammenfällt, kann der, der sie hat, sich nicht vorstellen, daß andere daran zweifeln könnten. Dieser Begriff der Evidenz ist noch in Husserls phänomenologischer Sprachkonzeption leitend (Husserl LU I, 13 f.), und Chomsky sieht hier ebenfalls eine Basis für eine *universale* „Tiefenstruktur" des Geistes gegenüber den „Oberflächenstrukturen" der einzelsprachlichen Grammatiken (Chomsky *1966*, 3–51). Bei Fodor und Katz wird diese ‚mentalistische' Bedeutungskonzeption über das formale grammatische Vermögen hinaus auf inhaltliche Bedeutungen ausgedehnt (Fodor/Katz *1964*). Aber gerade die vorausgesetzte Einfachheit von Ideen bedeutet, daß man sie nicht erschöpfend paraphrasieren bzw. nach einem Geltungsbereich bestimmen kann. Sie sind einfach, insofern man sie nicht durch finite zusammengesetzte Ausdrücke ersetzen kann. Man erfaßt mit ihnen eine infinite Menge von

Implikaten. Es ist Sache der Einbildungskraft, einer „blinden Funktion der Seele" (Kant KrV, B 103), die nicht expliziten Momente der Idee auf eine allerdings notwendig undeutliche Weise zu behalten, „ut ad ejus alias conditiones vocabulo non expressas, si quando usus exigat, idem intellectus possit converti, nec illas unquam imprudenter judicet fuisse exclusas" (Descartes Reg., 445). „Si quando usus exigat", wenn der Gebrauch es „heraustreibt", bringt die Einbildungskraft als „das Namen *behaltende* Gedächtnis" (Hegel Enz., 374) eine andere ‚Kondition' der Bedeutung zum Vorschein. Die Imagination ist das Vermögen, das davor bewahrt, eine Idee mit ihrer finiten Explikation in irgendeiner Paraphrase oder einer Definition *absolut* gleichzusetzen und sie dadurch als Zusammengesetztes mißzuverstehen. Sie versteht sich auf die Idee als auf eine in Hinblick auf einen anderen Gebrauch unausgeschöpfte Möglichkeit.

Chomsky spricht von einfachen Ideen als *formalen* Universalien der Sprachen und damit auch des menschlichen Geistes (Chomsky *1965*, 27–30). Seine Konzeption schwankt allerdings zwischen einer Theorie des Geistes und einer empirisch-hypothetischen Grammatiktheorie, die in bezug auf sprachliche Gebilde erklärungsadäquat sein soll, indem sie Regeln der Transformation (oder der Übersetzung) von universalen Tiefenstrukturen in einzelsprachliche Oberflächenstrukturen aufzustellen versucht. Sie schwankt zwischen der Idee eines reflektierbaren Sprachvermögens und einer Philosophie der Sprache, in der die Unmöglichkeit einer definiten Reflexion eines solchen Vermögens begriffen ist. Noch schwieriger wird die Voraussetzung einer reflektierbaren universalen *semantischen* Kompetenz, nach der den Wörtern der Einzelsprachen mit inhaltlicher Bedeutung tieferliegende ‚Ideen' zugeordnet werden, die alle Merkmale beinhalten sollen, die in solchen Bedeutungen präsupponiert sind. Auf diese Weise sollen Regeln für die grammatisch korrekte Einbettung dieser Wörter in die Strukturen der Einzelsprachen und für die als grammatikalisch empfundene Verbindung der Wörter untereinander explizit gemacht werden (Fodor/Katz *1964*). Vom erreichten Standpunkt sprachphilosophischer Reflexion aus läßt sich auch in bezug auf solche theoretischen Ansätze sagen, daß sie sich wegen ihrer genuinen Perspektivität allein durch Exhaustion und Variation bewähren können. Dieser Prozeß ist in der Linguistik im vollen Gange.

Im Grunde ist also diese sprachphilosophische Einsicht lebendig geblieben bzw. wiederentdeckt worden. Realdefinitionen auch von sogenannten Grundtatsachen unserer Sprachlichkeit sind für uns nur möglich, wenn das perspektivische Gegebensein von etwas, wie es sich z. B. in der einzelwissenschaftlichen Axiomatik der Sprachwissenschaften ausdrückt, die Realität verbürgt. Von diesen Realitäten gibt es dafür aber viele, im Grunde unendlich viele verschiedene Realdefinitionen, denn sie implizieren alle einen Standpunkt oder eine Perspektive ihrer Konstitution. Erst *alle möglichen* Realdefinitionen dieser Art wären die Vorstellung der Sache selbst. Aber diese Möglichkeiten lassen sich wegen ihrer Abhängigkeit von bestimmten Erkenntnisinteressen nicht vorweg bestimmen, so daß man sie auch nicht zu einer einheitlichen Gesamttheorie der Sprache zusammenfassen kann. Die Fähigkeit der akzeptablen Subsumtion eines Gegebenen unter einen allgemeinen Begriff in einem Urteil darüber (als einer finiten Wortkette) bleibt schon nach Kant eine individuelle Kunst. Es ist die „Urteilskraft" als die auf die Bedürfnisse des endlichen Verstandes hin ausgerichtete unerschöpfliche Einbildungskraft (Kant KU, 202f.).

Diese Kritik an der traditionellen Vorstellung starrer Subsumtionsschemata und am dementsprechenden Bedeutungsbegriff ist auch in philosophischen Positionen lebendig und wirksam geblieben, in denen, anders als etwa bei Humboldt, die Sprachphilosophie im engeren Sinn nicht im Zentrum steht. So entspringt der Hegelsche Begriff des „spekulativen Satzes" der Aufmerksamkeit auf das im Wesen der Sprache selbst begründete Moment der Vorläufigkeit allen Bestimmens in Urteilen. Das ‚ist' der Kopula des Satzes ist – entgegen der „Meinung des gewöhnlichen Verhältnisses des Subjekts und Prädikats" und des an der vergegenständlichenden Satzgrammatik orientierten „gewohnten Verhaltens des Wissens" (Hegel Phän., 52) – immer auch ein ‚ist nicht'. Hierin sieht Hegel das „*wirkliche* Spekulative"(53) als eine Wirklichkeit, durch die „die Natur des Urteils oder Satzes überhaupt, die den Unterschied des Subjekts und Prädikats in sich schließt, ... zerstört wird" (51). Der feste (satzgrammatische) Unterschied zwischen Subjekt und Prädikat bzw., in modernerer Terminologie gesagt, zwischen Eigennamen (s. o. S. 93 ff.) und Prädikator, wird einem „gewohnten Verhalten des Wissens" zugerechnet, man könnte auch sagen, einer Lebensform, der gegenüber immer alternative, ‚neue' Ingebrauchnahmen auf eine a priori unbestimmbare oder einfallsreiche Weise möglich bleiben.

Die historischen Hinweise unterstreichen die philosophische Tragweite der Kritik an einer Lehre von vorgegebenen Bedeutungen und an einem entsprechenden Begriff des Begriffs. Die Identifizierung der Bedeutung mit dem Gebrauch ist kein Novum der Sprachphilosophie des zwanzigsten Jahrhunderts, sondern etwas, das schon für die ‚kritische' Philosophie im Grunde selbstverständlich war.

## *6. Die Frage der Relativität von Sprachen und Lebensformen*

Das „gewohnte Verhalten des Wissens" wird hier den Vorwurf des Relativismus erheben. Seine unmittelbare, unreflektierte Sprachauffassung, nach der Worte in feststehender Relation Zeichen für Begriffe sind, wird „zerstört". Der Rahmen seiner Lebensform, die diese Gewißheit verleiht und stabilisiert, oder, um den Terminus W. v. Humboldts zu verwenden, seine „Weltansicht" wird gesprengt. Philosophen wie Kant und Hegel sind aber gewiß nicht des Relativismus zu verdächtigen. Wenn sich bei ihnen Denkstrukturen finden, die sich in der gegenwärtigen Sprachphilosophie wiederholen, weist das darauf hin, daß vielmehr gegen eine Relativität „gewohnter" Wissensformen ein Absolutes gedacht werden soll. Es zeigt sich (hat sein „Dasein") in dem *„wirklichen* Spekulativen" der Sprache, in der „Kraft des Sprechens als eines solchen" (Hegel Phän., 362). Das Sprechen, als wirkendes „Dasein" des Geistes, ist das Absolute gegenüber jeder reflektierend feststellenden Identifizierung von Bedeutungen z. B. in Grundsätzen, Prinzipien usw., die zu „schlechten" Unendlichkeiten, d. h. zu nicht oder nur in pragmatischer Hinsicht zu Ende zu bringenden Reihen von Paraphrasierungen oder Erklärungen der Bedeutungen führen (vgl. Simon *1966*). Es ist auch absolut gegenüber jeder Sprachtheorie, in der das Wort „Sprache", um der Konsistenz solch einer Theorie sicher sein zu können, in endlich vielen Sätzen erschöpfend ausgelegt sein müßte. Diese philosophischen Erkenntnisse bleiben allerdings unbedacht, wenn die Einsicht in die Abhängigkeit der Bedeutung vom Gebrauch im Rahmen von Lebensformen als Aufforderung verstanden wird, durch den Versuch der Identifizierung von Lebensformen Bedeutungen auf dem

Wege der Zuordnung zu solchen Lebensformen dennoch theoretisch zu identifizieren. Auch solche (etwa soziologischen) Identifizierungen als Relativierungen der Bedeutungen in der Anbindung an ‚Weltbilder' müßten zu Ende kommen, ohne ein intuitives Sich-Verstehen auf Bedeutungen ihrerseits vollkommen in ein diskursives überführen zu können. Der eigentliche Gedanke, der sich im Hinweis auf die Verflechtung von Sprache und Lebensform ausdrückt, besteht vielmehr darin, daß die bedeutungsverleihende Form (die „Form der Abbildung" des „Tractatus" oder die „Lebensform" des späteren Wittgenstein) ihrerseits nicht abbildbar ist. Es sind keine Grenzen der verschiedenen Lebensformen gegeneinander deutlich bestimmbar, und damit ist auch die „Grenze" meiner jeweiligen Sprache als die „Grenze" meiner „Welt" (Wittgenstein Tract., 5.6) nicht reflexiv bestimmbar. Deshalb kann auch nicht gesagt werden, eine solche Lebensform oder Welt sei ‚intersubjektiv' in dem Sinne, daß sie zwar nicht für alle, aber doch für eine bestimmte Gruppe von Subjekten (etwa eine soziale Gruppe, eine Nation usw.) *dieselbe* sei. Wenn ‚Sein' ‚bestimmtes Sein' bedeuten soll, ‚ist' sie überhaupt nicht ‚etwas', über das man solche Aussagen machen könnte. Man kann folglich auch nicht von einer Relativität der Sprachen als Lebensformen sprechen. Die Vertreter eines solchen Sprachrelativismus, z. B. Whorf (Whorf LTR), aber auch Weisgerber (Weisgerber *1962*, 11–27) berufen sich mit Vorliebe auf W. v. Humboldt, der aber seine Sprachphilosophie im Anschluß an bestimmte Folgeprobleme der klassischen deutschen Philosophie entwickelt (Borsche *1981*, 118–126). Humboldt spricht in der Tat von einem Zusammenhang zwischen dem inneren Bau verschiedener Sprachen und verschiedenen „Weltansichten". Aber gerade er geht davon aus, daß die Sprache „notwendig zweien" angehört. Er will damit sagen, daß in keinem Gebrauch der Sprache mit Gewißheit davon ausgegangen werden könne, daß sie auch nur von zweien, auch wenn es sich um gerade *miteinander* Sprechende handelt, im gleichen Sinn gebraucht werde. Ihr Gebrauch ist für Humboldt letztlich individuell (vgl. o. S. 91), d. h. es lassen sich nicht verschiedene Weisen, sie in Gebrauch zu nehmen, von einer angebbaren gemeinsamen Regel her identifizieren.

Mit Humboldt ist sogleich hinzuzufügen, daß sich sprach*wissenschaftlich* natürlich solche Regeln formulieren lassen. Sie dienen der wissenschaftlichen Identifizierung oder Vergegenständlichung eines Gegenstandes ‚Sprache'. Nach dem Voranstehenden ist aber sprach*philosophisch* zu erinnern, daß dies immer nur Versuche sein können, mit der Bestimmung dieses Gegenstandes zu Ende zu kommen. Sprachwissenschaftliche Theorien bleiben aus philosophischem Bewußtsein immer hypothetische Versuche, die sich bei der Berücksichtigung weiterer intuitiver Bedeutungsimplikate von ‚Sprache' als inkonsistent erweisen können. Auf das Verhältnis zwischen Sprachphilosophie und Sprachwissenschaft wird an anderer Stelle weiter einzugehen sein (s. u. S. 203ff.).

Wenn aber die Verschiedenheit des bedeutungsverleihenden Sprachgebrauchs *auch* – und im philosophisch entscheidenden Sinn gerade – für konkrete *Personen* gelten gelassen werden muß, die miteinander sprechen, so kann die Möglichkeit sprachlicher Kommunikation gerade nicht von einer *gemeinsamen* Lebensform abhängig gemacht werden. Bei Humboldt heißt es sogar, daß sich beim Sprechen der „Unterschied" zwischen dem individuellen Bewußtsein der Partner eher vergrößere (Humboldt Schriften VII, 169). „Lebensform" und „Weltansicht" sind keine Namen für Klassen von Subjekten, die wegen der Zugehörigkeit zu einer gemeinsamen

Klasse erst miteinander sprechen und sich verstehen könnten. Diese Ausdrücke sind eher Hinweise darauf, daß Subjekte, die dieselbe ‚Sprache' im Sinne einer wissenschaftlichen, z. B. linguistischen oder soziologischen Identifizierung sprechen, sich *deshalb noch nicht* verstehen müssen, und daß Subjekte, die in diesem Sinne verschiedene Sprachen sprechen, sich *deshalb durchaus* verstehen oder zumindest ‚ihre' Sprache in die jeweils ‚andere' übersetzen können. Der Begriff des Subjekts läßt sich sprachphilosophisch nicht determinieren. Das ist der Unterschied zu einer transzendentalphilosophischen Reflexion auf eine Einheit von Subjektivität, die die Funktion der Sprache im vollen Sinn ausklammern mußte. Diesen Unterschied wollte z. B. Humboldt herausarbeiten. Sprache ist in diesem Zusammenhang auch als etwas „Überzeichenmäßiges" (Heintel *1972*, 40–55) oder „Übergegenständliches" (Schaaf *1974*, 54) verstanden worden. Sie ist, als vorgegebene Möglichkeit des Sich-Verstehens und damit der Subjektivität, nicht an einem sich durchhaltenden Gebrauch gleicher oder verschiedener Zeichen zu identifizieren bzw. von anderen Sprachen als anderen Verstehensmöglichkeiten zu unterscheiden. Das setzte voraus, daß man sagte, es seien die gleichen bzw. verschiedene Zeichen für ‚dasselbe' vorgesehen, d. h. es existierten eindeutige Kriterien für Synonymität. Damit wäre bereits der ‚naive' sprachtheoretische Standpunkt bezogen, der, wie die historischen Hinweise zeigen sollten, bei kaum einem neuzeitlichen Philosophen von Rang noch gelten gelassen worden ist. Es ist festzuhalten, daß Individuen sich intuitiv auf Bedeutungen verstehen, indem sie sich auf infinite Möglichkeiten verstehen, Wörter zu verwenden, daß sie aber nicht die ‚Sprachen' oder ‚Sprachformen' sprechen, die als objektive Korrelatvorstellungen linguistischer, soziologischer oder auch psychologischer Theoriebildungen über die Sprache fungieren. Ihr Sprechen (und Verstehen) bleibt das Wirkliche (Absolute) gegenüber solchen Konstrukten. Der Standpunktcharakter von Theoriebildungen liegt in der Notwendigkeit, intuitiv erfaßte Bedeutungskomplexe mit einer Reihe von Explikationen zu identifizieren, die sie unmöglich ausschöpft. Sie wird abgebrochen, weil sie für das bestehende Lebensinteresse *deutlich genug* ist.

Die Thesen von einem „sprachlichen Relativitätsprinzip" (vgl. Gipper *1972*) setzen den Sprachen eine sprachunabhängige ‚Wirklichkeit' voraus. Auf sie als Bezugspunkt hin sollen die einzelnen Sprachen und die ihnen zugeordneten ‚Weltbilder' relativ sein. Dabei ist in Wirklichkeit aber an ein weiteres Weltbild gedacht, zumeist an das Weltbild der modernen Physik. Es soll ‚die' Wirklichkeit in einem absoluten Sinn darstellen. Demgegenüber ist auf die axiomatischen Anfänge jeder Wissenschaft und also auch der Physik hinzuweisen. Sie bestehen darin, daß festgesetzt wird, in welcher definitiven Bedeutung Begriffe fortan, d. h. in der ‚Sprache' dieser Wissenschaft, verwendet werden sollen. Die Bedeutung dieser Grundbegriffe soll das und nur das sein, was *diese* Erklärung der Bedeutung erklärt (Wittgenstein PU, 560). Ein klassisches Beispiel des Bewußtseins davon ist Kants Reflexion über die „metaphysischen Anfangsgründe der Naturwissenschaft". Hier wird u. a. „Materie" definiert als das „Bewegliche im Raume" (Kant MA, 480). Die intuitive Bedeutung dieses Wortes wird auf die Bedeutung einer finiten Wortkette reduziert. Dies bleibt aber nichtsdestoweniger ‚metaphysisch', d. h. es bleibt eine Definition rein aus Begriffen, unter der philosophisch fragwürdigen *Voraussetzung* einer möglichen begrifflichen (logischen) Deutlichkeit. Die in dieser Wortkette vorkommenden Ausdrücke, wie z. B. „das Bewegliche", müssen ihrerseits wieder intuitiv verstanden werden. Es entsteht nur der *Schein*, Begriffe würden aus der Einfachheit, die sie im individuellen Sich-Verstehen auf sie aus dem Verstehenshintergrund einer Lebensform heraus haben, herausgenommen und in einer diskursiven Explikation ihres Bedeutungsgehalts objektiviert.

Die Relativität eines solchen wissenschaftlichen Anfangsgrundes liegt im *Scheincharakter* seiner Offenlegung. Das demgegenüber Absolute besteht im produktiven Rückbezug auf weitere Bedeutungsimplikate vermeintlich objektivierter Bedeutungen. Diese Möglichkeit wurde von Descartes der Einbildungskraft („imaginatio vel phantasia") zugeschrieben. Die Phantasie ist die individuelle produktive Kraft, die, als die Wirklichkeit semantischer Kompetenz, aus axiomatischen Systemen auf dem Weg über den überschüssigen Bedeutungsgehalt der Termini hinauszuführen vermag, wenn solche Systeme ihrerseits systembedingte Probleme aufwerfen.

# IV. Sprache und wissenschaftliches Weltbild

## *1. Wissenschaftliche Sprache*

Wenn das kritische Selbstverständnis der gegenwärtigen Philosophie dazu nötigt, Sprachphilosophie als Erste Philosophie zu verstehen, dann sind auch die Idee der empirischen Wissenschaft und deren Sprache von dort her verständlich zu machen. Zwar versteht sich die moderne Wissenschaftstheorie weitgehend als Analyse der Wissenschaftssprachen. Sie geht davon aus, daß sich „die wissenschaftliche Realität nirgends sprachunabhängig" darstellt, „sondern je nach der Art der Sprache, die wir für sie schaffen" (Ströker *1974*, 232). Aber sie sieht weitgehend von den philosophiehistorischen Voraussetzungen des modernen Wissenschaftsverständnisses ab. So bedenkt sie zumeist nicht, daß vieles, was essentiell zu diesem Verständnis gehört, schon festlag, ehe die Wissenschaft sich selbst als Erfahrungswissenschaft verstand, und daß auch der Übergang zum Selbstverständnis als Erfahrungswissenschaft von diesen historischen Voraussetzungen her angelegt war. Die Originalidee oder das Paradigma von Wissenschaftlichkeit ist, zumindest historisch gesehen, die Idee einer Wissenschaft als eines reinen Begriffssystems. Für Descartes war diese Idee noch leitend. Das Seiende soll sich in seinem klaren und deutlichen widerspruchsfreien Gedachtsein darstellen. Der Erfahrung wird im Grunde noch kein eigener Erkenntniswert zugestanden. Aber gleichwohl ist dieser Begriff einer idealen Wissenschaft dadurch eingeschränkt, daß Begriffe in dem, was sie *alles* bedeuten können, für den diskursiven Verstand unausschöpfbar sind. Mit dieser intuitiven Komponente des rationalistischen Begriffs vom Begriff, die die Fähigkeiten eines diskursiven Verstandes überragt (transzendiert), bleiben wir im methodischen Prozeß durch die Imagination verbunden. Über sie partizipiert das Ingenium am ‚ontologischen' Gehalt der Begriffe. Wissenschaft ist dadurch *mehr* als die Tätigkeit eines endlichen Verstandes; sie ist göttliche Wissenschaft (vgl. Hübner *1978*, 230–232). Es fragt sich hier natürlich, was die Einbildungskraft bewegen könnte, das *Andere* oder *Neue* gegenüber der jeweils explizit *gemachten* Begriffsbestimmung zur Geltung oder in Erinnerung zu bringen. Einen Hinweis darauf gibt die nähere Bestimmung der Imagination. Sie ist ein *körperliches* Vermögen (Descartes Reg., 414). Ein Körper ist der verstandesmäßigen Bestimmung nach etwas Ausgedehntes, d. h. unendlich Bestimmbares (Einteilbares). Insofern ist das Körperliche gerade vom (deutlichen) Gedanken verschieden. Wir haben Einbildungskraft, insofern wir selbst nicht nur Denken, sondern für uns selbst auch Körper, d. h. nicht deutlich sind. Der Beweggrund der Einbildungskraft bleibt für den Verstand dunkel. Sie bleibt eine für den Verstand unreflektierbare Wirkung auf ihn, obwohl sie seine Bestimmungen erweitert.

Bevor die Wissenschaft sich als Erfahrungswissenschaft verstand, war sie schon von einem bestimmten metaphysischen *Sprachbegriff* her konzipiert, von dem aus die mögliche *Innovation* der Wissenschaftssprache gegenüber der jeweils vorgegebenen für die Erkenntnis entscheidend sein sollte. In diesem Sinn versteht sich die Wissenschaft als Instanz gegen das ‚scholastische', in seiner starren Sprache systematisch befangene Denken, das „nichts Neues" hervorbringen könne (406). Die „imaginatio vel phantasia" als die Kraft, Sprache neu in Gebrauch zu nehmen, wurde als das Primäre gegenüber der rezeptiven Möglichkeit gesehen, über die Sinne in der Natur etwas *anderes* als das durch das tradierte System des Wissens Vorgegebene zu sehen, d. h. Erfahrungen machen zu können. Die Wissenschaftstheorie kommt neuerdings auf solche Zusammenhänge zurück, indem sie dem „paradigmatischen" Wissenschaftsbetrieb „wissenschaftliche Revolutionen" zur Seite stellt (Kuhn *1962*) und damit betont, daß die Sprachen der Wissenschaften in den entscheidenden Phasen des Erkenntnisfortschritts Sprachen sind, die sich von den Sprachen *unterscheiden*, deren Strukturen als paradigmatisch für die Sprache der Wissenschaft analysiert werden können. Die historische Ausdifferenzierung der Wissenschaften in Einzelwissenschaften mit ihren besonderen Fachsprachen gehört ebensogut hierhin wie der Umbruch innerhalb einer einzelnen Wissenschaft, von dem aus *„Grenzen"* der bisherigen Strukturen sichtbar oder deutlich werden können (Ströker *1974*, 279). Für die Ausdifferenzierung verschiedener Strukturen (als verschiedener „Formen der Abbildung") muß es mithin ebenso wie für das Gelingen umfassender Theoriebildungen fraglich bleiben, ob sich „in voller Allgemeinheit" überhaupt reflektieren läßt, was im einzelnen dabei semantisch geschieht (vgl. 273).

Die Imagination bleibt die selbst unbestimmbare Fähigkeit, den Verstand für etwas *anderes* offenzuhalten und dieses andere in den verstandesgemäßen Vorstellungen (Theorien) zur Geltung zu bringen. Sie verbindet den Verstand mit dem Leben und verknüpft die vom Leben abgehobene Wissenschaftssprache mit der Sprache der Lebenswelt (vgl. Husserl Krisis), in der der Wissenschaftler seine individuelle Sprachkompetenz erworben und bewahrt hat. Die Sprachnot der Wissenschaftssprachen, die sich zeigt, wenn Inkonsistenzen zwischen Sätzen dieser Sprachen – z. B. zwischen Theorie- und sogenannten Beobachtungs- oder Protokollsätzen über den objektiven Bereich der jeweiligen Wissenschaft – erscheinen, kann die schöpferische semantische Kompetenz der Einbildungskraft anregen, auf bislang ‚außerwissenschaftliche' Bedeutungsimplikate der verwendeten Ausdrücke zurückzugreifen, um die erscheinenden Inkonsistenzen aufzufangen. Indem so in die bisherige Terminologie neue Begriffe, z. B. theoretische Terme zum Zweck der Konstruktion umfassender Theorien, eingeführt werden, verändert sich das System sich gegenseitig bestimmender Bedeutungen auch im ganzen. Die veränderte, umfassendere „Theoriesprache" (im Sinne Carnaps *1958 b*) schlägt auf die operative Bedeutung der Terme der „Beobachtungssprache" durch. Neue Erfahrung wird möglich.

Wenn von Wissenschaftssprachen reflexiv die Rede ist, ist zumeist eine in ihrer Terminologie durchweg definierte und widerspruchsfreie Sprache gemeint oder doch normativ gefordert. Die Möglichkeit solch einer Sprache bestand aber schon für Leibniz nur für einen göttlichen Verstand. *Unsere* Sprache hat nicht in der Widerspruchsfreiheit ihrer jeweils *hergestellten* Deutlichkeit ihren Realitätsbezug, sondern in ihrer Variabilität, die zu Widersprüchen führen, aber auch wieder über Widersprüche hinausführen kann. Da wir die Form unserer Abbildung nicht vollkommen objektivieren können, kann sich im einzelnen zeigen, daß wir unbemerkt verschiedene Formen der Abbildung benutzen, d. h. in transzendentalphilosophischer Formulierung, daß die *vorausgesetzte* Einheit des Ich-denke tatsächlich nicht besteht. Der theoretische Vorgriff auf Realität kann mit einer Formulierung in Widerspruch treten, die wir ‚aus Anlaß' sinnlicher Eindrücke bilden. ‚Sinnlichkeit' ist Perspektivität, körperliche Standpunktsbedingtheit. Der sogenannte Erfahrungs- oder Beobachtungssatz macht die Wahrheit dieser Perspektivität gegen vermeintliche Realdefinitionen rein begrifflicher Art geltend. Der erscheinende Widerspruch im Sprachgebrauch ist insofern die Wahrheit unserer begrifflichen Systeme, denn er zwingt zu ihrer historischen Veränderung, d. h. er evoziert einen variablen Bedeutungsgehalt der Begriffe über ihre terminologische Bestimmtheit hinaus. Hierin liegt der Kern dialektischer, d. h. seit der Antike: sich auf die Sprachlichkeit des Menschen aufbauender Philosophie: Der Widerspruch läßt das System nicht einfach zusammenbrechen. Er zwingt vielmehr dazu, die ausformulierte oder definierte Bedeutung der Terme als nicht *alle* Bedeutung bzw. als Teilmenge einer a priori nicht abzählbaren Menge von Bedeutungsimplikaten zu verstehen.

Die Sprache der Wissenschaft kann also nicht mit der Idealvorstellung einer in ihrer Terminologie durchsichtigen, widerspruchsfreien und deshalb ,adäquaten' Sprache gleichgesetzt werden, wie sie etwa Leibniz vorschwebte. Ihre Begriffe, einschließlich solcher Grundbegriffe wie ,Raum', ,Zeit', ,Körper', ,Bewegung', sind sprachphilosophisch als Begriffe zu verstehen, die wesentlich in die variable Intensionalität der Sprache endlicher Subjekte einbezogen bleiben. Sie können mithin nicht, wie es z. B. in der Newtonschen Naturphilosophie noch der Fall war, als *reale* Begriffe aufgefaßt werden. ,Raum' etwa kann schon deshalb nicht einen an ihm selbst seienden, ,absoluten Raum' bedeuten. Der Ausdruck hat jeweils die Bedeutung, die er im wissenschaftlichen Gebrauch, d. h. bei dem Versuch, ein Problem zu lösen, dadurch gewinnt, daß er in dieser Bedeutung im Kontext eines Problemlösungsvorschlags akzeptabel erscheint. Die Akzeptabilität muß deshalb auch nicht auf Vorstellbarkeit beruhen, wie z. B.

bei der Rede von ‚gekrümmten Räumen'. ‚Raum' erhält hier eine neue, die herkömmliche Bedeutung überschreitende Verwendungsmöglichkeit. Sie wäre in der bisherigen Sprache als unsinnig empfunden worden, aber sie wird nun um einer Problemlösung willen akzeptiert. Die Akzeptabilität hängt von der logischen Erklärungsmächtigkeit der Theorie im Sinne herstellbarer Widerspruchsfreiheit ab.

Von diesem philosophischen Sprachbegriff her kann Wissenschaft nicht mehr als Verfahren zunehmender Aufklärung der Geheimnisse der Natur oder von Problemen im Umgang mit ihr verstanden werden, sondern als ein Abzielen auf vorläufige Problemlösungen, die gerade, insofern sie als solche akzeptiert werden, zu neuen Problemstellungen führen können, ohne daß man a priori *wissen* könnte, ob und wie sich auch für diese *Folgeprobleme der Wissenschaft selbst* wieder Lösungen finden werden.

In der letzten Zeit sind die Wissenschaften zunehmend als geschichtliche Institutionen beschrieben worden (Kuhn *1962*). Wissenschaftsgeschichte ist der am Idealtyp einer Wissenschaftssprache orientierten Wissenschaftstheorie zur Seite getreten. Die geschichtliche Dimension einer Wissenschaft läßt sich aber nur verstehen, wenn den Begriffen der Wissenschaft ein Potential an Variabilität zugestanden und ‚Bedeutung' nicht als ‚dasselbe' wie die Paraphrase dieser Bedeutung in einer sie objektivierenden finiten Wortkette festgehalten wird.

Der historische ‚Erfolg' der Wissenschaft besteht weniger darin, daß sie definierte Begriffe hätte, als vielmehr darin, daß sie im Gebrauch ihrer Sprache aus der Sicherheit einer Lebensform heraus variabel ist. In der Wissenschaftstheorie ist inzwischen erkannt, daß man Begriffe „jedenfalls dort, wo die Begriffserklärung auf eine lange

Tradition des Wortgebrauchs Bezug nehmen muß", gar nicht so, wie man früher meinte, definieren kann und daß definierte Begriffe sogar der wissenschaftlichen Entwicklung schädlich wären. Deshalb wird „statt dessen auch von *Explikation* gesprochen" (Ströker *1973*, 44 f., vgl. auch 59 f., 68). Die Explikationen wollen einen wissenschaftlichen Begriff nicht ‚definitiv' festlegen. Sie bleiben variabel, oder erscheinende Widersprüche sind überwindbar, weil man auf eine intuitive Weise (noch) weiß, was ein Ausdruck alles bedeuten kann, ohne sich dabei ins Beliebige zu verlieren. Die semantische Kompetenz des Ich-lebe steht über dem Ich-denke, wenn darunter eine Operation rein in Begriffen gemeint ist (vgl. G. Schmidt *1974*, 13–24). Aus der Lebensform heraus bleibt die Variation auf Bedürfnisse bezogen und wird von anderen, auch wenn sie originell ist, akzeptiert, insofern sie auch ihnen für die Orientierung in der Welt etwas bedeutet. ‚Bedeutung' mißt sich an der *Relevanz* im Zusammenhang des Lebens in einer Lebensform, d. h. einer Kultur. Cassirers „Philosophie der symbolischen Formen" hat dies als einen umfassenden Aspekt von Sprache, Mythos und Wissenschaft herausgearbeitet (Cassirer *1929*).

Beispiele für solch eine produktive Variabilität gegenüber anfänglichen Definitionen sind die Gekrümmtheit des Raumes, die Spaltbarkeit der Atome (des ‚definitiv' Unspaltbaren) oder die Absolutheit der Lichtgeschwindigkeit (im Ausgang von einer Relativität von Geschwindigkeit überhaupt), aber auch die Entwicklung biologischer Arten (nachdem ‚Arten' paradigmatisch als *das* Sich-Durchhaltende überhaupt gegolten hatten). Im Gegensatz zur außerwissenschaftlichen Sprache, in der ein übertragender (metaphorischer) Sprachgebrauch nicht ungewöhnlich ist und sich eher kontinuierlich entwickelt, treten innerhalb der weithin terminologischen Wissenschaftssprache solche Erweiterungen von der Seite ihrer Referenz her als ‚Entdeckungen' deutlich ins Bewußtsein. Insofern haben Entdeckungen, die besonders grundlegende Definitionen aufheben, auf dem Hintergrund eines Wissenschaftsbegriffs, der in seiner Sprachauffassung noch am Ideal einer realdefinierenden Sprache orientiert ist, einen ‚revolutionären' Charakter. Die eigentliche Revolution liegt hierbei nicht in der Erfahrung als einer nunmehr endgültigen Entdeckung realer Sachverhalte, sondern in der Ermöglichung ihrer Artikulation durch den Akt einer poietischen semantischen Kompetenz, die Anerkennung findet.

Die klassische Transzendentalphilosophie reflektierte auf nennbare Bedingungen der Möglichkeit der Erfahrung. Dies gelang ihr im Hinblick auf die Bedingungen ihrer formalen (syntaktischen) Erfassung in Urteilen. Darin, daß sie (bei Kant) auch kein anderes Ziel hatte und die Rechtfertigung der objektiven Bedeutung inhaltlicher (empirischer) Begriffe ausgeklammert blieb, lag die *kritische* Komponente dieses Ansatzes. Die Kantischen Kategorien werden als objektiv gültig, d. h. hier: als *bedeutend* (vgl. Kant KrV, B 300: Bedeutung als „Beziehung aufs Objekt") deduziert, indem dargelegt wird, daß ohne die Annahme ihrer objektiven Gültigkeit *überhaupt nicht* von objektiven Gegenständen im Unterschied zu unseren subjektiven Wahrnehmungen die Rede sein könnte. Insofern sind sie vom Begriff einer objektiven Erfahrung nicht abzulösen. Gleichzeitig verleihen sie der Erfahrung a priori eine bestimmte kategoriale Struktur.

Das Axiom, daß alle Anschauungen extensive Größen seien (B 202), bedeutet darüber hinaus eine „große *Erweiterung*" (Hervorh. v. Vf.) unseres apriorischen Wissens, d. h. der Sprache, in der wir es in einer Intention auf Objektivität ausdrücken können. Denn es macht neben den logischen Urteilsformen auch „die reine Mathematik in ihrer ganzen Präzision auf Gegenstände der Erfahrung anwendbar“ (B 206). Der ganze syntaktische Apparat der reinen Mathematik kann nun als „Mathematik der Erscheinungen“ und insofern als ‚bedeutend‘ im referentiellen Sinn verstanden werden, denn dadurch, daß er sich auf extensive Größen bezieht, bezieht er sich, wenn Anschauungen extensive Größen sind, auch auf alle Anschauungen. Die Mathematisierung der Erfahrung wird mithin eigentlich als produktive Spracherweiterung verstanden. Der zweite Grundsatz handelt davon, daß in allen Erscheinungen das Reale der Empfindung einen Grad habe (B 207). Sein Beweis stellt sicher, daß die (produktive) *Erweiterung* der mathematischen Sprache auf reelle Zahlen den im ersten Grundsatz sichergestellten Anspruch auf objektive Gültigkeit nicht aufhebt, sondern im Gegenteil näher bestimmt: Es ist ein formales Instrument gewonnen, mit dem eine dem jeweiligen einzelwissenschaftlichen Gebrauch entsprechende oder seinen Ansprüchen genügende Exaktheit und überhaupt das Verfahren der Näherung in seinem objektiven Anspruch verständlich wird. Gebrauch und objektive Bedeutung werden so erst verträglich. Gegenüber der Identifizierung von ‚Bedeutung‘ und ‚Gebrauch in der Sprache‘ in Wittgensteins „Philosophischen Untersuchungen“ nennt der transzendentalphilosophische Ansatz Prinzipien zur Rechtfertigung dafür, daß trotz der eingesehenen Notwendigkeit dieser Identifizierung am Begriff von Bedeutung als „Beziehung aufs Objekt“ wenigstens für die formalen (syntaktischen) Grundbegriffe der ‚Tiefengrammatik‘ festgehalten wird, die sich in „jeder Sprache“ finden sollen (vgl. Kant Prol., § 39). Es ergibt sich hier also gegenüber der Dreiteilung in Syntax, Semantik und Pragmatik (Morris *1938*) eine Gliederung in eine *mögliche*

Semantik universalsprachlicher Syntaxformen und eine a priori *nicht mögliche*, d. h. nur pragmatische Begründung der Bedeutung inhaltlicher (empirischer) Begriffe. Dieser Unterschied muß bedacht bleiben, wenn es darum geht, gegenwärtige Sprachphilosophie mit den Problemen der klassischen Transzendentalphilosophie in Beziehung zu setzen, um dadurch vor allem den wesentlichen Aspekt der Mathematisierung der Wissenschaftssprache semantisch verstehen zu können. Die ‚Sprachen' der exakten Wissenschaften sind nicht nur verbesserte Formen der ‚Umgangssprachen'; sie haben in der Mathematik und in deren Näherungsverfahren einen wesentlichen Aspekt ihrer Referenz auf Objektivität. Dieser Gesichtspunkt ist in der rein sprachanalytischen Reflexion wenig erörtert (vgl. o. S. 68ff.).

## *2. Sprache der Empfindung und Mathematisierung*

Um die sprachphilosophische Diskussion der Gegenwart verstehen zu können, muß gesehen werden, daß die Sprache in der Philosophie der Gegenwart nicht nur mehr Aufmerksamkeit erlangt hat, sondern daß sich auch der Begriff der Sprache entscheidend verändert hat, vor allem parallel zur Herausbildung eines empiristischen Realitätsbegriffs. Der Empirie wurde philosophiehistorisch in dem Maße ein Realitätsbezug eingeräumt, in dem begriffen wurde, daß auf dem Weg *rein* begrifflicher Erkenntnis ein Bezug auf Realität nicht sicher sein kann, weil uns unsere Begriffe in all ihren akzeptabel erscheinenden Verwendungsmöglichkeiten a priori nicht voll deutlich sind und wir uns somit wesentlich immer ebensogut auf dem Wege zu einem Widerspruch wie zur ‚Realität' befinden können, die unter dem Begriff der logischen Widerspruchsfreiheit gedacht war (Leibniz). An die Stelle des Realitätsbezuges durch Begriffe trat der Realitätsbezug durch „Empfindung". Die Notwendigkeit der sprachlichen Artikulation von Empfindungen, die sonst dunkel bleiben müßten, wurde als Sprachimpuls und sogar als Sprachursprung gedeutet (Condillac, Hamann). Von daher wurde eine Variabilität der Sprachverwendung, der produktive und metaphorische, bildhafte Sprachgebrauch interessant, und das Organ hierfür wurde in der Einbildungskraft gesehen. Es wurde, sozusagen vom geforderten Realitätsbezug der Empfindung her, nun eine Pluralität uns möglicher Realdefinitionen und damit im Grunde auch schon eine nebeneinander bestehende Pluralität von Sprachsystemen eingeräumt. Die (sozialen, nationalsprachlichen, aber auch einzelwissenschaftlichen) *Verschiedenheiten* von Sprachsystemen gewannen in diesem historischen Zusammenhang Aufmerksamkeit. Das bringt zunächst nichtrationalistische Züge in den Sprachbegriff. Es ist aber für die systematischen Aspekte der Sprachphilosophie festzuhalten, daß der Anlaß dafür derselbe ist wie der für die Zuwendung zur Empirie, deren letzte Basis die nicht oder zumindest nicht objektiv zu artikulierende Empfindung sein muß. Selbst die Beschäftigung mit der Sprache wird zunehmend empiristisch-einzelwissenschaftlich. Es entstehen die von der ‚klassischen' Philologie emanzipierten Philologien. Im Interesse einer Wissenschaftssprache, die die Wendung zur Empirie in sich auffangen soll, muß deshalb überlegt werden, was *demgegenüber* wenigstens an formalsyntaktischen und generell-semantischen Bedingungen zur Formulierung empfundener Realität als durchgängig und invariabel gelten darf, und von diesem Reflexionspunkt aus kommt Kant zu Ergebnissen, die der mathematischen Syntax eine grundlegende Rolle zuschreiben. Aufhebung des universalienrealistischen Begriffs der

Sprache, Hervortreten des Realitätsbezuges der Empfindung, Emanzipation des Sprachenpluralismus und Mathematisierung der Wissenschaftssprache sind historisch zusammenhängende Prozesse, die die Philosophie seit der Renaissance bestimmen (vgl. Apel *1963*).

‚Empfindung' ist in diesem Zusammenhang zunächst die sprachlich noch nicht artikulierte Empfindung. Ihre ‚Realität' wird gegen die der Begriffe geltend gemacht. Insofern können Empfindungen nicht in begrifflicher oder logischer Deutlichkeit, sondern nur durch „ästhetische" Deutlichkeit (vgl. Kant Entd., 217) oder extensiv voneinander unterschieden sein. Es ist kein Zufall, daß im selben Zusammenhang die *Ästhetik* als Lehre von der sinnlichen Erkenntnis zu einer besonderen philosophischen Disziplin ausgebildet wurde (Baumgarten Aesth.; Meier Anfangsgr.). Das lenkte den Blick auf eine Erkenntnisfunktion der sinnlichen Aspekte der Sprache. Die ästhetisch-poietische Produktion von diakritischen Zeichen wird nun als *Bedingung* und keineswegs nur als ‚Bezeichnung' einer schon im ‚reinen' Denken möglichen logischen Deutlichkeit angesehen.

Wenn alle Realität auf Empfindung beruhen soll, sind in der radikalen Konsequenz dieses Ansatzes Begriffe als bloße Zusammenfassung von Empfindungsdaten oder als Klassenbegriffe zu verstehen. Ihr Inhalt verhält sich in dieser Sicht zu ihnen als (abzählbare oder überabzählbare) *Menge* des im Begriff intensional Intendierten. Es kommt unter dem Gesichtspunkt der ‚Realität' nicht darauf an, was die Intension des Begriffes ‚ist', sondern nur auf die Extension. Ein Begriff mit der Extension Null wird „leer" genannt. „Gedanken ohne Inhalt sind leer." (Kant KrV, B 75) Hat ein Begriff Realität, dann ist seine Extension in irgendeinem Grad von Null verschieden. Diese Auffassung von der Realitätsbezogenheit sprachlicher Gebilde gipfelte in Carnaps ‚Extensionalitätsthese', die intensionale Aussagen ausschloß (Carnap *1928*, 58).

Es ist also äußerst konsequent, eine „Mathematik der Erscheinungen" (Kant KrV, B 206) als apriorische Grundstruktur einer realitätsbezogenen ‚Sprache' anzusehen, *wenn* erst einmal, nach der Kritik an der Voraussetzung der Möglichkeit einer adäquaten logischen Deutlichkeit in Begriffen, in der Empfindung der Bezug zur Realität gesehen wird. Quines extremer Extensionalismus wird aus dieser Geschichte der Sprachauffassung verständlich. Ob ein Begriff ‚Realität' hat oder ob er ‚leer' ist, ist nun eine Sache der Empirie. Das Gegenteil der Realität eines Begriffs ist nicht mehr seine Widersprüchlichkeit, sondern seine Nichterfülltheit. Es ist eigentlich nicht mehr die Frage, ob Begriffe Realität haben, sondern ob sie Reales ‚unter sich' haben. Störend ist dabei allerdings, daß es immer noch Begriffe ‚sind', die leer ‚sind' oder nicht. Ihre Intension steckt den Rahmen ab, innerhalb dessen sich extensionale Erfüllung ergeben kann oder nicht. Die Sprache der Wissenschaft braucht zunächst intensionale Begriffe, die schon irgendwie als objektiv gültig angesehen sein müssen, wenn gesagt wird, daß das Wirkliche sich als extensionale Erfüllung dieser Begriffe verstehe. Sonst können Empfindungen überhaupt nicht zur *Sprache* kommen. Sie kommen als Erfüllung von Begriffen zur Sprache, oder sie müssen sich erst noch (neue) Begriffe durch einen neuen Gebrauch diakritischer Möglichkeiten der in einem Zeichensystem (z. B. phonologisch) möglichen sinnlichen Sprachzeichen schaffen.

Offensichtlich zeigt sich hier ein Dilemma, das für die Wissenschaftssprachen bezeichnend ist. Begriffe sind ‚an sich', als intensionale Begriffe, möglicherweise ohne alle Realität, obgleich nur über sie (bzw. ‚unter' ihnen) überhaupt von Realität die Rede sein kann. Der an einem streng extensionalen Sprachverständnis orientierte Wissenschaftsbegriff bleibt an Begriffe gebunden, von denen als Begriffen wir nicht wissen können, ob sie wirklich Realität haben. Wir vertrauen darauf, indem wir an einer Lebensform partizipieren. Dieses Vertrauen wird auch nicht dadurch zu einem Wissen, daß sich die Begriffe erfüllen, denn es bleiben ja auch dann nur diese in einem historischen Sprachzustand als objektiv gültig vorausgesetzten Begriffe, die sich erfüllen. Husserls Begriff der „Bedeutungserfüllung“ (Husserl LU II 2, 3) führt konsequenterweise zu einer Philosophie der Lebenswelt, und in der analytischen Philosophie finden sich entsprechende Denkprozesse (vgl. Goodman Fact, 92–96). Die als ‚Realität der Empfindung‘ vorausgesetzte Wirklichkeit kommt nur innerhalb einer Lebensform und deren begrenzter Möglichkeit, Begriffe auszulegen bzw. Bedeutungen zu explizieren, zu Wort. Sie kommt vor allem nur zu Wort, insofern ‚Realität der Empfindung‘ selbst als eine gültige begriffliche Auslegung der Bedeutung von ‚Realität‘ anerkannt ist. Die mathematisierende Wissenschaftssprache ist eine konsequente Folge dieser historischen, epochalen Auslegung des Realitätsbegriffs, und sie findet in ihrem Zusammenhang mit den übrigen bedeutungsverleihenden Akten ihre Grenze an den Grenzen der Lebensform, aus der diese Akte als möglich gelten, weil sie im Interesse der Lösung von Lebensproblemen dieser Lebensform hilfreich erscheinen. Das gleiche meint der Einwand gegen die Vorstellung einer Privatsprache (Wittgenstein PU, 243), in der jemand nur seine Empfindung als sein punktuelles Ich ausdrücken wollte und sonst nichts. „Die Sprache ist Ausdruck eines Eindrucks“, aber nur, „sofern dieser bedeutend ist“ (Liebrucks *1964 ff. II*, 501). Er ist bedeutend, wenn er eine ungewöhnliche Bedeutungskomponente so exigiert, daß das Verstehen der Bedeutung als lebensrelevante Bedeutsamkeit trotzdem erhalten bleibt. Anderenfalls wird, als Kennzeichen des Sprachzerfalls, das Symbol zum bloßen Symptom für einen unverständlich bleibenden Empfindungsausdruck. ‚Gesundheit' und ‚Zerfall' der Sprache sind Kategorien, die im Zusammenhang mit der Reflexion der Verwurzelung von Bedeutung in Lebensformen ihre Stelle haben. ‚Sprache' wird zum Thema der Psychoanalyse; Sprachphilosophie gewinnt den Anspruch einer ‚therapeutischen' Funktion (vgl. Wittgenstein PU, 255).

### *3. Intension – Extension*

Der Begriff der Extension, auf dem der Prozeß der Mathematisierung beruht, hat den der Intension zur Voraussetzung. Bei Frege werden „Bedeutung" und „Sinn" so unterschieden, daß „Bedeutung" (extensional) den außersprachlichen Gegenstand meint, „Sinn" dagegen dasjenige, was (intensional) von jedem erfaßt wird, „der die Sprache oder das Ganze von Bezeichnungen hinreichend kennt, der er angehört" (Frege SB, 42). Mit dem Sinn ist die Bedeutung, „falls sie vorhanden ist, doch immer nur einseitig beleuchtet. Zu einer allseitigen Erkenntnis der Bedeutung würde gehören, daß wir von jedem gegebenen Sinne sogleich angeben könnten, ob er zu ihr gehöre. Dahin gelangen wir nie." (ebd.) Der „Sinn" ist eine Gegebenheitsweise, eine Art, von einem Gegenstand zu sprechen. So kann man von einem bestimmten Planeten als vom „Morgenstern", vom selben Planeten aber auch als vom „Abendstern" sprechen und von „Aristoteles" als vom „Schüler Platons", aber auch als vom „Lehrer Alexanders". Aber weder „Venus" noch „Aristoteles" sind die jeweiligen Bedeutungen, die hier in verschiedenem Sinn beleuchtet werden. Die „Bedeutung“ soll das Seiende sein, das wir „Venus“ bzw. „Aristoteles“ nennen.

Frege selbst macht schon darauf aufmerksam, daß bei eigentlichen Eigennamen wie „Aristoteles“ „die Meinungen über den Sinn auseinandergehen“ können und daß „solche Schwankungen des Sinnes“ „in dem Lehrgebäude einer beweisenden Wissenschaft“ wie der Mathematik „zu vermeiden sind und in einer vollkommenen Sprache nicht vorkommen dürften“ (ebd.). Bei dem Eigennamen „Aristoteles“ fragt es sich, ob man ihn im gleichen Sinn wie in den ‚Kennzeichnungen‘ „der Schüler Platons“ oder „Lehrer Alexanders“ gebraucht. Wer noch nicht weiß, daß „Morgenstern“ und „Abendstern“ ‚dasselbe‘ bedeuten, könnte den Namen „Venus“ nur so verwenden, daß er ihn entweder im Sinne von „Morgenstern“ oder von „Abendstern“ verwendet. Für den, der es weiß, wird die Bezeichnung „Venus“ gerade eine solche Unsicherheit aufheben. Carnap versuchte daher, den Begriff der Sinn- oder Intensionsgleichheit streng zu fassen und damit eine intensionale Semantik wissenschaftlich zu begründen. Das mußte als wichtige Aufgabe erscheinen, weil davon letztlich auch die Möglichkeit von Existenzaussagen abhängt, in denen gesagt wird, daß eine *bestimmte* Intension ‚erfüllt‘ sei. Eine ‚Extensionalitätsthese‘ allein hilft nicht weiter (Carnap *1958 a*, 23).

Von solchen Überlegungen her erscheint ein Kriterium für Sinngleichheit (Intensionsgleichheit) unerläßlich. Carnap nennt zwei Namen intensionsgleich, wenn die Identität der Objekte, die sie bezeichnen, logisch beweisbar ist. (Analoges soll für die Intensionsgleichheit von Prädikaten und Sätzen gelten; vgl. Kutschera *1971*, 154.) Es stellt sich aber die Frage, ob Intensionsgleichheit mit einer ‚logischen Äquivalenz‘ in diesem Sinne gleichgesetzt werden kann und ob sich auf diesem Wege überhaupt ein Kriterium für Intensionsgleichheit begründen läßt. Die Intension wird hier von der Extension her bestimmt, und alle Intensionen mit der Extension Null wären entweder überhaupt nicht bestimmbar oder alle gleich. Von „Intension" im deutlichen Unterschied zur „Extension" läßt sich aber nur reden, wenn Intensionen auch dann verschieden sein können, wenn eine „Bedeutung" im Fregeschen Sinn nicht vorhanden ist. Zudem schließen die Versuche, durch Angabe eines Kriteriums für Intensionsgleichheit Schwankungen des Sinnes auszuschließen, auch die Möglichkeit wissenschaftlicher Entwicklung aus. Sie verfehlen, gerade indem sie die Intension an einem vorgegebenen Begriff der Realität im Sinne der Extension festmachen wollen, die Wirklichkeit der Wissenschaft in ihrem Zusammenhang mit der sprachlichen Wirklichkeit der Lebenswelt, der Begriffe entspringen, *ehe* gefragt werden kann, ob ‚etwas' unter sie fällt. Eine andere Frage ist, ob dieses Entspringen sich reflexiv bestimmen läßt (s. o. S. 80 ff., 101 ff.).

### *4. Sprache und Logik*

Die Logik wird primär als Form des *Denkens* verstanden. Sie handelt von Verbindungen von Begriffen und Sätzen, die allein ihrer Form nach wahr sein sollen, so daß die inhaltlichen Begriffe durch Variablen ersetzt und dadurch allgemeine Denkgesetze formuliert werden können. Die Sprache soll als Ausdruck des *Denkens* logisch sein. Ihre eigene Form wird dagegen in der Grammatik gesehen.

Hinter der sehr alten Frage, was früher und grundlegender sei, die Logik oder die Grammatik, verbergen sich weitreichende sprachphilosophische Probleme, vor allem die Frage nach dem Begriff des Begriffs. Die Logik ist als reine Begriffslogik (Freytag Löringhoff *1972; 1967*) grundlegender als die Grammatik, wenn Begriffe als ‚etwas' *vorausgesetzt* (gemeint) werden, das unabhängig vom sprachlichen Ausdruck nach Begriffsinhalt und -umfang in einer internen Beziehung zu anderen Begriffen steht. Eine reine Aussagenlogik ist unter der *Voraussetzung* möglich, daß Aussagen ihre Bedeutung in der Isolierung aus Kontext und Gebrauch behalten und als isolierbare Gebilde wahr oder falsch sein können. Diese Voraussetzung ist dasselbe wie der *Gedanke* als das „Denken des Satz-Sinnes" (Wittgenstein Tract., 3.11). Das Gemeinsame von reiner Begriffs- und reiner Aussagenlogik ist das voraussetzende *Denken* als das *Meinen* der Realität isolierter Formen. Dieses Denken orientiert sich aber an *grammatischen* Begriffen wie ‚Wort' und ‚Satz'. Insofern zielen die Gesetze der Logik nicht auf die sprachliche Wirklichkeit, in der weder isolierte Wörter noch isolierte Sätze für sich einen (intensionalen) Sinn haben, sondern, in einer Abkehr von der Wirklichkeit des Sprechens, auf *Gemeintes*, das im Akt seines Gemeintseins seine Identität erhält (Freytag Löringhoff *1972*, 17). Insofern ist die Logik die Kunst, sich bei diesem Meinen nicht in Widersprüche zu verwickeln. Ihr Ansatz wäre demnach der punktuelle Sprachgebrauch, in dem ein Begriff *als* identisch gemeint und eine Aussage als dieses finite Gebilde *als* wahr beansprucht ist. Sie wäre weniger eine Forderung an die Sprache als solche als an die individuelle jeweilige Ingebrauchnahme einer besonderen Sprache unter Absehung von *anderer*, aber jederzeit möglicher Ingebrauchnahme, also von deren kommunikativer Funktion, in der sie „notwendig zweien" angehört, so daß Widersprüche, die anderen von ihrem eigenen Vorverständnis her zunächst als solche *erscheinen* müssen, die „Verbindlichkeit der Sprache" (Lipps Sprache) nicht schon zerstören müssen. Im weiteren Redeverlauf können sie durch semantische Analyse des jeweils ‚anderen' Gebrauchs *erklärt* werden. Dagegen kann fehlende Grammatizität jede Absicht, ein „Denken des Satz-Sinnes" bei erscheinendem Widerspruch doch noch zu versuchen und die Verbindlichkeit der Sprache zu wahren, a limine scheitern lassen.

Nach Patzig bedarf die Sprache der Logik, „wenn sie in Stand gesetzt werden soll, reine Darstellungsfunktionen, speziell in den Wissenschaften und der Philosophie, zu übernehmen" (Patzig *1970*, 26). Ihre unter anderen Umständen als „Elastizität" (27) zu schätzende Mehrdeutigkeit soll durch logische Analyse ausgeräumt werden. Dazu soll ein logisches System „von außen" an die Verkehrssprache herangetragen werden (36), nicht im Sinne einer Übersetzung der natürlichen Sprache in ein solches System, sondern um „pathologische Stellen in der Umgangssprache aufzufinden und auszubessern" (37). Durch das Studium der Logik erhalte man einen Blick für „Gefahrenstellen", an denen das Denken einer „Sprachverführung" (Kainz *1972*) erliegen könne.

Es ist hier nicht behauptet, daß irgendeine Sprache reine Darstellungsfunktion habe. Es kann aber innerhalb einer Sprache, besser: mit den Mitteln einer Sprache, ein Darstellen beabsichtigt werden. Diese Absicht ist dann Teil einer Praxis. Sie wird auszuführen versucht, indem ein *isoliertes* sprachliches Gebilde mit dem Anspruch, wahr zu sein, formuliert wird. An solch eine Formulierung sind unter dieser Voraussetzung bestimmte formale Anforderungen zu stellen.

Eine dieser Anforderungen ist die der Eindeutigkeit der Begriffe. Da sie sich nur auf isolierte sprachliche Gebilde beziehen kann, über die ein Überblick (des Gebrauchs) besteht (s. u. S. 197ff.), kann sie nur besagen, daß innerhalb dieses Gebildes (Satzes, Textstückes) gleiche Zeichen eine zunächst intensional verstandene gleiche Bedeutung haben *sollen*. Von der Schwierigkeit eines Kriteriums hierfür war die Rede. Insofern bleibt es bei der Forderung. Anders ist es bei formalen Begriffen wie logischen Junktoren, die dazu dienen, mehrere Sätze so miteinander zu verknüpfen, daß der Wahrheitsanspruch sich nicht mehr auf den einzelnen Satz, sondern nur noch auf den ganzen Zusammenhang beziehen soll. Das als wahr oder falsch *gemeinte* Gebilde wird durch solche Verknüpfungen erweitert. Die Logik kann z. B. daran erinnern, daß es in diesem Zusammenhang ein einschließendes und ein ausschließendes ‚oder' gibt und man den Satz, je nachdem, ob man das eine oder das andere ‚oder' meint, in einem anderen Sinn denkt. Von solchen logischen Unterscheidungen her kann man seine Meinung so deutlich ausdrükken, daß z. B. nur noch eine der beiden Bedeutungen von „oder" in Frage kommt, *wenn* es auf diesen Unterschied ankommen soll. Ob es darauf oder auf andere logische Verdeutlichungen dieser Art ankommen soll, hängt wiederum von der Lebenspraxis ab, aus der heraus die Darstellung beabsichtigt war.

Trotz der Schwierigkeit mit einem Kriterium für Intensionsgleichheit kann die Logik aber auch bei inhaltlichen Begriffen weiterhelfen. Wenn in einem Text das Bedeutungsmoment ‚B' in der Bedeutung ‚A' ‚enthalten' sein soll, wie z. B. ‚Lebewesen' in der Bedeutung ‚Tier', dann soll das nach dem Postulat der Bedeutungsidentität für jedes Vorkommen von ‚A' innerhalb des Textstückes gelten. Diese Logik der Begriffsimplikationen ist sogar allgemeiner als die der Junktoren, denn auch die Bedeutungen der Junktoren drücken Implikationen aus (der Junktor „und" impliziert, daß ein wahrer Satz, der mit ihm formuliert worden ist, die Wahrheit eines entsprechenden Satzes, der mit „oder [vel]" formuliert worden ist, ‚enthält'), und auch hier kann sich die explizite Regelung nur auf das isolierte übersehbare Textstück beziehen wollen. Die formale Logik hat ihre Grenze an dessen Grenzen, die aber nicht, um mit Wittgenstein zu sprechen, die Grenzen „meiner Sprache" und „meiner Welt" sind (Wittgenstein Tract., 5.6). Man verwendet Wörter zwar nicht durchgehend in ‚derselben' Bedeutung, aber zum Zwecke der Abbildung soll doch darauf geachtet werden, daß mindestens während der Darstellung *eines* gemeinten Sachverhalts durch einen Satz oder durch die Verknüpfung mehrerer Sätze dieselben Implikationen für die Bedeutungen derselben Zeichen gelten. Es geht um eine an sinnlichen Zeichen festgemachte *erscheinende* Widerspruchsfreiheit.

Die Sprachphilosophie kann es nicht dabei bewenden lassen, Termini wie „Intension" und „Extension" einfach als bedeutend zu übernehmen. Sie muß fragen, was es damit im Kontext der jeweiligen Sprachtheorie auf sich hat. Nach dem Ausgeführten kann gesagt werden, daß die formale Logik dem konstruktiven *Aufbau* von Intensionen dient, die man an die Wirklichkeit heranträgt. Besonders deutlich wird dies in der dialogischen Begründung der Logik durch Lorenzen (Lorenzen *1969*). Aussagen werden hier als *Handlungen* im Zusammenspiel von Personen aufgefaßt, von denen eine, der „Proponent", eine Behauptung aufstellt, die die andere, der „Opponent", daraufhin in Frage stellt, so daß der „Proponent" sie ihm beweisen oder auch erst erklären muß. Die Bedeutung eines logischen Junktors z. B. soll darin bestehen, daß er besagt, was der Proponent *tun* muß, um seine Behauptung zu beweisen. Wenn er z. B. den Junktor „oder" verwendet hatte, genügt es, wenn er nur *einen* der Sätze beweist, aus denen die Behauptung zusammengesetzt war. Die logischen Partikel werden als Anweisungen für eine Strategie verstanden, Übereinstimmung herzustellen. Auf pragmatisch-semantischer Ebene (vgl. Schneider *1975*, 103) könnte der „Opponent" nach der Erklärung der Bedeutung verwendeter Ausdrücke fragen, und der „Proponent" hätte sie soweit zu erklären, daß der „Opponent" nicht mehr zurückfragt und die Dualität der beteiligten Personen keine Rolle mehr spielt, so daß ein Sprachgebilde als konstruiert erscheint, dessen Intension als intersubjektiv identisch gelten kann. Dieser ‚dialogische' Ansatz berücksichtigt also nicht so sehr den Humboldtschen Satz, daß die Sprache „notwendig zweien" angehöre (Humboldt Schriften VII, 63), sondern sieht dies als einen defizienten, konstruktiv aufzuhebenden Zustand an. Auch wenn diese Aufhebung faktisch nicht gelingt, soll sie doch, von der Bedeutung des Sprachlichen her, normativ aufgegeben sein. ‚Bedeutung' wird auch hier nicht ohne weiteres als etwas verstanden, auf das hin Übereinstimmung besteht, sondern als etwas, auf das hin Übereinstimmung bestehen *soll* und das in ihm selbst eine Anweisung zur Herstellung von Übereinstimmung in der Intension mitbedeutet. Die Frage der Intensionsgleichheit erscheint nicht als Seinsfrage nach der Realität von Universalien, sondern als normatives Postulat. Die Logik soll helfen, daß man, soweit der Aufbau von der Wortintension über die eines einfachen Satzes zur Intension zusammengesetzter Sätze oder Textstücke reicht, wenigstens nicht in *erscheinende* Widersprüche gerät. Der erreichte Anschein der Widerspruchsfreiheit besagt noch nicht, daß das logisch aufgebaute Gebilde als solches überhaupt eine von Null verschiedene Extension haben bzw. wahr sein kann, sondern nur, daß es so erscheint, daß es eine solche Extension haben kann. Dieser Unterschied hat seinen Grund darin, daß die im überschaubaren Text ‚vorkommenden' Verwendungsweisen nicht alle möglichen Verwendungsweisen sind. Die im Text erscheinende Widerspruchsfreiheit impliziert noch nicht, daß alle mögliche Verwendung bzw. Auffassung seiner Wörter ebenfalls nicht zu Widersprüchen führt. Der konstruierte Anschein der Widerspruchsfreiheit garantiert noch nicht den Realitätsbezug der Lebensform, aus der heraus die logisch geprüfte Intension zu einer ‚Darstellung' aufgebaut und verstanden worden ist. Dies ist der Vollständigkeit halber aus der Leibnizschen Sicht zum Verhältnis zwischen Sprache und Logik beizutragen. Von hier aus wird auch verständlich, warum festgestellte Konsistenz für sich noch keine zureichende Bedingung der Wahrheitsmöglichkeit sein kann und daß eine darüber hinausgehende Umfassendheit oder „comprehensiveness" (Rescher *1973*, 72 f.) bloße „Idee" im Kantischen Sinne bleiben muß. Es muß offen bleiben, ob der Aufbau einer in sich konsistent erscheinenden Intension oder, wie Heidegger es formuliert, ob solch ein „Gestell" (Heidegger Techn., 19) im Sinne der Lebensform, aus der heraus so gedacht wird, überhaupt eine zweckmäßige Intension war und ob es überhaupt im weiteren Zusammenhang der Lebensform zweckmäßig war, die Wirklichkeit gerade so zu befragen. Von der Intension hängt aber ab, was überhaupt als seiend in den Blick kommt. An diesem Punkt spricht Heidegger – allerdings im Ausgang von Husserls Analysen „intentionaler Akte" und ihrer gemeinten Korrelate (Husserl LU II 2) – von einer „Seinsvergessenheit" in einem Zugang zur Welt, der sich an dem so verstandenen logischen Zugriff orientiert. Sie besteht im besorgten Sich-Halten an die erscheinende bzw. herzustellende Widerspruchsfreiheit eines Systems von Intensionen.

# V. Pragmatische Sprachphilosophie

## *1. Die pragmatische Wende der Sprachphilosophie*

Nicht erst in der Gegenwart wird darauf aufmerksam gemacht, daß Sprache in Handlungsvollzüge ‚eingebettet' ist, wenn dies neuerdings auch sehr in den Vordergrund tritt. Patzig zählt unter diesem Gesichtspunkt Philosophen sehr verschiedener Ausrichtung auf, wie Heidegger, Lipps, Koschmieder, Austin und Ryle (Patzig *1970*, 26). Die Liste könnte aber auch durch viele ältere Klassiker der Philosophie ergänzt werden, und von neueren Autoren wären etwa vor allem Grice, Searle, Lorenzen, Apel und Habermas hinzuzufügen. Bei dieser Vielfalt ergibt sich die Frage, was nach einer ‚linguistischen' Wende der Philosophie eine pragmatische Wende nun innerhalb der Sprachphilosophie philosophisch bedeutet. Es wird niemand bezweifeln, daß man in dem gleichen Zusammenhang des Lebens spricht, in dem man auch andere Handlungen ausführt, und daß das Sprechen ein Teil dieses Handlungszusammenhangs ist. Wenn davon ausgegangen wird, daß Sprechen Handeln sei, stellt sich aber die Frage, was ‚Handeln' ist, d. h. was dieser Begriff ‚alles' impliziert. Man fällt in eine ‚realistische' Position zurück, wenn man etwa ‚handlungstheoretisch' von der Forderung ausgehen wollte, den Wortgebrauch nach der Sache, hier also nach dem, was Handeln wirklich *sei*, auszurichten. Eine Handlungstheorie wirft ihrerseits natürlich dieselben Fragen auf wie die Bildung von Theorien oder der logische Aufbau von Intensionen überhaupt.

Es stellt sich auch hier das Problem der Reflexivität. Wenn Sprechen in Handlungszusammenhänge ‚eingebettet' ist, wie kann man dann noch etwas Allgemeines über einen Gegenstand ‚Sprache' sagen, bzw. wie läßt sich das Pragmatische ‚semantisieren'? So wird von der Neuentdeckung der Sprachpragmatik her z. B. eine „neue Theorie der Prädikation" gefordert (Schneider *1975*, 80). Sie geht davon aus, daß die „realistische Auffassung, die Bedeutung der Prädikatoren sei analog zu der der Eigennamen zu verstehen", „irrig" sei. Mit den Eigennamen soll sich der Sprecher realistisch auf ‚etwas' beziehen, also auf einen Gegenstand. Sie stehen demnach für etwas, auf das hin Übereinstimmung schon besteht und das in diesem Sinne intersubjektiv *meinbar* ist. Demgegenüber soll aber nicht mehr gefragt werden, „was für Gegenstände" Prädikate seien, sondern vielmehr „was für eine Handlung" das Prädizieren sei. Es soll nicht um das „Auffinden irgendwelcher, vom menschlichen Handeln isolierbarer Relationen zwischen ‚Signalen' und ‚Bedeutungen', sondern um das Verstehen von Handlungen" gehen (97). Es ist also nach „Klassifizierungen von Handlungstypen" gefragt (100). Solch ein Typ wäre z. B. das „Behaupten", verstanden als „potentieller Zug in einem Dialog", mit dem man gegenüber einem Partner „gewisse Begründungspflichten" eingehe, und es müsse „im Prinzip möglich" sein, „über die Rechtmäßigkeit von Behauptungen einen Konsens zwischen den Gesprächspartnern herzustellen" (103). ‚Prädizieren' wird als Vollzug einer Handlung mit verpflichtenden Folgen verstanden. Behauptungen stehen als solche unter dem Anspruch ihrer möglichen „Rechtmäßigkeit". Sie leitet sich nicht von der Übereinstimmung mit einem so beschaffenen Gegenstand ab, sondern ist als Ziel von Handlungszusammenhängen in der Form von Dialogen als pragmatischer Konsens der Beteiligten herzustellen. ‚Bedeutung‘ ist hier also gewissermaßen (nach der Aristotelischen Auffassung des ‚Wesens‘ als Entelechie, aber nun auf der subjektiven Seite) wieder teleologisch verstanden. Eine solche Deutung der Bedeutung wird besonders aufschlußreich, wenn man sie verallgemeinert und über die Bedeutung der logischen Partikel hinaus auf einfache Prädikate wie „ist rot“ oder „ist gerecht“ bezieht. Man kann zwar unterstellen, daß bei dem ersten Beispiel kein ‚vernünftiger‘ Dissens entstehen könnte. Was aber „gerecht“ bedeuten soll, kann durchaus zur Diskussion stehen. Die Regeln zu einer Beendigung eines Diskurses hierüber müßten wohl die der Jurisdiktion sein. Sie kann ihn beenden, weil sie mit der Macht dazu ausgestattet ist. Mit dem pragmatischen Sprachverständnis ist prinzipiell die Frage nach der „Berechtigung“ zum Gebrauch eines Wortes aufgeworfen. Sie stellt sich bei Prädikaten, deren Verwendung zunächst in einen Dissens führt und damit darauf verweist, daß die Sprache „notwendig“, also gerade ‚im Prinzip‘ „zweien angehört“. Das pragmatische Sprachverständnis läßt erkennen, daß das Sprechen über ‚etwas‘ immer zugleich auch Sprechen über das Sprechen, nämlich über den (berechtigten) Gebrauch der Wörter ist. Auch wenn die Rückfrage nach der Bedeutung unterbleibt, ist etwas *über* das Sprechen gesagt, nämlich daß keine pragmatisch relevanten Differenzen in der semantischen Interpretation manifest werden. Die „Berechtigung“ muß immer „eine auch für den Andern sein“ (Wittgenstein PU, 378). Damit wird auch deutlich, daß Dialoge darüber keineswegs nach Regeln zu beenden sind, die für bestimmte Prädikate allgemein gelten könnten. Wörter lassen sich deshalb auch nicht Handlungs*typen* zuordnen, die durch bestimmte Regeln zur Beendigung der Dialoge über die Berechtigung der mit ihnen vollzogenen Prädikationen als solche charakterisiert werden könnten. Die pragmatische Sprachbetrachtung gibt vielmehr zu erkennen, daß sich ein Diskurs über Wörter nicht von einem Streit um Sachen unterscheiden läßt. Sachbezogenheit als intersubjektiver Konsens bezüglich der Wörter stellt sich vielmehr ein, wenn ein Diskurs über die Berechtigung einer Prädikation *faktisch* in einen Konsens einzumünden scheint, weil nicht weiter nach der Bedeutung gefragt wird.

## 2. *Sprachpragmatische Normenbegründung*

Die dialogisch-pragmatische Begründung der Logik hängt von dieser Faktizität ab. Formal zu regelnde Vernünftigkeit hat zur Bedingung, daß gleiche Interessen beim Streit um Worte zur Vernunft führen, d. h. daß dieser Streit nach anderen als nach solchen Regeln beendet wird, die für jedes Prädikat vorweg angegeben und ihm zugeordnet werden könnten. Auf solche Regeln kann allenfalls a posteriori, nämlich vom faktisch erreichten Ziel der Beendigung des Disputs her, reflektiert werden. Es sind die ‚Regeln', die im konkreten Fall zu *diesem* Ziel der Einigung *verschiedener* Personen geführt haben, das vorweg nicht abzusehen und folglich auch nicht von einer Seite aus strategisch vorauszusetzen war.

Der Begriff gleicher Interessen führt zu der Idee einer „herrschaftsfreien Diskussion" (Habermas *1971*, 138). Sie ist von der Vorstellung geleitet, die Differenz der Partner eines Dialogs müßte symmetrisch, also auf eine übergeordnete, geregelte Weise und nicht nur faktisch aufgehoben werden. In die Forderung nach symmetrischer Aufhebung der Differenz spielt offensichtlich immer noch die platonistische Vorstellung hinein, eigentlich *sollte* die Sprache doch nicht „zweien angehören", sondern von

‚ihren' Bedeutungen her ‚realistisch' orientiert sein. Ein älterer sprachphilosophischer Reflexionsstand legt sich hierbei normativ über den philosophisch weiterentwickelten. Von daher verstehen sich auch die Versuche einer Begründung ethischer Normen aus einer kommunikativen Vernunft. Die wirkliche Beendigung eines Dissenses über die Berechtigung einer Prädikation verlangt nicht, daß die Partner in *gleicher*, d. h. ihnen in einer praktisch relevanten Auslegung des Freiheitsbegriffs normativ vorgegebenen Freiheit ihre Individualität *opfern*, sondern nur, daß bei den Partnern individuelle ‚Gründe' bestehen, von denen her ihnen ein weiteres Zurückfragen aus der eigenen Sicht unnötig und deshalb unvernünftig erscheint. Die philosophische Reflexion kann solche Gründe nicht über ihre Individualität hinausführen. Das schließt nicht aus, daß Dritte nach solchen Gründen *fragen*, um sich den *erscheinenden* Konsens *erklären* zu können, und daß der Disput sich daraufhin als Disput über die Berechtigung für das Geltenlassen der dafür genannten Gründe fortsetzt. Gründe für die Beendigung des Dissenses müssen aber nicht eo ipso vernünftiger sein als Gründe für weiteren Dissens. Vom erreichten Stand der philosophischen Reflexion her muß vernünftigerweise dem Individuum das Gewicht seiner Gründe für es selbst zugestanden werden. Ob diese Gründe ihrerseits ‚mit Recht' *als* ‚Freiheit' von Herrschaft oder aber *als* ‚Ängste' prädiziert werden, verweist der Konsequenz des pragmatischen Ansatzes nach auf die Ausgangsfrage zurück: Wer immer solche Erklärungen vorschlägt, muß sich unter Umständen nach der Berechtigung hierfür fragen lassen.

Es wiederholt sich auf pragmatischer Ebene die Unterscheidung von Intension und Extension. Ein Prädizieren, das als Vollzug des Sprechaktes ‚Behaupten' verstanden wird, wird damit als Aufbau einer Intension verstanden.

Die Extension ist dem pragmatischen Verständnis nach aber nicht der außersprachliche Gegenstand, von dessen Existenz her die Behauptung sich als wahr erweisen könnte, sondern das Faktum der interindividuellen Einlösung der Behauptung im Zugeständnis, daß die Behauptung, so wie sie von dem Individuum, das dies zugesteht, verstanden wird, ‚zu Recht' aufgestellt worden sei und so, wie sie (mit Hilfe von logischen Partikeln) aufgebaut oder konstruiert worden ist, bestehen bleiben dürfe.

Diese pragmatische Deutung der Sprache hat bestechende Vorteile. Wenn z. B. jemand behauptet, es ‚gebe' einen Unterschied zwischen synthetischen und analytischen Urteilen, so hätte der Vertreter einer realistischen Bedeutungstheorie es als Folgeproblem seiner Sprachtheorie mit dem Problem der Existenz von etwas zu tun, das dem Relationsbegriff ‚Unterschied' korrespondiert. Die pragmatische Sprachtheorie kann „Unterschied" auch ohne diese Folgelast verstehen. Ihr zufolge versteht man die Bedeutung dieses Wortes, wenn man versteht, was der, der einen Unterschied behauptet, *tun* muß, um die Berechtigung seiner Rede aufrechtzuerhalten. Es wird nur gelingen, wenn Kriterien für eine Unterscheidung genannt werden können, mit denen man den fraglichen Unterschied plausibel machen kann. Dies hängt natürlich wieder davon ab, daß ein Konsens über die Berechtigung des Gebrauchs anderer Wörter faktisch besteht. Daß alle Junggesellen unverheiratet sind, ist ‚im Unterschied' zu dem Satz, daß alle Junggesellen nette Leute seien, nur dann als analytisches Urteil auszugeben, wenn über einen bestimmten Gebrauch des Wortes „Junggeselle" Konsens besteht. Der sprachphilosophische Zweifel an diesem Unterschied (vgl. o. S. 38) beruft sich gerade darauf, daß solch ein Konsens immer nur faktisch bestehe (oder auch nicht bestehe).

Der logische Bau der Intensionen zeichnet die Strategie der Verteidigung vor und damit das, ‚was' zu verteidigen beabsichtigt bzw. gemeint ist. Im Diskurs um die Berechtigung des Gebrauchs inhaltlicher Prädikate kommen darüber hinaus die Interessen der beteiligten Individuen ins Spiel. Es sind dann gemeinsame Interessen, wenn jeder für sich *seine* Gründe hat, den Disput zu beenden, indem er z. B. eine bestimmte Paraphrase als hinreichend synonym mit einem strittigen Ausdruck gelten läßt, und man dann gemeinsam sagt, sie sei die Bedeutung des strittigen Ausdrucks. Schon hieraus folgt, daß ein Konsens zwischen zweien nicht notwendig auch einen Konsens mit weiteren Partnern impliziert. Die sich im Konsens herstellende Intersubjektivität oder ‚Rechtsgemeinschaft' in der Frage des berechtigten Wortgebrauchs ist insofern zufällig. Sie ist aufweisbar nur in bezug auf die Personen, mit denen ein Konsens faktisch erreicht ist. Der Sprecher erfährt seine Bestätigung wesentlich nur von den Personen her, mit denen er sich faktisch in einen Dialog eingelassen hatte. Der Aufforderung nach einer *universalen* Einlösung der Verstehbarkeit seiner Intension oder der Berechtigung seiner Behauptung kann er keinen Sinn abgewinnen, weil er sie nicht einlösen *kann*. Daß er es ‚sollte', muß für endliche Wesen ohne Bedeutung bleiben.

### *3. Pragmatische Transformation der Transzendentalphilosophie*

Der Kantischen Transzendentalphilosophie war der Begriff der Pragmatik, wie er im Anschluß an Peirce (Peirce CP, bes. V) und Morris (Morris *1938*) von Carnap (Carnap *1942*) aufgenommen worden ist, noch unbekannt. Daß ein Zeichen neben der Relation auf den bezeichneten Gegenstand wesentlich in Relation auf den Adressaten stehe (Apel *1974*, 286 f.), und zwar so, daß beide Relationen unlösbar miteinander zu tun haben sollten, stand zumindest nicht im Mittelpunkt der Aufmerksamkeit. ‚Bedeutung' war für Kant „Beziehung aufs Objekt" (Kant KrV, B 300). Kant konnte sich solch eine Beziehung nur unter der Voraussetzung einer *Einheit* der Subjektivität denken. Von den transzendentalsubjektiven Formen eines Subjekts ‚überhaupt' her muß die Konstitution des Gegenstandes gedacht werden, wenn seine Erkenntnis ‚überhaupt' soll gedacht werden können. Somit muß jede (individuelle) Differenzierung innerhalb der transzendentalen Subjektivität aus prinzipiellen Gründen unbeachtet bleiben. Daß dies eine Reduktion ist, war Kant durchaus bewußt. Er wußte, daß damit nicht die Erkenntnis besonderer Gegenstände oder auch nur spezieller Gegenstandsbereiche erfaßt sein kann, sondern nur die Möglichkeit der Erkenntnis von Gegenständen der Erfahrung ‚überhaupt'. Die Spezifizierungen besonderer Gegenstände setzen „empirische" Begriffe voraus, deren Bedeutung sich *nicht* transzendental als „Beziehung aufs Objekt" begründen läßt. Eine transzendentale Semantik spezifizierender Begriffe ist undenkbar. Die Nominaldefinition, daß Bedeutung „Beziehung aufs Objekt" sei, läßt sich für diese empirischen Begriffe nicht transzendentalphilosophisch in eine Realdefinition überführen, die die Möglichkeit solch einer Beziehung kritisch begründen könnte. Aber wir sind trotzdem auf solche „empirischen" oder inhaltlichen Begriffe, mit denen wir Gegenstände spezifizieren, angewiesen. Wir finden sie in den Sprachen vor, aber keine transzendentale Reflexion kann eliminieren, daß verschiedene Subjekte sich Verschiedenes dabei denken. Auch diese Einsicht gehört zum kritischen Geschäft. Die „Kritik der Urteilskraft" handelt deshalb von dem Vermögen, solche empirischen Begriffe *ohne* allgemeine Regel in Urteilen verwenden zu können, und zwar so, daß diese Verwendung anderen dennoch etwas bedeuten kann. Dies muß für Kant eine begrifflich unerklärliche, aber doch vorhandene Fähigkeit des Subjekts bleiben, und zwar nicht des Subjekts ‚überhaupt', sondern des jeweiligen Subjektes, dem dies tatsächlich gelingt.

An diesem offenen Punkt hat die Philosophie des Deutschen Idealismus angesetzt. Bezeichnend hierfür ist eine programmatische Stelle aus Hegels „Differenzschrift" (Hegel Diff., 4): „Es bleibt" bei Kant „außer den objektiven Bestimmungen durch die Kategorien ein ungeheures empirisches Reich der Sinnlichkeit und Wahrnehmung, eine absolute Aposteriorität, für welche keine Apriorität als nur eine subjektive Maxime der reflektierenden Urteilskraft aufgezeigt ist; d. h. die Nichtidentität wird zum absoluten Grundsatz erhoben..." Man hat in dem Begriff einer transzendentalen *Einheit* der Subjektivität also durchaus immer schon eine Reduktion gesehen. Nur wollte man nicht dabei stehen bleiben, sie als ‚kritische' Notwendigkeit gelten zu lassen (vgl. Liebrucks *1972*). Wenn von einer dreidimensionalen Semiotik die Rede ist und damit eine Kantkritik verbunden sein soll, so stellt sich demgegenüber die Frage, wie das Kantische Problem der „Kritik der Urteilskraft" dabei bewältigt ist. Es ist phänomenologisch zutreffend analysiert, daß es zur Zeichenrelation als solcher gehört, daß „ein Zeichen (I) für einen Interpreten (II) etwas (III) bezeichnet" (Apel *1974*, 285), d. h. daß hier drei Relata zu berücksichtigen sind. Jede Reduktion auf eine nur zweistellige Relation ist eine „abstractive fallacy". Das philosophische Problem besteht dann aber darin, wie man im Unterschied zu der Doktrin von der „Urteilskraft" als einer „Naturgabe" (Kant KrV, B 172–174) des einzelnen Subjekts zu *Regeln* kommt, die

„das normativ richtige Zeichenverständnis und zugleich das daraus resultierende Verhalten des Zeichen-Interpreten unter allen nur denkbaren Bedingungen" regulieren sollen (Apel *1974*, 285). Im Anschluß an Peirce geht Apel davon aus, daß „das Zeichen (I) in seiner Funktion nicht gedacht werden" kann, „ohne prinzipiell das zu bezeichnende Reale (III) und die Existenz des Zeichen-Interpreten (II) vorauszusetzen" (286). Die Voraussetzung der „Existenz" des Interpreten läßt offen, wie er interpretiert. Sie bedeutet, wenn man ihn von einem „idealen Sprecher-Hörer" (Chomsky *1965*, 3) unterscheiden und ihm einen Spielraum der Interpretation zugestehen will, diese Offenheit. Versteht man ihn aber als „idealen Sprecher-Hörer", dann kann man seine Existenz auch vernachlässigen, weil die Idealität der Interpretation die gleiche Interpretation beim Sprecher wie beim Hörer bedeutete. Die *Existenz* des Interpreten bezeichnet also eigentlich das philosophische Problem. Sie verweist auf die Möglichkeit verschiedener Interpretationen. Apel führt zur Lösung dieses Problems im Rückgriff auf den Wittgensteinschen Begriff des Sprachspiels den Begriff eines „Sprachspiel-Aprioris" ein. Die *Regel* solch eines „Sprachspiel-Aprioris" soll die Existenz des Interpreten durchsichtig machen. Es soll „mit leibhaft realen Handlungen a priori ‚verwoben'" sein (Apel *1974*, 297). „Da Kant das Apriori der sprachlichen Verständigung übersah, mußte er" nach Apel „die Beantwortung der Frage nach den Bedingungen der Möglichkeit gültiger Bestätigung und Falsifikation – die heute im Zentrum der Wissenschaftstheorie steht" (so wie es auch bei Quine als einzig mögliche Konsequenz gesehen wird; Quine *1971*, 25) – „den Einzelwissenschaften überlassen" (Apel *1974*, 300 f.). Es soll also *a priori* darüber befunden werden können, in *welchem Sinne* eine sprachliche „Sinn-Verständigung und Konsens-Bildung über *Aussagen* (Hypothesen)" (300) tatsächlich geschieht, d. h. welche Intension mit Zustimmung anderer jeweils aufgebaut wird, um die Natur zu befragen. Daß solch ein Aufbau vor aller experimentellen Erfahrung und als deren Bedingung geschehen sein muß, bedeutet noch nicht, daß man philosophisch mehr darüber sagen könnte, als daß er historisch früher geschehen sein muß, wenn systematische Erkenntnis möglich sein soll. Dies hatte in dieser allgemeinen Form auch Kant schon reflektiert. Gerade deshalb mußte er von der „Urteilskraft" als einem „besonderen Talent" (Kant KrV, B 172) *einzelner* sprechen. Vom einzelnen gibt es schon nach Aristoteles keine Ideen. Diesen Punkt der „Konsens-Bildung" konnte Kant folglich auch nicht als Angelegenheit der Einzelwissenschaft ansehen, nicht einmal der Geschichte der Wissenschaft (vgl. Kuhn *1962*), weil auch in ihr die Frage der apriorischen Sinnverständigung innerhalb der „Forschergemeinschaft" noch einmal zu stellen wäre. Apel fordert eine „Transformation der *Subjektseite* der (zeichenvermittelten) Erkenntnis (II)" in die Vorstellung einer „unbegrenzten *Interpretationsgemeinschaft* der Forscher" (Apel *1974*, 302). Daß sie als „unbegrenzt" gefordert ist, trägt ihrer transzendentalen Unreflektierbarkeit und Unbestimmbarkeit Rechnung, hebt aber den Begriff einer Gemeinschaft als einer bestimmbaren Einheit zugleich mit seiner Voraussetzung wieder auf. Bei Kant war die Subjektseite durch den Hinweis auf *Regeln* eines *jeden* Verstandes und auf transzendentalsubjektive Formen der Anschauung begrifflich aufgeschlossen. Ihr Anteil an der Erkenntnis umfaßte den ganzen *Begriff* von einem möglichen Gegenstand der Erkenntnis überhaupt. Dieser Begriff war vollkommen als Korrespondenzbegriff zu seiner transzendental-subjektiven Bestimmbarkeit konzipiert und unter kritischem Aspekt auch nur so zu konzipieren. Wenn statt dessen die Sinnverständigung im Aufbau von Intensionen innerhalb eines Sprachspiel-Aprioris berücksichtigt werden soll, kann immer nur von *schon geschehener* Sinnnverständigung innerhalb einer bestimmten „Forschergemeinschaft" die Rede sein, die auch als diese bestimmte (historisch) identifiziert werden könnte. Der Begriff der „unbegrenzten" Gemeinschaft will dagegen eine Universalisierungstendenz zu einer werdenden Gemeinschaft hin ausdrücken, in der Interpretationsunterschiede nicht mehr stören sollen. Der Bedeutungsbegriff, demzufolge Bedeutung *unmittelbar* Beziehung aufs Objekt sein soll, wird eschatologisch uminterpretiert. „In the long run" soll Bedeutung doch diesen (realistischen) Rang haben und das „Talent" der Urteilskraft entbehrlich sein können.

Die pragmatische „Transformation" der Philosophie will die Notwendigkeit der Zeicheninterpretation als Voraussetzung einer Beziehung aufs Objekt „unter endlichen Bedingungen" (295) berücksichtigen. Das Ideal bleibt aber die Aufhebung solcher Bedingtheit im Ziel einer unbegrenzt um Sinnverständigung bemühten „Forschergemeinschaft". Der teleologisch-eschatologische Ansatz impliziert diese Bemühung als *ethisches* Postulat. Es bleibt unbegründet, warum das Subjekt, über die Teilhabe an einer begrenzten Gemeinschaft hinaus, an der es partizipieren will, mit *allen* in eine Gemeinschaft treten soll, abgesehen von der Frage, ob es das (wollen) kann. Diese Frage kann nur positiv beantwortet werden, wenn letztlich doch von einem Sprachbegriff aus gedacht wird, nach dem Interpretationsunterschiede eigentlich dem wahren Sprachbegriff entgegenstehende defiziente Modi sind.

## *4. Sprachgemeinschaft*

Das Verständnis einer Sprachgemeinschaft als „Forschergemeinschaft“, die sich in unendlicher Näherung um die Aufhebung bestehender Interpretationsunterschiede *bemühen* soll, steht der Vorstellung entgegen, daß diejenigen, die (im Sinne de Saussures) dieselbe Sprache (la langue) sprechen, z. B. alle, die deutsch sprechen, deshalb schon (ohne ethische Implikation) eine Sprachgemeinschaft bilden. Im Gefolge der Relativierung des Begriffs der Wirklichkeit gegenüber dem wissenschaftlichen Begriff der Objektivität ist man nicht mehr ohne weiteres zu sagen geneigt, eine solche Sprache bezöge sich, ‚wie sie ist‘, auf die Wirklichkeit. Erst die nach expliziten Regeln wissenschaftlicher Methodik in Gebrauch genommene Sprache soll dies leisten. Auch wenn mit dem Begriff einer „unbegrenzten“ Forschergemeinschaft die Wissenschaftssprache in eine erst noch werdende Sprache umgedeutet wird, ist der Sprache, ‚wie sie ist‘, doch ihre Unschuld genommen. Die ‚linguistische‘ Wende der Philosophie gibt der Sprache, ‚wie sie ist‘, die Bedeutung der Sinnlichkeit in der alten Metaphysik. Nicht der Sprecher einer ‚Muttersprache‘ ist auf Wirklichkeit bezogen, sondern der, der sich darüber hinaus zu einem ‚kompetenten‘ Sprecher einer Wissenschaftssprache gebildet hat bzw. dies, da es sich nicht vollkommen erreichen läßt und die Anknüpfung an die ‚normale‘ Sprache bestehen bleibt, doch anstrebt.

Eine Sprache (la langue) kann durch den Hinweis auf ihre ‚Struktur‘ als ein System von Regeln identifiziert werden, nach denen in ihr Lautketten in grammatisch richtiger Weise erzeugt werden. Von hier aus kann man sagen, welche Lautketten zu ihr gehören und welche nicht. Schon einzelne Wörter können unter Umständen

Beispiele hierfür sein, auch Silben, in denen Lautkombinationen vorkommen, die andere Sprachen nicht kennen. Wer die Regeln der Erzeugung solcher Ketten aktiv beherrscht, gehört nach dem strukturalistischen Sprachverständnis zu der entsprechenden Sprachgemeinschaft, ob er diese Regeln ausdrücklich benennen kann oder nicht. Auf dem gleichen Wege lassen sich auch Untergruppen zu einer Sprache, etwa Dialekte und Soziolekte, identifizieren. Es dürfte als aussichtsreich gelten, daß die Linguistik solche generativen Regeln aufstellen kann. Es könnten schließlich Automaten gebaut werden, die Lautketten richtig erzeugen. Auf phonetischer und syntaktisch-grammatischer Ebene hat die Linguistik die größten Erfolge in dieser Richtung zu verzeichnen.

Schwieriger wird es auf der Stufe der semantischen Interpretation. Bei ihr setzt das Interesse der Sprachphilosophie eigentlich erst an, so daß die linguistisch identifizierbare Identität einer Einzelsprache weitgehend aus der philosophischen Betrachtung ausgeschlossen bleibt. Ein Automat, der etwa den phonetisch und grammatisch richtigen Satz „der Geist ist grün" bildete, ‚weiß' nicht, was „Geist" und was „grün" *bedeuten*. Er partizipiert nicht an einer Gemeinschaft, in der man dies ‚weiß'. Andererseits zeigt sich, daß man dies weiß, nur dadurch, daß ‚man' Wörter richtig mit anderen kombiniert und eben solche unsinnigen Sätze nicht bildet. Es gibt nun aber keine a priori bestimmbare Grenze solcher Einverständnisse oder gelingender Sinnverständigungen. Versuche einer ‚Semantisierung' der Pragmatik, d. h. einer begrifflichen Bestimmung der situationsgebundenen Komponente bei der Realisierung von Begriffen, wie sie z. B. Montague im Blick auf offenkundig situationsabhängige Ausdrücke wie „ich", „hier", „jetzt" unternimmt, sind in Ansätzen steckengeblieben (Montague *1972*). Nicht nur solche

Wörter (indexical expressions; „Zeigwörter" nach Bühler [Bühler *1934*, 79 ff.]) sind pragmatisch mehrdeutig. Der Begriff der semantischen Sprachgemeinschaft, die die Sprache oder doch wenigstens einen Teil der Sprache im gleichen Sinn gebrauchte und dadurch zu identifizieren wäre, bleibt unscharf. Er löst sich von dem der Sprecher einer Sprache im Sinne einer linguistisch identifizierbaren Sprache und ist nur als Ideal konzipierbar. Es muß immer jemand einen ‚richtigen' Satz erst bilden, den andere für ‚berechtigt' oder für ‚regelrecht' halten, um zu zeigen, daß er zu einer Sprachgemeinschaft gehört. Auch dann können Dritte solch eine Sinnverständigung im Prinzip immer noch angreifen. Es kann nicht auf Regeln verwiesen werden, nach denen hier definitiv zu entscheiden wäre, sondern immer nur auf weitere Beispiele. Eine semantische Regel etwa, die es untersagte, „Geist", als etwas Körperloses, mit einem Ausdruck für eine Farbe zu prädizieren, zielte auf eine Realdefinition ab, nach der ‚Geist' vom ‚Körper' verschieden *ist*. Sie soll zugleich eine semantische Regel sein, die, wie Katz es fordert, aus der Sprache hinausweist und ein „Lexikon" voraussetzt, in dem auf einer Seite ein Wort steht, auf der anderen Seite die „Idee einer Lesart", die „die philosophische Idee eines Begriffs" rekonstruieren soll (Katz *1966*, 157). Solch eine Rekonstruktion von ‚realen' Begriffen in finiten Zeichen bzw. Zeichenketten ist aber gerade das Problematische. Es muß sich deshalb jeweils zeigen, ob Grenzfälle gegenüber lexikalisch aufgelisteten Lesarten, etwa im metaphorischen Sprachgebrauch, akzeptiert werden; wenn sie akzeptiert werden, dann bedeutet das, daß ‚etwas', so wie es in diesem abweichenden Gebrauch intensional vorgestellt ist, durchaus auch (wahr) sein kann. Dies zu *denken* ist der Sinn der Akzeptation des Gebrauchs als eines ‚berechtigten' Gebrauchs. Gerade in der Verletzung der semantischen Regel ist das Denken im Aufschluß des Seienden produktiv.

### *5. Der sprachliche Grund ontologischer Argumente*

Eine Sprachgemeinschaft erweist sich von da aus als eine Gemeinschaft des intersubjektiven Fürmöglichhaltens sprachlicher Bildungen, im Unterschied zu einer Glaubensgemeinschaft als einer Gemeinschaft des intersubjektiven Fürwahrhaltens. Diese Differenz weist über eine speziell theologische Problematik hinaus, wenn auch der theologische Grundzug unverkennbar ist. Zur Sprachgemeinschaft gehören auch diejenigen, die die Glaubensinhalte einer Glaubensgemeinschaft, bzw. die Grundannahmen einer bestimmten „Weltansicht“ oder „Lebensform“ zwar verstehen, aber für sich bezweifeln oder ablehnen können, weil sie fähig sind, sprachliche Akte dieses Zweifels oder dieser Ablehnung zu formulieren. Sie können (intensional) *davon* sprechen, indem sie z. B. *sagen*, „es“ sei *nicht* so, und damit Glaubenssätze von reinen Deskriptionen logisch unterscheiden, wie z. B. in Sätzen wie „x glaubt, daß p“. Dieser Grundzug in der Struktur sprachlichen Weltverhaltens führt zur Forderung einer intensionalen Logik (vgl. Kripke *1959; 1963*). Das mag am Beispiel des ontologischen Gottesbeweises, an dem sich die Geister im Grunde durch das jeweils zugrundeliegende Sprachverständnis scheiden, erläutert werden. Gottesbeweise als solche waren in der Geschichte der Philosophie niemals nur ein speziell theologisches Thema, sondern, seit der Aristotelischen ‚Ersten Philosophie‘ mit dem Argument der notwendigen Voraussetzung eines ersten „unbewegten Bewegers“, die Grundlegung ontologischer Systematik überhaupt und damit auch eines ontologischen Naturverständnisses gegenüber relativistischen und skeptizistischen Einwänden jeder Art. Wo der ontologische Gottesbeweis explizit eine Rolle spielt, hat er die Funktion einer Rechtfertigung der ontologischen Voraussetzung einer Einheit von Denken und Sein. Er lebt davon, daß ein Widerspruch im Zweifel an ihm aufgewiesen wird. Der Ausdruck „demgegenüber nichts Größeres gedacht werden kann" („aliquid quo nihil maius cogitari potest"; Anselm Prosl., 2. Kap.) wird im Glauben („credimus") in seiner Bedeutung mit „Gott" gleichgesetzt. Wer ihn *versteht* („intelligit"), der versteht auch, daß damit nicht etwas gemeint sein kann, was *nur* im Verstand ist. Sonst könnte noch etwas „Größeres" gedacht werden, und das *bedeutet hier*: etwas, das *nicht nur* im Verstand ist. Der ganze Argumentationszusammenhang zeigt, daß etwas *gemeint* ist, das *seiner Bedeutung nach* Existenz impliziert. Der ‚Beweis' ist hier die Explikation der vorausgesetzten Bedeutung dieses Ausdrucks. Wer (als Glied einer ihn *so* meinenden Sprachgemeinschaft) die Bedeutung dieses Ausdrucks versteht, der kann, so lautet das Argument, nach dem Satz vom zu vermeidenden Widerspruch vernünftigerweise nicht sagen, das in diesem Ausdruck Gemeinte existiere nicht. Die Argumentation bezieht sich hermeneutisch, d. h. sinnauslegend, darauf, daß schon die Sprachgemeinschaft als solche implizit ‚etwas' glaube, worauf sie ‚an sich' bereits verständigt sei. Insofern kann sich die Hermeneutik in ihrem Ansatz als grundlegender oder universaler als das ontologische Argumentieren verstehen. Im Beispiel des ontologischen Gottesbeweises ist das, woraufhin ein vorgängiges Verständigtsein bestehen soll, der Gedanke, daß der Ausdruck „aliquid quo nihil maius cogitari potest" rein als Intension Existenz impliziere, weil eine Bedeutung, von der die Existenz des in ihr Bedeuteten weggedacht wird, wie z. B.

bei ‚Pegasus', immer als etwas gedacht ist, demgegenüber noch Größeres (Vollkommeneres) gedacht werden kann, nämlich daß es nicht nur ‚etwas' – was *dieser* Ontologie nach auch das nur Gedachte wäre –, sondern darüber hinaus etwas Existierendes sei.

Das Gegenargument lautet bekanntlich, die Existenz gehöre nicht zu den Vollkommenheiten. „Sein" sei kein „reales Prädikat" (Kant KrV, B 626; vgl. auch z. B. W. C. Kneale *1949*). „Jeder Vernünftige" müsse gestehen, „daß ein jeder Existentialsatz synthetisch sei", d. h. daß er etwas behaupte, was im Begriff des Subjekts des Satzes noch nicht enthalten sei. Die Gegenargumentation geht offenbar von einer deutlichen Unterscheidbarkeit zwischen analytischen und synthetischen Urteilen ohne Rücksicht auf den jeweiligen Sprachgebrauch und damit davon aus, daß vor allem Gebrauch *deutlich* sei, was alles in einem Begriff enthalten ist. Sie bezieht sich damit auf eine sprachphilosophische Position, nach der wir in vorweg schon deutlichen Begriffen über außersprachliche Gegenstände reden, nicht aber auch über Begriffe, die wir uns dadurch zu verdeutlichen suchen, daß wir uns eines intersubjektiven Verständigtseins über sie versichern wollen. Im Grunde leugnet sie damit nicht nur die Kraft des ontologischen Arguments im Zusammenhang des Gottesbeweises, sondern den Sinn eines jeden Argumentierens dieser Art, d. h. jeglichen *Argumentierens* überhaupt in seinem Unterschied zu Erfahrungssätzen. Argumente beziehen sich als solche auf ein Behaupten, Bestreiten oder Bezweifeln, *daß*, bzw. *ob p*, d. h. sie haben Intensionen zum Gegenstand, die in rein intensionaler Bedeutung erst einmal *verstanden* sein müssen, auch wenn eine Methode ihrer Verifizierung bestritten wird. Hegel gebraucht in solchen Zusammenhängen die Unterscheidung zwischen „an sich" und „für uns": Was „an sich" in einem Begriff enthalten sein soll, erweist sich erst dadurch, daß es „für uns" deutlich *wird.* Im übrigen gebraucht auch Kant andere Begriffe so, daß Existenz in ihnen allein ihrer Bedeutung nach mitgemeint ist. „Materie" bedeutet nach Kant „das Reale in der Empfindung". Wer „Materie" sagt, meint mithin etwas, das real ist oder existiert. Zwar meint er damit noch nicht etwas, das *notwendig* existiert, weil „jede Bestimmung der Materie, welche das Reale derselben ausmacht, ... eine Wirkung (Handlung) ist, die ihre Ursache haben muß, und daher immer noch abgeleitet ist" (Kant KrV, B 646). Es ist aber gesagt, daß alles, was eine Ursache habe, existiere. ‚Existenz' ist hier analytisch aus einem Begriff „geklaubt". Bei „Materie" ist dies nur nicht so *deutlich*, und deshalb scheint der Satz, daß Materie das Reale (der Empfindung) sei, zunächst synthetisch zu sein und mithin keine analytische Notwendigkeit bei sich zu führen. Es war noch nicht deutlich, daß ‚Materie' als das, was (in seiner jeweiligen qualitativen Bestimmtheit) eine Ursache hat, *von diesem Sprachgebrauch her* das Reale ist. Ihr Begriff als das unbestimmt Zugrundeliegende ist *hier* synonym mit dem der Realität. Zwei analytische Sätze liegen vor: ‚Materie' ist etwas, was seiner (begrifflich-bestimmten) Bedeutung nach eine Ursache hat, und: was eine Ursache hat, existiert notwendig. Wenn der mittlere Begriff des Verursachtseins fortgelassen wird und die beiden Sätze dadurch in einen zusammengezogen werden, erscheint das Resultat als synthetischer Satz. Die Hermeneutik arbeitet dieses Umschlagen von analytischen Sätzen in synthetische im Sich-Einlassen in den jeweiligen und im Grunde immer individuellen Sprachgebrauch als ein erschließendes *Können* heraus (Gadamer *1960*, 291), das sich auf „die innere Einheit von intelligere und explicare" versteht. Es zeigt sich auch hier – und das erweist eigentlich die Universalität der Hermeneutik auch gegenüber der bei Kant auf eine Ontologie der Erfahrungsgegenstände ‚kritisch' restringierten Ontologie –, daß jede Unterscheidung zwischen analytischen und synthetischen Sätzen – wie dann bei Quine besonders deutlich wird – davon abhängt, in welchem *Grad der Deutlichkeit* der Subjektbegriff jeweils zugrunde gelegt ist, und das hängt wieder davon ab, unter welchen Umständen des Sprachgebrauchs und der Erfahrung wir mit ihm zu tun hatten (vgl. Quine *1951*, 31–34; auch Putnam *1962*). Dieser Grad macht seinen grammatisch-logischen Status aus. Im Interesse der Ausdrückbarkeit der ‚Realität der Empfindung' z. B. in einer metrischen Sprache muß ‚Realität' mit ‚Meßbarkeit' gleichgesetzt und dadurch verdeutlicht werden. Die nicht endgültig nachzuweisende Möglichkeit des widerspruchsfreien Sprachgebrauchs wird hier durch Möglichkeit als ‚Meßbarkeit' substituiert, deren Begriff statt auf denkbares ‚Sein' auf mögliche, d. h. *gekonnte* Meßhandlungen verweist und sich darin im Maße der befriedigenden Ausführbarkeit dieser Meßhandlungen deutlich erfüllt. Eine Sprachgemeinschaft wäre von hier aus gesehen eine Gemeinschaft aller, die die Begriffe im gleichen *Grad* der Deutlichkeit, genauer: in gleicher Art ihrer Explikation gebrauchen, z. B. als ‚Forschergemeinschaft'. Sollte der Begriff der Sprachgemeinschaft darüber hinaus implizieren, daß ihre Mitglieder sinnvoll miteinander *argumentieren*, d. h. sich ihren Sprachgebrauch über einen als gemeinsam vorauszusetzenden Grad hinaus *verdeutlichen* können, so verliert er seine scharfe Begrenztheit, innerhalb derer sich ‚Realität' durch geltende *Methoden* erschließt. Der methodische Zugang setzt den hermeneutischen als den umfassenderen voraus (vgl. Gadamer *1960*). Der intersubjektiv voraussetzbare Grad der Deutlichkeit bestimmt, welche Sätze sinnvollerweise wahr *oder* falsch (synthetisch) sein können und folglich als experimentell überprüfbare Hypothesen gelten gelassen werden. Er umreißt den Bereich möglicher Erfahrung. Die Erweiterung (Auslegung) dieses Grades in bezug auf einzelne Begriffe erweitert auch diesen Bereich.

Wenn eine Gemeinschaft in sich so verständigt ist, daß in ihr der Ausdruck „aliquid quo nihil maius cogitari potest" als widerspruchsfrei möglich gilt und von daher die notwendige Existenz Gottes bewiesen werden kann, wird es auch nicht schwerfallen, ‚Gott' als ‚Ursache von allem' zu verdeutlichen. Ob ‚Materie' *existiert*, hängt *dann* im letzten (ontologischen) Grunde von Gott ab. Wenn aber eine Gemeinschaft nicht in diesem Geist verständigt ist, hängt die Wahrheit von Sätzen vom Zufall ab, nach dem eine entsprechende Materie als das Material der Sätze verifizierenden ‚Empfindungen' existiert oder nicht existiert. Von der Existenz einer ‚obersten', weil ihrem Begriff nach notwendigen Ursache ist *dann* nicht sinnvoll zu sprechen. Intension und Extension sind *dann* vollkommen unabhängig voneinander. Es gäbe in der Konsequenz dieser Position aber kein vernünftiges Verständigtsein über Axiome und mithin keine axiomatische Wissenschaft im weitesten Sinne des Wortes. Denn es gäbe kein Verständigtsein im Sinne eines Weltbildes als des Rahmens möglicher Erfahrung, so daß fraglich wäre, ‚was' denn im Experiment daraufhin geprüft werden solle, ob ‚es' der Fall sei oder nicht.

Aber auch die entgegengesetzte, ontologische Position ist nicht durchzuhalten, weil ein Verständigt*sein* über den semantischen Gehalt sprachlicher Ausdrücke nichts Feststehendes ist und sich deshalb auch nicht methodisch *feststellen* läßt. Der universale Anspruch der Hermeneutik berührt sich hier mit der Grundeinsicht Wittgensteins, daß es sich wesentlich *zeigen* muß, ob Partner einer Kommunikation Ausdrücke in der gleichen Art der Verdeutlichung verwenden. In dieselbe Richtung weist auch der Begriff der „linguistischen Intuition“ bei Chomsky, derzufolge sprachliche Daten von sonstigen Daten im empiristischen Sinn unterschieden werden (Chomsky *1964*, 29). Der Begriff einer „idealen Kommunikationsgemeinschaft“ setzt sich dagegen über diese Tatsache hinweg. Eine „ideale Kommunikationsgemeinschaft“ kann vernünftigerweise auch nicht „kontrafaktisch“ antizipiert werden. Wenn sie existierte, wäre der Rahmen und damit auch die Methode aller möglichen Erfahrung festgeschrieben. Es wäre an ihm nichts mehr ‚auszulegen‘. Eine ihn sprachlich-hermeneutisch erweiternde Erfahrung wäre ausgeschlossen.

Alle wirkliche Erweiterung des Erfahrungs*bereichs* über den des ‚paradigmatisch‘ schon für möglich Gehaltenen hinaus muß diesen Überlegungen nach auf *Auslegungen* der Sprache beruhen. Wenn schon „Wort und Sache einander entgegengesetzt wird, ist das Wort das Höhere; denn die nicht ausgesprochene Sache ist eigentlich ein unvernünftiges Ding, das Vernünftige existiert nur als Sprache“ (Hegel Gesch. Phil. XVIII, 133). Sprache ist niemals fertig ausgelegt, und Auslegung ist prinzipiell auf zweierlei Art möglich. Sie kann zum einen das geltende Paradigma dadurch problematisieren oder sogar zerstören, daß sie Widersprüche in ihm aufdeckt. Hegel sieht darin eine Wurzel der Philosophie: „Die Griechen waren ganz verliebt im Auffinden von Widersprüchen, die man im Sprechen, in der gewöhnlichen Vorstellung begehe.“ (ebd.) Zum anderen kann das Auslegen implizit oder explizit Begriffsverwendungen vorschlagen, die der „gewöhnlichen Vorstellung“ innerhalb eines paradigmatischen Sprachverhaltens als neu erscheinen. In diesem Fall ist es auf Akzeptation angewiesen. Findet sie statt, so erweitert sich das Paradigma. Die Auslegung erscheint als möglich. Der Bereich möglicher Erfahrung wird durch diese Verdeutlichung eines Begriffs erweitert; ein im System erscheinender Widerspruch kann unter Umständen gerade dadurch behoben werden. Ein Text kann durch solche Auslegung auch auf einen Erfahrungs-„Horizont" hin, demgegenüber er im Widerspruch zu stehen schien, verstehbar gemacht werden (Gadamer *1960*, 355–360).

In einem Ausdruck „aliquid quo nihil maius cogitari potest" sind die Grenzen des sinnvollen endlichen Denkens selbst als widerspruchsfrei denkbar gedacht. Anselm, der ihn ‚vorschlägt', setzt seine Bedeutung als extensionsgleich mit ‚Gott' und mit der Bedeutung des Ausdrucks „quiddam maius quam cogitari possit" (Anselm Prosl., 15. Kap.). Er setzt eine Verdeutlichung eines Begriffs als synonym mit einem seinem Begriff nach (in der Sprache endlicher Wesen) undeutlichen Begriff. Damit setzt er im ontologischen Gottesbeweis das Paradigma allen Auslegens als eines sich *sprachlich* artikulierenden Denkens (intelligere) schlechthin. Es unterscheidet sich einerseits vom bloßen Glauben (credere), der sich anderen überhaupt nicht vermitteln kann. Andererseits unterscheidet es sich von dem intuitiven Schauen des vollen Begriffsgehalts und der vollen Bedeutsamkeit der Begriffe (videre), in dem alle notwendig ‚dasselbe' wahrhaft Seiende erfaßten. Gottesbeweise sind für eine lange Zeit die Deduktion der Wahrheitsfähigkeit endlicher Rede geblieben. Insofern hatten sie die Funktion einer semantischen Grundlegung des Denkens. Descartes noch nannte die ‚intuitiv' in ihrer Bedeutung erfaßten Begriffe „prima cogitationum utilium semina" (Descartes Reg., 373). Intuitiv in ihrer *vollen* (perfekten) Bedeutung erfaßte Begriffe sind mittels des Gottesbeweises nicht mehr nur als sprachverhaftete Begriffe endlichen Denkens zu denken, sondern als

Begriffe eines selbst göttlichen Geistes. Allein innerhalb der Differenz von offenen Sprach- und dogmatischen Glaubensgemeinschaften besteht (auch in der Wissenschaft) die Möglichkeit sinnvollen Argumentierens als einer „Bewegung des *Begriffs*“ (Hegel Log. II, 486). Notwendigkeit in dieser Bewegung resultiert aus der jeweiligen Möglichkeit, eine gewisse Gemeinsamkeit im Sprachgebrauch *voraussetzen* zu können.

Da der Streit um das ontologische Argument die europäische Philosophie entscheidend stimuliert und geprägt hat – man denke an Kants Kritik mit der darin implizierten Veränderung des Bedeutungsbegriffs und an die Heideggersche Bestimmung der Metaphysik als Ontotheologie –, war in diesem Zusammenhang auf seinen sprachphilosophisch-hermeneutischen Grundzug einzugehen, mit dem die Einheit von Begreifen (Denken von ‚etwas‘ als seiend) und sprachlichen Auslegungen zum Bewußtsein kommt. Die Intention einer „fides quaerens intellectus“ als eines Zugangs zur Wirklichkeit, der sich anderen *mitteilen* will, ist für die philosophische Auffassung von Denken und Sprechen grundlegend geworden, auch dadurch, daß sich die Kritik von Kant bis Nietzsche negativ an einer ontotheologisch begründeten Begriffsrealistik orientierte. Der onto-theologische Grundzug im Sprachdenken wird von einer Theologie, die sich von der durch die nominalistische Kritik problematisierten Philosophie entschieden absetzt, in Frage gestellt. Das Auslegen gewinnt ohne diesen Rahmen den Charakter einer individuellen ‚Kunst‘. Es tritt damit überhaupt erst als Gegenteil des ‚Beweisens‘ hervor.

# VI. Poetische Sprache

## *1. Originalität des Sprachgebrauchs*

Die explizit theologisch inspirierte Sprachphilosophie Johann Georg Hamanns ist in diesem Zusammenhang vor allem für einen poetischen Sprachbegriff wichtig geworden und hat große Bedeutung für das ästhetische Selbstverständnis der Dichtung gewonnen (Hamann Werke II, 195–217). Sie insistiert darauf, daß Sinnerweiterungen über paradigmatisch eingespielte Weisen des Verständigtseins auf Sinn hinaus möglich bleiben, ohne aber nach Gesichtspunkten eines sich selbst durchsichtigen Denkens intendierbar zu sein.

‚Vernunft' ist unter diesem Aspekt nicht die Vernunft, auf die z. B. Kant sich beruft, wenn er schreibt, „jeder Vernünftige" *müsse* gestehen, „daß ein jeder Existentialsatz synthetisch" (Kant KrV, B 626) und mithin die Unterscheidung zwischen analytischen und synthetischen Sätzen unproblematisch sei. ‚Vernunft' erhält unter dem Aspekt der sprachlichen Veränderbarkeit des als vernünftig Geltenden die Bedeutung des Vermögens, einen erweiterten Sprachgebrauch vorschlagen bzw. *vernehmen* zu können. Sie ist Offenheit für den originellen Sprachgebrauch, der zugleich eine neue ‚Berechtigung' des Sprachgebrauchs schafft. Man denkt hierbei vor allem an die Metapher (vgl. Ricœur *1974; 1975*). Mit der Bildung einer Metapher ‚zeigt' sich gerade nicht das Vermögen des Sprechers, das Wort als ‚Möglichkeit' seines Vorkommens in gewohnten Kombinationen mit anderen Wörtern zu verwenden und mithin an einer schon verständigten Sprachgemeinschaft zu partizipieren. Er stellt das Wort vielmehr in eine neue, ‚unerhörte' Kombination und ‚verläßt' sich darauf, daß es dennoch verstanden wird. Insofern spricht er ein ‚tieferes' Sprachvermögen an als das, das sich im gekonnten Sich-Halten an den gängigen Sinn zeigt und sich an angebbaren ‚Erklärungen der Bedeutung' bewußt oder deutlich als ‚Selbstbewußtsein' dieses geregelten Vermögens der Begriffe reflektieren kann. Hamann nennt „Sinne und Leidenschaften" als das Organ eines solchen ‚tieferen' Verstehens der Sprache von ihrem Ursprung her. „Sinne und Leidenschaften reden und verstehen nichts als Bilder. In Bildern besteht der ganze Schatz menschlicher Erkenntnis und Glückseligkeit." (Hamann Werke II, 197) „Bilder" innerhalb des Sprachgebrauchs sind Metaphern. Da dieser Sprachgebrauch nicht der übliche ist, der von einer Sprachgemeinschaft her nach Regeln gelernt sein könnte, muß er individuell einfallen. Der Begriff des Genies ist hier vorweggenommen. Der Einfall erweitert das vorweg schon bestehende Verständigtsein darüber, ‚was' als Existierendes überhaupt in Frage und folglich in den Blick kommen kann. Er ist das „Licht" der Vernunft, die damit selbst metaphorisch bestimmt wird. Mit ihm fängt nach Hamann „die Empfindung von der Gegenwart der Dinge an" (ebd.).

Hamann kritisiert als erster die Kantische Unterscheidung von a priori und a posteriori und von analytischen und synthetischen Urteilen (III, 278, 285). Er nennt sie „zufällige opposita" und fragt, ob sie nicht „wie die *Rezeptivität* des *Subjekts* zum *Prädikat*" „in der Spontaneität unserer Begriffe gegründet" sei (278). Die „Spontaneität unserer Begriffe" meint das, was die spätere Sprachpragmatik den „Gebrauch" nennt. Vor allem aber ist der ingeniöse Gebrauch gemeint, der das Feld des Sinnvollen so erweitert, daß Empfindung von ‚etwas' neu ermöglicht wird. Deshalb „verstehen" die Sinne auch nicht eine unbestimmte Gegenwart einer Materie der Empfindung, sondern „nichts als Bilder", als *anfängliche* Auslegungen, und erst im Gelingen der Bilder beginnt „die Empfindung von der Gegenwart der Dinge" als dasjenige, was sprachliche Gebilde (Intensionen) bewahrheiten könnte. Es kommt im Licht der sprachlich gelungenen Metapher zum Vorschein.

Der originelle Sprachgebrauch wird in dieser Sprachphilosophie als das Mittlere zwischen der Konstruktion von komplexen Texten von Intensionen mit den Mitteln eingespielter Sinnstrukturen und der formalen Logik einerseits und der zufälligen extensionalen ‚Erfüllung' solcher Intensionen andererseits angesehen. Er ist die Mitte, von der her die Extreme verständlich werden. Die Poesie als der Ort des originellen Sprachgebrauchs gilt folgerichtig als der Ursprung der Sprache. Bereits verfügbare Begriffe einer Sprachgemeinschaft gelten wie bei Nietzsche als verfestigte Metaphern (Nietzsche Wahrh., 377 f.), und die Rede von einer verifizierenden oder falsifizierenden Realität der Empfindung wird ebenfalls nur verständlich, wenn schon ‚etwas' in der Sprache formulierbar ist, das der Fall sein oder nicht der Fall sein kann. Vor dem Begriff des intensional Möglichen, weil ohne erscheinenden Widerspruch Formulierbaren, steht die nicht a priori zu bestimmende Möglichkeit der gelingenden Sprachschöpfung. Sie steht mithin auch vor der Rede von einer ‚Realität der Empfindung', die das intensional Mögliche erst noch zu erfüllen hätte.

Auf dem Hintergrund der modernen Sprachpragmatik läßt sich die Intention dieser Sprachauffassung leichter verdeutlichen als unter der Idee einer analytischen Sprachbetrachtung mit dem Ideal, daß in der Sprache Zeichen eindeutig auf einen Gegenstand, verstanden als *bewußte*, deutliche Vorstellung („idea“ im Sinne Lockes), bezogen sein müßten. Dieses Ideal hält kritischer Philosophie nicht stand, weil ‚außersprachliche‘ Gegenstände wiederum sprachlich benannt werden müssen und die verlangte Referenz nur als Beziehung zwischen Zeichen verdeutlicht werden kann. Soll die ‚Realität der Empfindung‘ den ‚äußeren‘ Bezugspunkt der Referenz darstellen, so haben alle Zeichen die gleiche Referenz, solange die Empfindung nicht sprachlich artikuliert und darin (z. B. *als* gemessener Druck) qualifiziert ist. Der Begriff einer sich erst im ‚Bild‘ als dem originellen Sprachgebrauch bewußtwerdenden Empfindung kann hier vermitteln, wenn auch wieder nur im Bild. Eine analytische Sprachauffassung kann dagegen nicht zulassen, daß ein Sprachgebrauch, der ‚für uns‘ als Glieder einer Sprachgemeinschaft, etwa der Gemeinschaft der Sprecher des ‚normalen‘ Deutsch oder Englisch, zunächst anomal erscheint und sich in seiner Individualität der Analyse entzieht, dennoch ‚von Bedeutung‘ sein soll. Was „bedeuten“ bedeutet, kann dann nicht mehr durch semantische Regeln der Art „x bedeutet y“ implizit definiert werden, ob mit „y“ nun etwas ‚Außersprachliches‘, wie z. B. nach Katz (Katz *1966*, 151–175), oder ein anderes Wort derselben oder einer anderen Sprache gemeint sein soll. Man kann auch nicht mehr mit Wittgenstein sagen, „die Bedeutung des Wortes“ sei „das, was die Erklärung der Bedeutung erklärt“ (Wittgenstein PU, 560). Denn ‚Bedeutung‘ ist dann im originären Sinn dieses Begriffs nicht etwas Erklärbares oder aus dem gewohnten Verständigtsein zu paraphrasieren, sondern etwas Ursprüngliches. Die Bedeutung des Wortes besteht hier gerade in seiner Unersetzbarkeit durch andere, erklärende oder paraphrasierende Ausdrücke. Nach Hegel ist es der

Dichter, „welcher der Nation gleichsam den Mund öffnet“ (Hegel Ästh. XIV, 258). Goethe hält es für eine merkwürdige Forderung, daß der „Dichter ... sein eigener Erklärer sein und seine Dichtung in alltägliche Prosa fein zerlegen“ solle; „damit würde er aufhören, Dichter zu sein“ (H. Luden *1847*, 37). Eine Philosophie der Angleichung an eine ‚normale‘ Sprache (ordinary language approach) muß diese Dimension ausschließen. Ohne sie bleiben aber weite Gebiete und Bemühungen der Philosophiegeschichte unverständlich, u. a. alle Philosophie, die von Kants Bestimmung der „Urteilskraft“ ausgeht. Das sind Fichte (Fichte WL, 109–111), Schelling (Schelling Ich, 175) und nicht zuletzt Hegels Dialektik (Hegel Diff., 4).

## 2. *Ästhetische Deutlichkeit*

Der Begriff des *Verstehens* (von ‚Bildern‘ oder Metaphern) relativiert den Begriff der *Erklärung* von Bedeutung, d. h. aller semantischen Interpretation. ‚Verstehen‘ erscheint als sinnerschließend, wo Erklärungen versagen bzw. abgebrochen werden, ohne als befriedigende Antworten akzeptiert werden zu können (Dilthey Aufbau, 117–120). „Sinne und Leidenschaften“ gelten als Organ dieses ‚Verstehens‘, das nur noch als *unmittelbares* Erfassen von Bedeutung aus einem (Lebens-)Zusammenhang heraus umschrieben werden kann. Dieser Bedeutungsbegriff, für den Namen wie Hamann, Dilthey und Nietzsche stehen, steht mithin im Gegensatz zu dem analytischen Begriff von Bedeutung, nach dem eine Bedeutung dadurch *deutlich* gemacht werden soll, daß Merkmale oder Implikate des Begriffs genannt werden, so wie es etwa in Definitionen geschieht. Darauf, daß dies nicht bis zur

Adäquatheit hin möglich ist, hatte vor allem Leibniz hingewiesen. Er hatte damit eine einschneidende Wende im philosophischen Sprachverständnis eingeleitet. Wenn begriffliche Adäquatheit nicht dadurch möglich ist, daß alle verdeutlichenden Begriffe auch ihrerseits deutlich sind, dann ist entweder eine adäquate Deutlichkeit überhaupt nicht möglich, oder es muß noch einen anderen Begriff von Deutlichkeit als den analytischen oder logischen geben. Seit Baumgarten (Baumgarten Aesth., 269–283) ist in der Philosophie von einer „ästhetischen" Deutlichkeit die Rede. Der analytische oder logische Begriff der Deutlichkeit beruht darauf, daß die Bedeutung eines Begriffs von ihm selbst her *fraglich* erscheint. Er wird in seiner Bedeutung dadurch verdeutlicht, daß er mit einem anderen Begriff oder einer Kette anderer Begriffe in Beziehung gesetzt wird, die – wenigstens zur gleichen Zeit – nicht fraglich erscheinen. Dies kann nach verschiedenen Mustern geschehen. Der bekannteste Fall ist die Definition, in der gesagt wird, der fragliche Begriff ‚x' sei eine Art des (jetzt) nicht fraglichen Begriffes ‚a' mit der spezifischen Differenz ‚d'. Oft genügt auch allein die Angabe der Art: ‚x' ist ‚eine Art a' (Hyponymität), z. B. ‚Rose' meint eine Blume. Im umgekehrten Fall wird ein Begriff als Art verdeutlicht, z. B. wenn gesagt wird, ‚Blume' sei der Artbegriff zu ‚Rose', ‚Tulpe' usw. Nach welchem dieser Muster verfahren wird, hängt davon ab, in welcher Hinsicht der fragliche Begriff verdeutlicht werden soll. Es kann kein allgemeingültiges Muster angegeben werden, weil eine adäquate logische Verdeutlichung ohnehin nicht möglich ist. Man muß davon ausgehen, welche anderen Begriffe für den, der nach der Bedeutung fragt, wahrscheinlich nicht fraglich sind und durch die Verwendung im erklärenden Ausdruck auch nicht fraglich werden. (Das kann als Grund dafür angesehen werden, daß seit der Aristotelischen „Topik“ verschiedene Begriffsverhältnisse, wie Substanz-Akzidenz, Art-Gattung und Art-Proprium, als dialektische Wege zum Wesen fungieren.) Jede erreichbare logische Deutlichkeit bleibt davon abhängig, daß die Wörter dabei so verwendet werden, daß sie ihre Bedeutung in einer Lebensform behalten. Der erklärte Ausdruck wird durch seine Erklärung in die Lebensform hineingenommen, in der er zuvor fraglich war. – Der ästhetisch deutliche Ausdruck hat dagegen seine Deutlichkeit unterhalb der ‚infima species‘ als des ‚untersten‘ bzw. konkretesten Begriffs, für den solch eine Verdeutlichung jeweils möglich erscheint. Er hat sie außerhalb der Möglichkeit seiner logischen Verdeutlichung. Folglich wird er auch nicht vom (analysierenden) Verstand verstanden, sondern, um den Hamannschen Ausdruck noch einmal zu verwenden, von „Sinnen und Leidenschaften“ als individuellen ‚Vermögen‘, die traditionellerweise als „Affekte“ gegen die Konformität von Lebensformen bezeichnet werden. Auf ästhetische Deutlichkeit versteht sich das Individuum als solches. Sie gehört zur Sprache, insofern sie sich in einem nicht auf allgemeine Regeln zurückzuführenden Sinn interindividuell vollzieht, also wesentlich „zweien“ angehört. Ihr Begriff hat erst in einer Sprachbetrachtung Platz, die diese Dimension zu erfassen sucht, indem sie die Auffassung der Sprache als Regelsystem einschränkt bzw. einer einzelwissenschaftlich-gegenständlichen Sprachbetrachtung (s. u. S. 197 ff.) zuordnet. Dies geschieht an dem Punkt, an dem diese Auffassung auf ihre Grenzen stößt und die Schwierigkeiten mit Regeln der ‚semantischen Interpretation‘ von Zeichensystemen durch die Berücksichtigung einer ‚pragmatischen‘ Komponente gelöst werden sollen, d. h. an dem Punkt, an dem das leibbezogene Umfeld des Sprechers als Mittel des Ausdrucks in den Blick gelangt.

Regeln der semantischen Interpretation von Zeichen sind notwendig Zuordnungsregeln. Sie laufen immer darauf hinaus, daß einem Ausdruck seine Bedeutung dadurch zugeordnet werden soll, daß er durch einen, meist durch mehrere Ausdrücke ersetzt wird. Mithin gilt er a priori als *ersetzbar* bzw., wenn die Ersetzung eines ‚einfachen' Ausdrucks durch mehrere gemeint ist, als analysierbar. Dieses Verfahren kann, da es nicht von der gleichzeitigen Ersetzbarkeit aller Ausdrücke ausgehen kann, nur auf der Vorstellung einer Wechselwirkung zwischen der Bedeutung der Ausdrücke und mithin nur auf der eines geschlossenen Bedeutungs*systems* (mit allen diesbezüglichen ‚holistischen' ontologischen Konsequenzen) beruhen. Der Begriff der ästhetischen Deutlichkeit entspringt (zumindest historisch) der Einsicht in das Ungenügen einer solchen (analytischen) Sprachauffassung. Er kann somit nicht besagen, daß es *neben* einer logischen Deutlichkeit auch noch ästhetische Deutlichkeit gebe, sondern nur, daß mit dem logischen (analytischen) Begriff von Bedeutung das Wesen sprachlicher Bedeutung nicht erfaßt werden kann. Der sprachanalytische Ansatz kann weder als ‚Philosophie einer idealen Sprache' noch als ‚Philosophie der normalen Sprache' diese Dimension des Sprachverständnisses und die darauf aufbauenden nachleibnizschen philosophischen Systeme (Kant, Fichte, Schelling, Hegel, Schleiermacher, Dilthey, Nietzsche, Heidegger u. a.) erreichen. Der Begriff der ‚ästhetischen Deutlichkeit' ist ein kritischer, bzw., wenn Sprachanalyse wie im Anschluß an Wittgenstein selbst schon als Sprachkritik auftritt, ein metakritischer Begriff. In dieser Funktion bezieht er sich nicht nur auf Wortbedeutungen, wenn er auch, am Beispiel des metaphorischen Sprachgebrauchs, hier am besten zu veranschaulichen ist. Da er ein ursprüngliches Vermögen des Verstehens meint, bezieht er sich ebensogut auf Sätze und längere Kontexte in ihrem inneren Zusammenhang. Er bezieht sich ganz allgemein auf das originäre Verstehenkönnen von Sprachlichem, insofern es sich in seiner individuellen und originellen Fügung *nicht* durch Interpretation und Paraphrasierungen substituieren und folglich auch nicht durch ‚Erklärung' an den gewohnten Sprachgebrauch anbinden läßt. Er meint ein semantisches Vermögen, das sich gerade auf den hermeneutischen *Unterschied* zwischen einem Sprachgebrauch und seiner Interpretation versteht. Da dieser Begriff intensionaler Bedeutung in einer analytischen Sprachphilosophie keinen Platz finden kann, bleibt analytischen Sprachphilosophen, wie z. B. Quine, als Folge der Einsicht in die Grenzen eines analytischen Begriffs der Intension nur der Rekurs auf Bedeutung im extensionalen Verständnis. Die Angebbarkeit einer Extension als einer quantitativen Bestimmung hängt aber ihrerseits noch von der Voraussetzung der Möglichkeit eines logisch-analytischen Begriffs der Intension ab. Schon Kant spricht dagegen im Interesse der Denkbarkeit der objektiven (referentiellen) Gültigkeit auch nur der urteilsbildenden „reinen Verstandesbegriffe" von einer Verschiedenheit der Dinge nicht durch Begriffe des Verstandes, sondern durch „ihre Stelle in der Anschauung" (Kant KrV, B 327), mit der sie erst als abzählbare Dinge erscheinen. Dies lenkt auf die Schwierigkeit einer Bestimmung „positionaler" Prädikate im Unterschied zu rein „qualitativen" Prädikaten (Goodman Fact, 78). Von diesem *Unterschied* geht Kant sozusagen noch in sprachphilosophischer Naivität aus, nachdem er im Gefolge von Leibniz das Vermögen der *logischen* Deutlichkeit als einer Erkenntnis *rein* aus Begriffen kritisierte. Abzählbarkeit setzt eine *individuelle Bestimmtheit* der Dinge voraus, kraft derer sie nicht in die Undeutlichkeit eines kontinuierlichen Reizzusammenhangs ihrer subjektiven Empfindung zerfließen. Man könnte sagen, daß hier eigentlich von einer sprachlichen Bedeutung die Rede sein muß, die nicht mehr mit der Bedeutung von ‚Begriffen' im platonisch-aristotelischen Sinne gleichgesetzt werden kann. Die Sprachphilosophie hat an diesem Punkt mit Problemen zu tun, die sich nicht auf dem Wege der Gleichsetzung von intensionaler Bedeutung und Begriff einerseits und extensionaler Erfüllung durch ‚Individuen' andererseits beheben lassen.

Es ist eine bemerkenswerte Tatsache der Philosophiegeschichte, daß der Begriff der „ästhetischen Deutlichkeit" dennoch so sehr im Hintergrund geblieben ist. Allenfalls für die philosophische Ästhetik scheint er noch von einem gewissen historischen Interesse zu sein. Daß Kant ihn, im Anschluß an Baumgarten („veritas aesthetica"; Baumgarten Aesth., 269–283), geprägt hat (Kant KrV, A XVII f.; Entd. 217), war nicht nur als Beitrag zu einer ‚Ästhetik' im Sinne der Kunstphilosophie, sondern allgemein erkenntnistheoretisch und erkenntniskritisch gemeint. Die Erklärung der Bedeutung eines Ausdrucks durch einen anderen setzt beide nicht nur gleich (p = q), sondern sie unterscheidet auch zwischen dem zu erklärenden und dem erklärenden Ausdruck. Sie *ersetzt* den fraglichen durch einen (jetzt) nicht fraglichen. Sie ‚versteht' diesen (pragmatischen) Bedeutungs*unterschied*, indem sie sich auf die *Verschiedenheit der Deutlichkeit* der Bedeutungen für verschiedene individuelle Personen versteht, die nach einer Erklärung fragen. Der eine Ausdruck ist also nicht als ein Ausdruck angesehen, der *ebenso gut* sei wie der andere. Der andere Ausdruck soll offensichtlich zur Bezeichnung der Sache *besser* sein. Man könnte an Goodmans „entrenched predicates" denken (Goodman Fact, 94). Entsprechend kann auch nicht jede mögliche Interpretation der Bedeutung eines Ausdrucks (eines Wortes,

Satzes oder Textes) gleich gut sein, sondern es wird nach der ‚richtigen' Interpretation gefragt, die in einer interindividuellen Situation wirklich erhellend und deshalb in ihr auch *besser* ist als der zu interpretierende Ausdruck allein oder als jede andere mögliche Interpretation. Wenn gesagt wird, zwei Ausdrücke hätten dieselbe Bedeutung, wenn sie ohne Veränderung des Wahrheitswertes gegeneinander ausgetauscht werden können, ist dagegen davon abgesehen, daß das Austauschen und die Variation von Ausdrükken selbst von Bedeutung sein soll (Bloomfield Language, 247-263). Es ist von der wirklichen Artikulation der Rede abgesehen.

Die ästhetische Deutlichkeit betrifft die Frage der Wahl des ‚richtigen' Ausdrucks. Sie bezieht sich darauf, daß verschiedene Zeichen, die nach analytischen Begriffen ‚dasselbe' bedeuten und also nur sinnlich voneinander unterschieden sein sollen, doch nicht äquivalent sind. Der Sinnlichkeit am Zeichen wird Bedeutung zuerkannt. Die Grenzen zwischen Semantik und Stilistik geraten in Bewegung. Die auf die Sache selbst abzielende Wahl des ‚besten' Ausdrucks orientiert sich an der Sinnlichkeit der Zeichen, die nur noch ästhetisch deutlich voneinander unterschieden werden können. In dieser erweiterten Sprachbetrachtung gilt mithin das sprachtheoretische Axiom von der Arbitrarität der Zeichenrelation nicht. Deshalb kann von der Zeichenrelation nun gesagt werden, daß sie, je nach Sprachbetrachtung, arbiträr und nicht arbiträr ist (Platon Krat.). Die These von der Arbitrarität der Zeichenrelation gilt unter der Perspektive, daß ein Ausdruck in seiner Bedeutung fraglich und deshalb seine Ersetzung durch einen anderen, nicht fraglichen Ausdruck notwendig erscheint und somit auch als möglich gelten muß. Die entgegengesetzte These von der Nichtarbitrarität der Zeichenrelation gilt unter der Perspektive, daß von Ausdrücken, die nach der ersten These ohne Veränderung der Bedeutung ausgetauscht werden können, der eine doch adäquater oder besser sei als der andere, ohne daß dieser Unterschied wiederum allgemein ‚erklärt' werden könnte.

Die logische Analyse verliert sich, wenn auch nach der Analyse der analysierenden Ausdrücke gefragt wird, diskursiv ins Unendliche. Hegel spricht hier von „schlechten Unendlichkeiten". Aber schon Leibniz unterscheidet zwischen symbolischer und intuitiver Erkenntnis. Das Symbol steht ‚für' etwas, dessen voller Bedeutung sich die Aufmerksamkeit im Moment nicht zuwendet und die sie sich deshalb auch nicht *vorzustellen* versucht. Es markiert sozusagen nur eine Stelle in der Kette der analysierenden Ausdrücke. Husserl spricht von rein „signitiven Intentionen", die zwar „am Sinnlichen des Ausdrucks" einen „intuitiven *Anhalt*", aber „darum nicht einen intuitiven Inhalt" haben (Husserl LU II 2, 53 f.). Das Symbol läßt offen, ob eine weitergehende Analyse ‚seiner' Bedeutung notwendig und in adäquater Weise möglich ist oder nicht. Symbolisch sind in einem sprachlichen Zusammenhang also alle Ausdrücke, die wohl in referentieller Absicht benutzt werden, über die die volle Aufmerksamkeit aber hinweggleitet, weil sie nur von funktionaler Bedeutung innerhalb einer Auseinanderlegung sind. Die Aufmerksamkeit wendet sich ihnen nicht weiter zu, aber sie könnte es sehr wohl, falls eine weitere Auslegung nötig erscheinen sollte. Schon deshalb könnte, in der Terminologie von Leibniz gesprochen, eine Erkenntnis selbst dann, wenn sie „adäquat" wäre, nicht auch „vollkommen" (perfekt) sein. „Vollkommen" nennt Leibniz eine Erkenntnis, die sowohl adäquat als auch intuitiv, d. h. an keiner Stelle ihres Kontextes symbolisch ist oder in der alle Begriffe *zur gleichen Zeit* und in gleicher Ursprünglichkeit vollkommen deutlich sind. Gefordert ist eine gleichzeitige Aufmerksamkeit auf einen unendlichen Zusammenhang. Das muß natürlich ein unerreichbares Ideal bleiben. (Diese sprachphilosophische Reflexion führt auch die platonistische Philosophie der Kunst von der Intention auf Vollkommenheit über in eine Ästhetik der individuellen Produktion von möglicherweise verstehbaren, aber in ihrer Bedeutung nicht mehr ‚erklärbaren' Werken.) Trotz der Unerreichbarkeit des Ideals brauchen wir nicht zu verzagen, weil wir ja durchaus partiell über die Fähigkeit zur intuitiven Erkenntnis verfügen, nämlich dann, wenn ein neuer Sprachgebrauch, der vom Gewohnten her seltsam erscheinen müßte, unmittelbar verstanden wird, ohne daß er sich durch eine Zurückführung auf den gewohnten Sprachgebrauch erklären ließe. In diesem Fall erledigt sich jeder Versuch der *Reflexion* in der analytischen Richtung und mithin auch das Ideal des Gelingens einer solchen Reflexion. Das ‚ästhetische Ideal' wäre dagegen in einer Rede erfüllt, in der kein Ausdruck mehr erklärungsbedürftig erschiene und alles nur Symbolische sich in ästhetische Deutlichkeit aufhöbe. In sprachlichen Kurzformen (z. B. in der Lyrik) kann sich dieses Ideal subjektiv erfüllen. In längeren Texten bleibt nur das Verfahren der gegenseitigen Beleuchtung der Textteile in der Folge der Zeit. Solche semantisch relevanten Unterschiede der Kürze oder Länge von Texten lassen sich nur auf dem Boden einer ästhetischen Sprachbetrachtung und nicht in einer analytischen ‚Textlinguistik' erhellen. Das gilt auch für alle Überlegungen, die sich auf das Verhältnis von Sprache und Zeit beziehen und das Utopische des analytischen Sprachideals nicht nur konstatieren, sondern auch praktisch in Rechnung stellen, indem sie den Fragen der formalen Gestaltung und der Verdichtung der Rede auf das *in Grenzen nicht utopische ästhetische Ideal* hin

Bedeutung zuerkennen. Die Zeit ist unter diesem Aspekt nicht nur die „Einbildungskraft des Dichters" (Staiger Zeit). Sie ist in allem Sprechen die Instanz, der gegenüber sich entscheiden muß, ob die Explikation in einer sprachlichen *Form* so zu einem Ende gebracht werden kann, daß zum Schluß ästhetische Deutlichkeit darin besteht, daß sich Versuche der weiteren Explikation zumindest im Moment erübrigen. In diesem Fall wäre die Zeit durch die Form „getilgt" (vgl. Hegel Phän., 558). Bedeutung löste sich nicht in einem an sich endlosen Räsonieren auf. Der Sprachgebrauch hätte den Ausweis seiner ‚Berechtigung' in ihm selbst, denn das Subjekt hätte in diesem Gelingen der Form zugleich das Bewußtsein der Adäquatheit seines Vermögens oder sein Selbstbewußtsein.

# VII. Sprache und Begriff des Menschen

## *1. Existentiale Sprachtheorie*

Das ästhetische Sprachideal, das philosophiehistorisch mit der Konzeption des Begriffs einer der logischen entgegengesetzten ästhetischen Deutlichkeit seine Ausprägung fand, verweist auf den Zusammenhang von Sprache und Freiheit. Sprachliche Freiheit kann zunächst negativ bestimmt werden, nämlich als Sprachgebrauch, der nicht von außen, z. B. durch das bloße „Gerede" (Heidegger SZ, 167–170) in gängigen Bahnen, geregelt erscheint. Die Einsicht, daß die geregelte Berechtigung nur als Schein bestehen kann, weil ihre Begründung notwendig an irgendeiner Stelle abgebrochen werden muß, rechtfertigt die Voraussetzung individueller Freiheit auch im Gebrauch der Sprache und sogar dort, wo sie in einem unmittelbaren Sinn *bedeutend* wird. Freiheit ist hier als Freisein von der Möglichkeit einer erklärenden Begründung und damit von der nur äußeren Bestimmtheit des Sprachgebrauchs erfahren. In dieser Erfahrung erfährt das Subjekt eine unmittelbare, weil letztlich nicht begründbare Adäquatheit seines Sprechens. Es weiß sich unmittelbar berechtigt, Welt so zu artikulieren, wie es es faktisch tut. Als Kriterium bleibt nur der Anschein intersubjektiv gelungener Verständigung, wie er sich mit der Antwort anderer einstellt, die sich auf den Sprachgebrauch verstehend einlassen. Es muß offen bleiben, ob das mehr als nur Anschein ist und ob sich die Subjekte ‚im Selben' verstanden haben. Daß dies offen bleiben muß, bringt sowohl die

Individualität der Beteiligten als auch den ontologischen Vorrang des Sprechens in seinem faktischen Gelingen vor dem Begriff von zugrundeliegenden Sachverhalten zur Geltung.

Hegel hat diese wirkliche Kraft des Sprechens, als die Kraft des Sicheinlassens auf die freie Akzeptation durch andere vor aller Möglichkeit, im Begriff einer objektiven Gültigkeit der eigenen Rede Gewißheit zu haben, mit dem Tod des Individuums verglichen. „Die wahre Aufopferung des *Fürsichseins* ist ... allein die, worin es sich so vollkommen als im Tode hingibt, aber in dieser Entäußerung sich ebensosehr erhält." „Diese Entfremdung aber geschieht allein in der Sprache, welche hier in ihrer eigentümlichen Bedeutung auftritt." „In ihr tritt die *für sich seiende Einzelheit* des Selbstbewußtseins als solche in die Existenz, so daß sie *für Andre* ist. Ich als dieses *reine* Ich ist sonst nicht *da*." (Hegel Phän., 362) In allen anderen Verhaltensweisen ist es entweder nicht *reines* Ich, d. h. es verhält sich nach irgendwelchen allgemeinen Normen oder Schemata, *als* dieses oder jenes, *als was* es für andere jeweils (deutlich) ist, oder es ist (für andere) nicht *da* und bleibt rein innerlich. Im Sprechen dagegen ist es für andere und zugleich reines, d. h. nicht von einem Allgemeinen her bestimmtes und also individuelles Ich. „Daß es vernommen wird, darin ist sein *Dasein* selbst unmittelbar *verhallt*." (363) Sein Dasein bleibt nicht, als irgend etwas prädikativ Bestimmbares, bestehen. Es ist insofern nicht Teil der Natur, so wie sie in einer sprachlich-begrifflichen Einteilung von einem subjektiven Standpunkt aus konstituiert wird. Es entzieht sich, indem es vernommen wird, unmittelbar der Subsumtion unter ein Allgemeines und ist insofern kein natürliches objektives Dasein. Das in seiner Äußerung ebenso unmittelbar verhallende Dasein ist das des Geistes. Es ist weder Teil noch Fall *von* etwas, noch

Element einer Klasse. Solche Begriffsverhältnisse entsprechen Strukturmomenten seiner Sprache, in der es sich auf Natur bezieht. Aber sie betreffen nicht es selbst in seinem eigenen „Dasein". Es entzieht sich an ihm selbst allem Reden im Sinne des Redens über etwas, also aller Gegenständlichkeit mit ihren Gliederungen. Es ist nur dadurch „Ich", daß es ein in seiner Äußerung zugleich verhallendes (sprachliches) Dasein ist. Das zeitlich-ästhetische Moment wird entscheidend: Die Äußerung macht unmittelbar anderer Äußerung Platz, sowohl der Antwort anderer als auch ihrer Aufhebung als einer finiten Bestimmung, etwa durch ihre sie weiter explizierende Fortsetzung, ohne daß es *von der Sprache her* je zu einem Abschluß solcher aufhebenden Fortsetzungen kommen müßte. Die Definitheit der Bestimmung geschieht aus anderen (pragmatischen) Gründen. „Ich" als solches kann immer weiter bestimmen, indem es schon geschehene Bestimmung umbestimmt, selbst wenn es dabei zu Widersprüchen kommt. Ein Widerspruch ist wesentlich nur in Äußerungen zu konstatieren, insofern sie *als* abgeschlossen genommen werden und die Bedeutungen *als* endgültig interpretiert (als ‚symbolisch') gelten. Der konstatierte Widerspruch kann deshalb nicht das „Ich" betreffen. Für es kann nicht feststehen, wie es *selbst* seine Äußerungen versteht bzw. noch durch den weiteren Gebrauch auslegen wird. Sonst wäre „Ich" selbst als endgültig bestimmt, als Teil der Natur und nicht als Geist angesehen. Man könnte nicht mehr ‚weiter' *mit* ihm sprechen wollen. Es wäre nur noch, was es *für andere* ist, ohne die kommunikative Differenz zu dem, was es *für sich* ist. Das Körper-Geist-Problem wird (etwa bei G. Ryle *1949*, 11–24) sprachanalytisch dadurch aufzulösen versucht, daß auf Substantivierungen von „ich" hingewiesen wird, durch die es überhaupt dem Körperlichen entgegengesetzt werde (vgl. auch Tugendhat *1979*, 23f. u. a.). Diese Position bekommt jedoch das *Dasein* von Subjektivität in seinem Unterschied zu dem Dasein von Gegenständen nicht in den Blick.

Die Sprache ist in dieser existentialen Betrachtung mehr als ein Mittel der Verständigung zwischen Subjekten, die auch außer ihrem Sprechen „da“ wären. „In ihrer eigentümlichen Bedeutung“ ist sie das *Dasein* von subjektivem Sein, von „Ich“ überhaupt. „Ich“ ist für andere überhaupt nur „Ich“, indem es spricht, nicht als Gegenstand. In der Sprache hat es sein (geistiges) Sein als Voraussetzung dafür, daß andere sich mit ihm in den Versuch einer Verständigung einlassen. Insofern ist es in ihr zugleich in einem Verhältnis zu anderen *und* zu sich selbst. Es ist als einzelnes zugleich allgemeines. Das Wort hat hier aber nicht die Bedeutung eines umfassenden Allgemeinen. Es verbindet die Individuen vielmehr *als solche* nur dadurch, daß es sie nicht extensional als Fälle unter einen gemeinsamen Begriff subsumiert, sondern daß sie als (extensionales) „Dasein“ unmittelbar „verhallen“. Ihr Dasein, „als selbstbewußtes Jetzt“, ist, „wie es da ist“, zugleich „nicht da“ (Hegel Phän., 363). Das eine verschwindet gegenüber der Subsumtion ‚unter‘ den Begriff des anderen; nur in dieser Negativität ist es als *selbstbewußtes* Ich jetzt da, und nur in der Gegenseitigkeit oder Wechselseitigkeit eines solchen negativen Füreinanderseins sind die einzelnen Ich zugleich allgemeine und füreinander ‚dasselbe‘. Das unmittelbare Sich-Aufheben der Extensionalität bedeutet die Intension als „Ich“. In dieser negativen Einheit von Intension und Extension ist „Ich“ (der „existierende“) *Begriff* (vgl. Simon *1978*, 213–227).

Der Sprache ist in keiner anderen Philosophie eine gleichartige existentiale Bedeutung zuerkannt worden, selbst nicht bei Heidegger. Deshalb können diese Hegelschen Ausführungen über den Zusammenhang von Ich-Begriff und begrifflich prädikativem Sprechen in dem Versuch einer systematischen Darstellung der Sprachphilosophie nicht übergangen werden. Bei Heidegger ist die Sprache, zumindest in„Sein und Zeit", nur eine Weise der Uneigentlichkeit, in der das „Dasein" am „Gerede" des „Man" partizipiert (Heidegger SZ, 167–170). Sie ist Bedeutungen *vorgebende* Instanz des geltenden Allgemeinen. Sein „eigentliches Seinkönnen" hat das „Dasein" hier dagegen in seinem „Vorlaufen" zum Tode, im „Sein zum Tode" als der Möglichkeit, sich vorweg auf den eigenen Tod zu beziehen und sich darin aus allem allgemein zu Besorgenden und Geltenden herauszuziehen, um „es selbst" sein zu können (260–267). Das zielt auf das Gegenteil von Sprechen, auf das Schweigen. Schweigen kann ausdrucksvoll sein. Aber Heidegger meint ein einseitiges Sich-nicht-Einlassen auf das allgemein Geltende. Insofern gewinnt das „Dasein" im Sinne Heideggers kein „Dasein" im Sinne Hegels. Es ist nicht dadurch es selbst, daß es für andere ist. Aber auch nach Hegel ist es dies nur im sprachlichen und nicht in anderem Verhalten zu anderen, weder in der „Handlung" noch in „seinem physiognomischen Ausdrucke" (Hegel Phän., 362). Solches „unvollständige Dasein" seiner selbst läßt es „entseelt liegen". Es zieht sich aus ihm zurück, weil es sich davon unterscheidet und unterschieden wissen will. Das gilt auch für die Sprache, insofern sie auch *als* Handlung, z. B. als bestimmbarer „Sprechakt" (s. u. S. 234ff.), betrachtet werden kann. Dagegen besteht umgekehrt der Sprachcharakter der Handlung darin, daß sie „verziehen" (vgl. Hegel Phän., 470) werden kann, indem die scheinbare Endgültigkeit der Handlungsfolgen in die interindividuelle Sprachlichkeit des sich als geistiges Dasein anerkennenden Füreinanderseins aufgehoben und das Ich nicht mit der Positivität der festgestellten Handlungsfolgen gleichgesetzt wird. Nach seiner Handlung (oder seiner Physiognomie) *beurteilt*, wäre es als Gegenstand und damit als Teil der Natur konstituiert.

In diesem dialektischen Begriff der Sprache, genauer des Sprechens, ist der abstrakte Gegensatz zwischen konstituierender Subjektivität und konstituierter Objektivität überwunden. Das Subjekt ist nicht nur „transzendental", d. h. als vorauszusetzende Bedingung der Möglichkeit von Objektivität überhaupt reflektiert. Es ist selbst (für andere) *da*, als selbstbezogenes Subjekt und Objekt zugleich. Seine ‚Objektivität' ist Grenzfall der zeitlichen Extension für andere. Sie hat eine Extensionalität, die überhaupt nur anzuschauen ist, indem sie zugleich *als* etwas, nämlich als die Äußerung von anderer Subjektivität, begriffen ist. Es handelt sich um eine untrennbare und in diesem Sinn ursprüngliche Einheit von Extension und Intension. Die Extension besteht nur darin, daß sie zum Bewußtsein bringt, daß sie *für* andere Subjektivität ist, in der sie wesentlich *anders* (in anderer Intension) aufgefaßt sein kann. Sonst wäre sie nicht für *andere* Subjektivität, sondern, als Objekt, für Subjektivität *überhaupt* da. Daß sie nicht als ein zeitlich extendierter (‚erscheinender') Gegenstand, sondern nur als verschwindendes Jetzt da ist, ermöglicht es also erst, daß sie überhaupt als Subjektivität, als etwas von sich aus Tätiges, (für andere) *da* ist, d. h. gewußt sein kann. Die selbstbewußte „Kraft des Sprechens" ist demnach Bedingung der Möglichkeit nicht nur des Wissens von anderer Subjektivität, sondern auch der *Reflexion* der eigenen. Selbstbewußtes Sprechen, das ursprünglich darin Selbstbewußtsein ist, daß es sich in seiner Äußerung „so vollkommen als im Tode" dem (anders) Verstandenwerden durch andere Subjektivität hingibt, *weiß* sich selbst als Subjektivität erst in dieser

Äußerung. In der Ungewißheit der Anerkennung und des Verstandenwerdens durch andere erfährt es seine eigene Subjektivität als etwas Allgemeines, d. h. überhaupt als ‚etwas' (vgl. Liebrucks *1964 ff. V*, 206 f.).

Auch nach Gadamer ist Verstehen *wesentlich* und nicht nur als mißlingendes Verstehen „anders verstehen" (Gadamer *1960*, 280). Dies liegt im Wesen der Zeichenrelation. Das sprachliche Zeichen ist erst dadurch Zeichen, daß es von *anderen* als denen, die es setzen, *verstanden* wird. Es hat Subjektivität zur Bedingung seines Seins als Zeichen. Für das Zeichenverstehen ist keine allgemeine, transzendentale Subjektivität maßgebend. Man kann letztlich keine Regel angeben, von der aus es gesteuert oder konstituiert wäre. Solche Regeln müßten wiederum anfänglich in ihrem zeichenhaften Dasein, d. h. als Äußerung von setzender Subjektivität, verstanden werden. Am Anfang kann keine Regel stehen, sondern nur ein ursprüngliches Zeichenverstehen mit seiner subjektiven Ungewißheit, die noch keine Regel stabilisiert. *Daß* Sprache interindividuell verstanden wird, also als Sprache Wirklichkeit hat, ist der absolute Anfang. Es ist als Prinzip allen Selbstbewußtseins und damit auch aller Objektivität zu denken, die durch die *Voraussetzung* von Ich (oder transzendentaler Subjektivität) in einem Kantisch kritischen Sinn erst als *möglich* zu denken ist.

### 2. *Anthropologische Ursprungstheorien*

Daß Sprache verstanden wird, bleibt auch Voraussetzung für alle genetischen Erklärungen ihres Ursprungs. Dies gilt besonders für *Sprachursprungstheorien*, wie sie vor allem in der Aufklärungsphilosophie entstanden sind, um das Faktum der Sprachlichkeit des menschlichen Weltumgangs rational zu begründen und dadurch im Verstand aufzuheben. Philosophisch können Sprachursprungstheorien heute nur noch als Beispiele einer systematisch überholten historischen Reflexionsform interessieren. Daß Sprache verstanden wird, kann im Prinzip durch keine angebbare Regel sichergestellt werden. Erst mit dem faktisch gelungenen *Resultat* der Kommunikation hat man etwas Verbindliches, weil faktisch Akzeptiertes an der Hand, das, als etwas zumindest dem Anschein nach umfassend Allgemeines, sich in Erklärungen mit dem Modus der Notwendigkeit als Prämisse verwenden läßt. Theorien über die ‚Erfindung' der Sprache durch den Menschen setzen schon die Möglichkeit voraus, in einem *objektiven* Sinn über einen nichtsprachlichen Zustand des Menschen zu sprechen, d. h. ihm eine objektive Natur anthropologisch zuzuschreiben. Aus dieser vorausgesetzten Natur heraus muß sich der Mensch selbst die Sprache erfunden haben können, wenn die ‚Erklärung' gelingen soll. Sprachursprungstheorien dieser Art bleiben mithin von der Anthropologie der jeweiligen Zeit abhängig. Wenn eine Anthropologie davon ausgeht, das Wesen des Menschen bestehe in der Vernunft, dann muß zu verstehen versucht werden, wie aus Vernunft Sprache habe „erfunden" werden können.

Die Herdersche Schrift über den Ursprung der Sprache geht tatsächlich in der Beantwortung der Frage, ob „die Menschen, ihren Naturfähigkeiten überlassen, sich selbst Sprache" haben „erfinden können", von der Vernunft als Naturanlage des Menschen aus. Ihr erster Satz lautet: *„Schon als Tier hat der Mensch Sprache."* (Herder Ursprung, 3) Als Tier soll er schon eine Sonderstellung einnehmen, die die Vernunft („Besonnenheit") für ihn biologisch notwendig macht. Die Vernunft soll Fähigkeiten ersetzen, die ihm im Vergleich zu anderen Tierarten fehlen. Insofern ist sie selbst etwas Natürliches. Einerseits muß sie so beschaffen sein, daß sie biologische Mängel ausgleichen kann, andererseits so, daß sie erst in der Sprache ihren Begriff erfüllt, wenn dies ein Ansatz zur Erklärung des Sprachursprungs sein soll. Konsequenterweise kommt Herder zu dem Ergebnis, daß der Mensch von seinen „Naturfähigkeiten" her sich die Sprache nicht nur habe erfinden können, sondern habe erfinden *müssen*. Sonst wäre keine Erklärung aus der ‚Natur' gelungen, die Notwendigkeit impliziert und dadurch philosophischen Anforderungen genügt. Die bloße Möglichkeit der Spracherfindung setzte Freiheit oder Zufall voraus. Wäre Freiheit vorausgesetzt, dann wäre mehr als bloße Natürlichkeit vorausgesetzt. Wäre Zufall vorausgesetzt, dann hätte die Menschenart (in einem bei Herder noch nicht zu denkenden darwinistischen Sinn) zufällig durch die Mutation zur Sprachlichkeit überlebt. Sie hätte die Sprache nicht „sich selbst" erfinden können. Wenn sie sie aber erfinden *mußte*, dann war sie im Grunde immer schon sprachlich, und darauf läuft Herders Beantwortung der Frage letztlich auch hinaus. Der Mensch ist vom Wesen her oder als das, was er von Anfang an *gewesen* war, sprachlich.

### *3. Sprachwesen – Vernunftwesen*

In seiner Anthropologie knüpft Gehlen an die Herdersche Bestimmung des Menschen als Mängelwesen an. Im Unterschied zum Tier, das in seinen Antrieben artgesteuert sei, sei der Mensch „das noch nicht festgestellte Tier" und in diesem Sinn „unfertig" (Gehlen Mensch, 10). Er könne nicht handeln, ohne sein Wesen erst noch auslegend festzustellen oder zu deuten (vgl. auch Nietzsche N VII 2,

121). Der Mensch wird, wie die Tradition gesagt hätte, in seiner ‚Endlichkeit' nunmehr statt gegen das unendliche Sein Gottes oder einen ‚intellectus archetypus' gegen die ‚Vollkommenheit' der Tiere abgegrenzt und von daher als sprachbedürftig gedeutet. Die alte Frage der Theodizee wird damit zu der Frage, warum es „der Natur eingefallen" sei, „ein Wesen zu organisieren, das der ungemeinen Irrtumsfähigkeit und Störbarkeit des Bewußtseins ausgesetzt ist" (Gehlen Mensch, 13). Das ist mit der Freiheit der Imagination und Selbstinterpretation, also mit der des sprachbedingten Weltentwurfs identisch, die Gehlen mit einer biologischen Unfertigkeit des Menschen zu erklären sucht. In dieser Anthropologie verdeutlicht sich der Mensch im Kontrast zu der Fertigkeit, die wir über biologische Theorien den Tieren zuschreiben. Die *Unterscheidung* vom Tier ist der anthropologische Ansatz Gehlens. Er muß zu einem offenen Begriff des Menschen führen, soweit es seine spezifische Differenz zum Tier betrifft. In diese Bestimmungslücke muß dann die Sprache eintreten. Auf sie hin muß demnach auch die rein animalische Ausstattung schon zugeschnitten sein.

Bereits Hamanns Bemerkungen zum Sprachursprungsproblem stellten den Menschen zwischen die Aspekte einer Vollkommenheit Gottes und einer ‚Vollkommenheit' der Tiere. Der Mensch entspricht beidem nicht, d. h. seine ‚Art' liegt außerhalb der Bestimmbarkeit durch einen Begriff von vorausgesetzter Vollkommenheit, dem er entsprechen sollte. Der Begriff des Menschen liegt in der Freiheit gegen vollkommene Begriffsbestimmtheit, ob nun der Versuch dazu ‚über' ihm, bei einem theologischen Gottesbegriff, oder ‚unter' ihm, bei einem naturwissenschaftlichen Tierbegriff, ansetzt. Beide Ansätze sind Auslegungen, die voraussetzen, daß der Mensch sprachlich ist, und die damit gerade die Unbestimmbarkeit vom jeweiligen Ausgangspunkt her implizieren. Daß der Mensch im Wesen sprachlich sei, bedeutet die Unbeantwortbarkeit der Frage nach einem Sprachursprung innerhalb der Menschheitsgeschichte. Auf diese Vorgeschichtlichkeit der Sprachwerdung im Sinne ihrer philosophischen Unreflektierbarkeit hat zuerst Hamann, dann Hegel (Hegel Phil. Gesch., 100) hingewiesen. Hamann beschäftigt vor allem die Frage, ob Vernunft Sprache *ist*. Das vorauszusetzen, hätte im Anschluß an Herder nahegelegen. Aber die Sprache selbst unterscheidet semantisch zwischen Vernunft und Sprache. Sie läßt damit die Identifizierung wie auch die Trennung zu. Der Begriff des Menschen als Vernunftwesen setzt den Menschen als selbstbewußtes, vernünftiges Wesen voraus. Er subsumiert unter einen als deutlich geltenden allgemeinen Begriff (der Vernunft). Die Reflexion auf die Sprachlichkeit beinhaltet dagegen, daß Menschen sich immer erst als „selbstbewußtes Jetzt" (s. o. S. 184) in gelingender Anerkennung *erfahren* müssen und ‚die' Vernunft, im Sinne eines die ganze Art ‚anthropologisch' umfassenden Wesensbegriffes, in dem Maße verlieren, in dem sie *nicht* von anderen verstanden werden. Vernunft und Sprache stehen für Hamann in diesem sprachlichen Spannungsverhältnis, in dem die Voraussetzung von Vernunft nur im Einklang mit ihrer Erfahrung bestehen bleibt, aber nicht als das Apriori aller möglichen Erfahrung gedacht werden kann. Dies ist auch der Kern der Hamannschen Kantkritik. Kant setzt die Verbindlichkeit einer reinen Grammatik der ‚Sprache' der Vernunft vor aller Erfahrung *voraus*. Nach Hamann hat er damit „den bisher gesuchten *allgemeinen Charakter einer philosophischen Sprache als bereits erfunden, im Geiste geträumt*" (Hamann Werke III, 289). Der Ausgang der Philosophie von einem „Instrumentarium" der Vernunft versteht ‚Vernunft' als etwas Vorauszusetzendes, Gesichertes, das in einer transzendentalen Reflexion beschreibbar sein soll. Für Hamann ist dagegen eine solche Vernunft, die mit der Sprache ihrer Beschreibung zu erfassen wäre, nicht a priori gesichert. Eine auf sie hin adäquate Sprache ist noch nicht „erfunden“. Sie wird niemals so erfunden sein oder zur Verfügung stehen, daß damit menschliche Vernunft in einer erfahrungsfreien Wesensbestimmung deutlich erfaßt werden könnte. Vielmehr wird sich immer neu zeigen müssen, ob Vernunft sich als solche verstehen kann, d. h. ob sich ihr intensional vorausgesetzter Begriff erfüllt und ob ‚Ich‘ in seiner Sprache als Ausdruck der Vernunft Anerkennung dadurch *findet*, daß ‚es‘ von anderen vernommen wird, oder ob seine Sprache nur Naturlaut oder allenfalls reine Expression im Sinne von ‚Tiersprachen‘ (Symptom statt Symbol) bleibt. Da dies nicht a priori sicherzustellen ist, wird Vernunft zu einer Sache der Erfahrung. Das Subjekt wird zum Subjekt von „Sinnen und Leidenschaften“, die „nichts als Bilder“ „reden und verstehen“ (Hamann Werke II, 197), weil es seine Vernunft und damit eine nach *allgemeinen* Kriterien als vernünftig anerkannte Sprache erst *finden*, bzw. sich in jedem Augenblick neu *erfinden* oder entwerfen muß. Es kann sie aber nicht rein von sich aus erfinden. Es setzt sich, indem es dies versucht, anderem Verstehen aus. Da dessen Verwirklichung ohne apriorischen Begriff ist, ist Sprache, insofern sie ist, individuell. Insofern ist sie „Bild“. Der Begriff des Bildes meint eine Sinnlichkeit, die ohne Regel oder ohne Begriff als Ausdruck von Subjektivität oder als Sprache und nicht *nur* als Sinnliches tatsächlich verstanden wird. Insofern liegt im sinnlichen und leidenschaftlichen Produzieren und Verstehen von Bildern der Ursprung der Sprache. „Poesie ist die Muttersprache des menschlichen Geschlechts“ (ebd.), nicht nur in der Vorgeschichte, sondern zu jeder Zeit, zu der ‚Ich' als „selbstbewußtes Jetzt“ oder als selbstbewußtes Sprechen sich in der Leidenschaft seiner Selbsterfahrung und seiner Anerkennung als Vernunft „so vollkommen als im Tode“ *äußert*, d. h. an die Ungewißheit sprachlichen Gelingens *entäußert*. Die Existenz des selbstbewußten Geistes wird für Hamann zur (dramatischen) Existenz als „Autorschaft“ in einem grundlegenden Sinn.

Die Sprache ist auf dieser Reflexionsstufe im Wesen ästhetisch. Das gilt hier ebensogut für die menschliche Selbsterfahrung als Vernunft. Vernunft ist keine begriffliche Voraussetzung, sondern ein Selbstbegriff aus geschehener und gleichwohl weiterhin notwendig bleibender geschichtlicher Erfahrung. Von da her ist sie nicht nur „a priori“, sondern auch „a posteriori“. Sie ist etwas *in ihrem Gelingen Gegebenes* und insofern weder dem Menschen in einem möglichen Selbstbegriff a priori vorausgesetzt noch vom Menschen bewirkt, sondern permanent göttlichen Ursprungs.

Diese Philosophie der Sprache kann nicht als irrationalistisch bezeichnet werden. Sie verdankt sich einer Erfahrung der Gefährdetheit vorausgesetzter Vernunft. Die abstrakte Voraussetzung der Vernunft im Rationalismus setzt sie als nicht bedingt und damit als nicht von einem anderen Begriff her bestimmbar oder definierbar voraus. Kant faßt sie entschieden im Begriff der nicht zu objektivierenden *Freiheit*. Ihr transzendentalphilosophischer Begriff soll, als Bedingung der Reflexion, selbst aller Reflexion entzogen sein. Insofern bleibt sie, als ein übergegenständlicher Gegenstand, auf der Ebene der transzendentalen Reflexion vorausgesetzt und in diesem Begriff dogmatisiert. Hamann wendet ‚metakritisch' gegen Kant ein, daß auch diese Voraussetzung ihre (anerkannte) Sprache gefunden haben muß, zumal sie sich einer sehr gewagten Sprache bedient. Deshalb vergleicht er Kants Vernunftphilosophie auch mit einem Kunstwerk, das die „*Biederkeit* der Sprache“ *verarbeitet* habe (Hamann Werke III, 285). Der ‚normale‘ Sprachgebrauch wird zu transzendentalen Reflexionen verarbeitet, in denen vom „transzendentalen Subjekt“ und vom „transzendentalen Gegenstand“ *die Rede sein* kann, die beide keine Gegenstände im ‚normalen‘ Sinn sein sollen und folglich nur auf der Ebene eines transzendentalen Sprachgebrauchs zu unterscheiden und zu begreifen sind. Nur auf dieser allein in der Sprache zu befestigenden Ebene kann die Vernunft ‚etwas‘, nämlich etwas anderes als ‚Gegenstand‘ sein. Dies ist ein normalerweise nicht vorgesehener, von der vorausgesetzten Grammatik der ‚normalen‘ Sprache her nicht möglicher, aber dennoch wirklicher Sprachgebrauch, der sich statt von einer reflektierbaren Regel nur von seiner erfolgten Akzeptation her verstehen läßt. (Vgl. die Bemerkungen zum Leib-Seele-Problem, o. S. 183.) Philosophie ist nur möglich, wenn sie, so wie die Kunst, von einer im Wesen ästhetischen Sprache her möglich ist. Daß Philosophie in diesem Verständnis, wie von einem analytischen Ansatz her gesagt wird, ‚Dichtung‘ sei, ist damit nicht behauptet. Die Nähe zur Kunst in ihrem Verhältnis zur Sprache kann aber nicht mehr als sprachkritischer Einwand gegen die Philosophie vorgebracht werden, wenn die Reflexion auf das Angewiesensein der Philosophie auf gelingende Sprache als Resultat einer „metakritischen“ Reflexion verstanden werden muß. – Bemerkenswerterweise gelangt R. Rorty (Rorty *1979*) im Anschluß an eine kritische Auseinandersetzung mit der rationalistischen Tradition und mit der gegenwärtigen sprachanalytischen, vor allem amerikanischen Philosophie zu ähnlichen Resultaten, allerdings ohne die Nähe zu sprachphilosophischen Ansätzen bei Hamann, Humboldt, Hegel oder auch bei

Nietzsche zu thematisieren. Diese Tradition kommt bei Rorty nur in ihren Auswirkungen bei Heidegger, Gadamer und Sartre zur Sprache.

Nietzsche versteht Begriffe als geronnene *Metaphern* (Nietzsche Wahrh., 377 f.). Der ursprüngliche, erste Gebrauch ist, auf Sprache als schon festgelegtes System bezogen, immer der *andere*, abweichende Gebrauch, den man vom Gesichtspunkt eines als intersubjektiv geregelten, normalen Gebrauchs her als metaphorisch bezeichnet. Aber dieser ‚normale' Gesichtspunkt ist das Sekundäre. Er versteht sich vom *Resultat* gelungenen interindividuellen Verstehens her.

Alles Zeichenverstehen ist so lange metaphorisch, wie es noch nicht von angebbaren Regeln der Semantik her *erklärt* werden kann. Es kann nur erklärt werden, wenn die Erklärung von Bedeutungen schon akzeptiert ist, so daß man sich im Erklären darauf als auf eine ‚Regel' beziehen kann. Die Regel ist eine nachträgliche *Reflexionsform* der Sprache. Nach Nietzsche hält der Bezug auf Regeln die Sprachkraft nieder, wenn er zur *Voraussetzung* des Sprachvermögens umgedeutet wird. Nennt man den Inbegriff solcher Reflexionsform auf Sprache ‚Grammatik', so ist eine Grammatik der Inbegriff einer den Individuen theoretisch vorausgesetzten allgemeinen Bedingung ihrer Möglichkeit, sich und die Welt sprachlich zu verstehen, also der Unmöglichkeit, sich und andere *als* Individuen zu verstehen. So sieht Nietzsche dann auch in diesem grammatischen Sprachbegriff die Substanz allen theologischen Denkens: „Ich fürchte, wir werden Gott nicht los, weil wir noch an die Grammatik glauben." (Nietzsche GD, 72) Mit der Grammatik, verstanden als Bedingung der Möglichkeit des Sprechens, wird der Begriff einer ‚normalen', von Regeln geleiteten Sprache zum Begriff der Sprache schlechthin. Er lastet nach Nietzsche „auf der ganzen menschlichen Entwicklung" (Nietzsche WB, 27), weil er das Selbstverständnis des Menschen betrifft. Analoges gilt für die „transzendentalgrammatische" Bestimmung des Denkens oder der Vernunft als „Vermögen" von Regeln als Urteilsformen. – Nietzsches Gott der Grammatik ist nicht derselbe Gott wie der, von dem her die Sprache bei Hamann göttlich ist. Er ist der Gott der Normalität, einer umgreifenden ‚Konvention', die gewissen Zeichen eindeutig Bedeutungen zuordnet und von da aus zu dem Begriff der Wahrheit als Übereinstimmung zwischen der Ordnung der Zeichen und der des Bezeichneten gelangt. Nietzsche sieht in diesem Willen zur Festsetzung nach Regeln den Grundzug der Metaphysik als den stärksten Willen zur Macht, der alternative Subjektivität ausschließen und sich in der bisher erfahrenen Subjektivität und Freiheit festsetzen und steigern will, so daß er sich von da aus als Ich wissen und behaupten kann.

# VIII. Gegenständliche Sprachbetrachtung

## *1. Sprache und Grammatik*

Der späte Heidegger fordert sogar eine „Befreiung der Sprache aus der Grammatik“ (Heidegger Wegm., 146). Das mutet seltsam an. Es scheint keine Sprache ohne Grammatik geben zu können, da sie doch einer Regelung bedarf, um überhaupt verständlich zu sein. Aber zum Verständnis solch eines Satzes ist mehreres zu unterscheiden.

Die Versuche einer semantischen Reduktion von grammatikalischer Sprache auf die Sprache von Logikkalkülen, um diese dann umgekehrt als Basis für die Transformation in einzelsprachlich-grammatikalisch korrekte Sätze zugrunde legen zu können, unterstellen geradezu eine prinzipielle semantische Belanglosigkeit der Grammatik, ja sogar die Notwendigkeit, im Akt des Verstehens das Grammatische zu übergehen und *dadurch* den semantisch-logischen Gehalt rein zu erfassen. Diese Versuche zielen auf eine Universalgrammatik einer jeden denkbaren Sprache, wenn sie sich auch selbst in der Praxis immer einer Sprache bedienen müssen, die sich z. B. an den Bau indoeuropäischer Sprachen mit ihrer fundamentalen Unterscheidung von Subjekt und Prädikat als obligatorischen Satzgliedern anlehnt. Es ist ein Sprachbegriff unterstellt, von dem aus sich an den wirklichen Sprachen im Grunde überflüssige, oberflächlich-ästhetische Eigenarten finden, die sogar irreführend sein sollen (Mc Cawley *1972*).

Wenn auch Humboldt sich schon Gedanken über das Verhältnis zwischen einer allgemeinen Struktur der menschlichen Sprache als ihrem „intellektuellen Verfahren“ (Humboldt Schriften VII, 86) und dem Bau der Einzelsprachen gemacht hat, so hat sich doch erst seit de Saussure in der Sprachwissenschaft eine dreifache Unterscheidung im Sprachbegriff eingebürgert: „*Langage*“ ist die menschliche Sprache schlechthin in all ihren Erscheinungsformen; „*langue*“ ist die einzelne Sprache als das „objet bien défini“, „qu'on peut étudier séparément“ (de Saussure Cours, 31); „*parole*“ ist das wirkliche Sprechen mit all seinen individuellen Zufälligkeiten, das als solches nicht Objekt einer Wissenschaft werden kann. Nur die „langue“ präsentiert sich als wissenschaftlich bestimmbarer Gegenstand. Es ist kennzeichnend für de Saussures ausgeprägtes Verständnis vom Wesen wissenschaftlicher Objekte, daß er sie als ein „irreales“ *System* bezeichnet, das sich einer bestimmten sprachwissenschaftlichen Axiomatik verdankt (s. u. S. 203) und sich – analog zur axiomatischen Geometrie – nur dadurch als System von Regularitäten von den vielfältigen Erscheinungsformen des Sprechens abhebt. Insofern wird hier nicht das System einer besonderen Sprache (langue) aus einer universalen Grammatik des menschlichen Redens (langage) abgeleitet, sondern vor dem Blick des Sprach*wissenschaftlers* konstituiert (vgl. auch u. S. 203 ff.). Der Ansatz der Transformationsgrammatik, „the grammar of a particular language“ durch „a universal grammar“ zu ergänzen (Chomsky *1965*, 6) und die Eigenarten einer besonderen Sprache von Regeln her zu verstehen, durch die eine allgemeine Struktur menschlicher Rede (langage) im *Sprechen* (parole) in die Struktur einer besonderen Sprache (langue) transformiert werde, hat eher zu Schwierigkeiten als zu Lösungen geführt. Die Schwierigkeiten resultieren vor allem aus der

Unmöglichkeit, *allgemeine*, von den einzelnen Sprachen unabhängige Semantikstrukturen als die Strukturen von Sprachinhalten anzusetzen, die in den einzelnen Sprachen, je nach ihrer Zugehörigkeit zu einer besonderen Semantikkategorie (wie z. B. zu der Kategorie der ‚belebten' oder der ‚unbelebten' Gegenstände), in einer von den Strukturen einer *allgemeinen* Grammatik abweichenden und durch zusätzliche Transformationsregeln determinierten Weise grammatisch zu repräsentieren seien. Es entsteht sofort das Problem, daß solche Semantikkategorien immer *in* einer bestimmten Sprache markiert werden müssen, sobald von ihnen die Rede ist (s. o. S. 110f.). Die Schwierigkeit liegt letztlich darin, daß Sprachen überhaupt nicht etwas, das sozusagen universalgrammatisch außerhalb ihrer schon kategorial geordnet wäre, nur auf ihre besondere einzelsprachliche Weise so repräsentieren, daß die Eigenart der Zutat abgetrennt werden könnte.

Coseriu schlägt eine weitere, über de Saussure hinausweisende Differenzierung vor (Coseriu *1975*, 11–101). Er unterscheidet zwischen „System" und „Norm". Das „System" kommt der „langue" im Sinne de Saussures nahe. Es versteht sich ausschließlich von den ‚Regeln' her, unter deren Voraussetzung eine Sprache als objektives (dem sie entwickelnden Eingriff entzogenes) Gebilde (wissenschaftlich) konstituiert wird. Das System ist der wissenschaftlich konstituierte Rahmen der prinzipiellen *Möglichkeiten*, innerhalb dessen sich das wirkliche Sprechen in einer Sprache bewegen soll. Die „Norm" ist dagegen die Ausfüllung dieses vorausgesetzten Rahmens durch die Sprachentwicklung, wie sie sich tatsächlich herausgebildet hat und für das wirkliche Sprechen der Individuen bestimmend geworden ist. Sie ist nicht aus dem „System" zu deduzieren. Das ist eine auch sprachphilosophisch wichtige Differenzierung. Die „Befreiung der

Sprache aus der Grammatik“ (s. o. S. 197) könnte von daher als Befreiung der Sprechenden von vorausgesetzten *Reflexions*formen verstanden und von einer Verletzung der eingespielten „Norm“, deren Beachtung wesentlich zur Faßlichkeit und damit zur Verständlichkeit der sprachlichen Äußerungen beiträgt, unterschieden werden.

Die Grammatik einer Sprache im *objektiven* Sinn konstituiert sich im Versuch ihrer Erklärung für Außenstehende, für die die Sprache, um deren Grammatik es sich handeln soll, Fremdsprache ist. (Dies kann als implizite Bestimmung des Begriffs einer fremden *Sprache* im Unterschied zu unverstandenen Naturlauten angesehen werden. Im *romantischen* Naturbegriff erscheint Natur als Sprache, insofern ein Sprachcharakter der Natur wie bei einer unverständlichen Sprache vorausgesetzt wird.) Die Erklärung des ‚fremden‘ Sprachgebrauchs kann nur gelingen, wenn sie sich als Anbindung des noch nicht Verstehbaren an schon Verstehbares vollzieht, als das gegenüber einer ganz fremden Sprache die ‚Muttersprache‘ fungiert. Die Erklärung hat ihren Ort also wesentlich in einem defizienten Sprachvermögen und versteht das Wesen der Sprache von dort her. So sind die ersten (griechischen) Grammatiken auch für Sprachfremde oder von Sprachfremden (die andere ‚Muttersprachen‘ hatten) aus dem Bedürfnis des Fremden heraus geschrieben worden. Sprachinkompetenz ist hier der leitende Begriff, nicht aber das selbstbewußte Sprechen, aus dem vor allem Kinder ihre Sprache (spielend, ästhetisch oder intuitiv) lernen, indem sie sich *vorweg schon* in ihrem Selbstbewußtsein anerkannt wissen. Die Rekonstruktion (Erklärung) auch dieses ursprünglichen Spracherwerbs muß sich dagegen notwendigerweise bestimmter Modelle bedienen, die an sich als Hilfen für das Lernen von ‚Regeln‘ einer Fremdsprache geeignet sind. Lernen ist eine „Ausrüstung durch Regeln" (Kant KrV, B 172), die, um gelernt werden zu können, aber zuvor selbst verstanden sein müssen.

Grammatik und Wörterbuch sind nach Humboldt kaum mit dem *„toten Gerippe"* der Sprache vergleichbar (Humboldt Schriften VI, 147). Sie sind nicht einmal ‚ihr' tragendes Gerippe, sondern nur die Form ihrer gegenständlichen Betrachtung aus der ‚äußeren' Perspektive einer anderen Sprache. Die Grammatik stellt also auch nach Humboldt nicht eine ansichseiende Struktur der Sprache dar. Hierin ist Humboldt Kantianer (Borsche *1981*, 207–210). Eine Grammatik ist die Struktur, in der Sprache Gegenstand sein kann, also, Kantisch gesprochen, vor *einem* Subjekt als einer vorausgesetzten Einheit der Apperzeption *erscheint*. In dieser Beziehung sind an ihr verschiedene Ebenen von Strukturen zu unterscheiden. Sie ist logische Struktur, insofern sie *überhaupt* Gegenstand ist, dann semantische Struktur, insofern sie überhaupt *Sprache* ist, und ferner grammatische Struktur, insofern sie *besondere* Sprache ist. Dies sind drei Reflexionsebenen ihrer Identifizierung. Nur die erste ist transzendentalsubjektiv. Die zweite sondert schon ‚Sprache' von anderen Gegenstandsbereichen ab, indem sie sich auf *bedeutende* Objekte bezieht. Diese Spezifizierung fordert die Abbildbarkeit des semantischen Gehalts verschiedener Sprachen aufeinander. Dadurch wird ‚Bedeutung' (signifié) über die Verschiedenheit der Zeichen (signifiant) hinweg identifizierbar. Die dritte Stufe setzt voraus, daß ‚die' Sprache, verstanden als Gegenstand der ersten und zweiten Ebene, sich selbst (genetisch) in besondere Sprachen einteile, um so den Merkmalen der Sprachwissenschaft, analog etwa denen der Zoologie zur Einteilung des Tierreiches, objektive Realität zuzusprechen. Die Reflexion auf einen in dieser Weise dreifach konstituierten

Gegenstand ‚Sprache' setzt voraus, daß sie schon für *ein* Subjekt, genauer für eine Einheit von Subjektivität sei, was sie ist. Die den Begriff eines ‚Gegenstandes überhaupt' weiter zu den Begriffen von ‚Sprache überhaupt' (langage) und besonderen Sprachen (langues) spezifizierenden Stufen implizieren die Notwendigkeit von besonderen (historischen) Bestimmungsansätzen, die folglich nicht mehr im transzendentalen Sinne als notwendig deduziert werden können.

Gegenüber solch einer Reflexion auf die Sprache als möglichen *Gegenstand* weist Humboldt darauf hin, daß sie niemals nur das ist, was sie für eine vorausgesetzte Einheit von Subjektivität, also als Gegenstand ‚ist'. Die in der Grammatik erfaßte Sprache ist deshalb immer nur die Sprache als Resultat einer sprachlichen Bestimmung von Sprache. Eine Grammatik läßt sich nur als Theorievorschlag und damit nur als hypothetischer Sprachbegriff verstehen, auf den andere antworten können, indem sie entweder explizit im Sinne eines anderen Grammatikvorschlags Einwände erheben oder sich implizit in ihrem Sprechen gegenüber dieser Theorie des Sprechens abweichend (und doch ‚vernünftig') *verhalten*. Grammatiken sind ihrem Wesen nach durch das wirkliche Sprechen falsifizierbar und schon deshalb nicht dessen Voraussetzung. Es kann somit auch kein Einwand gegen eine Grammatik sein, daß sie eine Sprache unter Kategorien einer anderen Sprache zu fassen versuche, etwa als Einwand gegen den Versuch, die deutsche Sprache unter Kategorien der lateinischen Grammatik zu fassen; sie kann auch in bezug auf das Lateinische nur von pragmatisch befriedigender Adäquatheit oder perspektivisch sein. Von irgendeinem (‚fremden') Gesichtspunkt aus muß eine Grammatiktheorie ansetzen. Die transformationelle ist nicht adäquater, sondern nur anders ausgerichtet als die schulgrammatische. Die Forderung ‚vollkommener' Adäquatheit verdankt sich einem unkritischen Begriff der Sprache.

## 2. *Sprachphilosophie und Sprachwissenschaft*

Die Sprachwissenschaft geht, als vergleichende Sprachwissenschaft, ebenso auf W. v. Humboldt zurück wie die kritische nachkantische Sprachphilosophie. Der kritische Aspekt der Sprachphilosophie kann sogar als der Grund der Institution einer Sprachwissenschaft nach einzelwissenschaftlich-axiomatischer Methode und damit als Grund ihrer Abspaltung von der Philosophie betrachtet werden. Die Sprachphilosophie als solche kann dagegen bis auf Platons „Kratylos" zurückgeführt werden. In diesem Dialog ging es um die Frage, ob die Beziehung zwischen Namen und Sachen „φύσει", d. h. von Natur aus bestehe oder ob sie nur „θέσει", gesetzt sei. Diese Alternative verdankt sich der unreflektierten Einengung der Perspektive auf den Zeichencharakter der Sprache (s. o. S. 72ff.). Das Zeichen wird als *geregelter* Bezug zu einer Sache, modern ausgedrückt: zu einem Bewußtseinsinhalt verstanden, so daß man definitiv sagen könne, *was* ein Zeichen (alles) bedeuten soll. In der strukturalistischen Grundlegung der Sprachwissenschaft durch de Saussure wird dagegen *axiomatisch* eine Zeichenrelation zwischen einem „signifiant" und einem „signifié" vorausgesetzt und damit eine „langue" als „irreales" System (de Saussure Cours, 112) solcher arbiträren Relationen und der Regeln ihrer systematischen Verknüpfung konstruiert. Das „signifié" muß dabei nicht unbedingt als wirklich vollkommen deutlicher Bewußtseinsinhalt vorausgesetzt sein, sondern nur abstrakt als gefordertes Bewußtseinsrelat der *vorausgesetzten* Relation. Es kann z. B. als Korrelat eines rein „signitiven" Aktes im Sinne Husserls verstanden werden. Wie durch die phänomenologische Aussetzung der ‚Seinsthesis' (in der Sprache von Leibniz ausgedrückt: der möglichen Realität der Vorstellungen) wird das „signifié" auf das Moment einer bloßen ‚Vorstellung' eingeschränkt und von einer außerbewußt existierenden ‚Sache' unterschieden (98). De Saussure kritisiert an der Sprachwissenschaft, die auf Humboldt zurückgeht, daß sie nicht die „Gesamtheit von Tatsachen" im Blick habe, „die jede einzelne Sprache ausmachen" („l'ensemble des faits correspondant à chaque langue"), weil sie die Abgrenzung auf eine und dieselbe Sprache unter dem *einzigen* Gesichtspunkt des Sprechenden selber ablehne. «Les termes qu'elle considère n'appartiennent pas forcément à une même langue.» (129) In der Tat setzte Humboldt nicht bei einem historischen *Vergleich* verschiedener ‚Sprachen' an, von denen *jede für sich* ein reales System darstelle. Er konnte es im Grunde nicht, da von ihm aus gesehen ‚dieselbe Sprache' ein konstruierter Begriff ist und deren Vergleich mit anderen damit auf einen Vergleich von Konstruktionen hinausläuft. Es ging Humboldt im Grunde um die „Verschiedenheit" der Sprachen bis hinunter zur Verschiedenheit ihres Gebrauchs im „jedesmaligen Sprechen" (Humboldt Schriften VII, 46). So ist es konsequent, wenn de Saussure nun fordert, im Interesse der Konstitution einer „langue" als *Gegenstand wissenschaftlicher Betrachtung* nicht nur eine „Synchronie", sondern eigentlich eine „Idiosynchronie" (de Saussure Cours, 128) zugrunde zu legen und dann aber auch in ebenso konsequenter Weise zu betonen, daß die synchronische und die diachronische Betrachtungsweise grundverschiedene gegenstandskonstituierende *Perspektiven* auf Sprache sind, so daß „le ‚phénomène' synchronique n'a rien de commun avec le diachronique" (129). Es handelt sich hier wie da um Gegenstände, die von verschiedenen (einzelwissenschaftlich-axiomatischen) Ansätzen aus konstituiert sind, um ‚Erscheinungen' unter vorausgesetzten Begriffen. Der Rekurs des synchronischen Ansatzes auf die „Idiosynchronie" *eines* sprachlichen Bewußtseins schaltet gleichzeitig alle anderen, überbewußten und damit auch alle „überzeichenmäßigen" (Heintel *1972*, 40–55) Aspekte von Sprache und Bedeutung aus. In dieser idiosynchronischen Reduktion gewinnt die synchronische Betrachtung erst einen eindeutigen Begriff des Zeichens und damit auch einer ‚langue'. Wie in Husserls phänomenologischem Sprachbegriff reduziert sich alle Bedeutung auf das, was sie für den Sprechenden momentan ist. Der Linguist hat sich in der „Idiosynchronie" gewissermaßen selbst und in dieser Selbstgewißheit ‚seine' Sprache introspektiv als Gegenstand zur Verfügung.

Dieser kritisch-reflektierende Ansatz macht deutlich, was die rationalistische Grammatiktheorie unreflektiert unternommen hat. Sie hat Sprache reduktiv aufgefaßt. Dagegen hatte sich Humboldt im Anschluß an Kants Philosophie der Möglichkeit von Gegenständen überhaupt kritisch gewandt. Die Alternative in der Frage, ob Zeichen „φύσει" oder „θέσει" seien, ist bei ihm *philosophisch* endgültig überwunden. Die Sprachphilosophie setzt sich von einer in ihren Bedingungen reflektierten Möglichkeit gegenständlicher Sprachbetrachtung ab (Simon *1971*, 38–43). Mit dem von diesen Bedingungen befreiten Blick auf das Moment der „Verschiedenheiten des menschlichen Sprachbaus" bis hin zum „jedesmaligen" individuellen Gebrauch und der daraus resultierenden Einsicht, daß verschiedene Sprachen (in ihrem wirklichen Gebrauch) nicht nur verschiedene Bezeichnungsweisen desselben, sondern verschiedene „Weltansichten" ausdrückten, erhält die Sprachphilosophie den Rang einer philosophischen, den einzelwissenschaftlich perspektivischen Ansätzen der Sprachbetrachtung vorgeordneten Disziplin mit besonderer Relevanz für erkenntniskritische und ontologische Fragen. Daß Platon seine Fragestellung nicht entscheiden kann, weil er ‚die Sachen' als das Feststehende voraussetzt, wird von Humboldts These her als grundsätzliche Befangenheit der ganzen Epoche von Platon bis hin zu Kant reflektierbar. Platon legte den Grund für eine onto-logische Philosophie, die im ‚Sein' der Sachen ihr Ziel sah, indem er die „Macht der Namen" (δύναμις τῶν ὀνομάτων) in ‚Bedeutungen' aufzuheben suchte (Platon Krat., 394 b, 435 d), während die sophistische Rhetorik darauf bezogen blieb. Kants Philosophie war vor Humboldt der letzte Versuch, diese Denkrichtung kritisch zu rechtfertigen. Auch Humboldt ist zunächst Kantianer. Aber er sieht, daß die Verschiedenheit der Sprachen nicht nur von den Objekten, die in ihnen bezeichnet (intendiert) werden, sondern erst recht von der bei Kant als transzendental vorauszusetzenden Subjektivität nicht fernzuhalten ist. Der oberste Begriff des Kantischen Denkansatzes, die transzendentale *Einheit* der Apperzeption, läßt sich schon bei Kant selbst nur für das Formale der Urteile aufrechterhalten. In bezug auf inhaltliche Bedeutungen gelingt keine Begründung eines alle Subjekte verbindenden Begriffs von Bedeutung. So liegt im Ansatz einer kritischen, nachkantischen Sprachphilosophie schon der Gedanke einer notwendigen Trennung zwischen allgemeiner Sprachphilosophie und einer Sprachwissenschaft, in der eine Sprache als *besonderer Gegenstand* und darüber hinaus besondere Sprachen untersucht werden sollen. Die These von verschiedenen Weltansichten in Entsprechung zu verschiedenen Sprachen und Sprachstrukturen ist von daher nur in philosophisch-kritischer Funktion zu verstehen. Man kann nicht verschiedene Sprachen, wie die Sprachwissenschaft sie zum Gegenstand hat, wissenschaftlich daraufhin befragen wollen, ob ihnen verschiedene Weltansichten entsprechen (Whorf, Gipper). Denn diese Gegenstände sind im Anschluß an Kant nur „Erscheinungen", nicht „Dinge an sich" und folglich auch nicht Sprachen „an sich", die auf die Subjektivität der sie sprechenden Subjekte in einem kausal zu bestimmenden Sinn zurückwirken könnten. Man kann deshalb gerade nach Humboldt nicht einzelnen Sprachen oder Sprachgruppen Klassen von Subjekten zuordnen, die, *weil* sie ‚dieselbe' Sprache sprächen, auch ‚dieselbe' Weltansicht haben sollten. Solche Beziehungen zwischen Sprachen und Klassen von Subjekten würden dem kritischen Sprachdenken völlig widersprechen. Die Individualisierung des Sprachbegriffs gegenüber dem Begriff ‚der' Sprache bleibt weder bei dem Begriff einer Nationalsprache noch bei dem weiter spezifizierter ‚Sprachen' stehen. Der Sprachbegriff muß sich aus philosophischen Gründen konsequenterweise auch über die Sprache einer ‚Klasse' und eines ‚Soziolekts' bis hin zu der ‚Sprache' eines Individuums weiter differenzieren (vgl. Humboldt Schriften VII, 64).

Es scheint naheliegend, ‚Ergebnisse' der Sprachwissenschaft in der Sprachphilosophie aufzugreifen. So wird z. B. die einzelsprachlich unterschiedliche Struktur der Möglichkeit, Zeit und Zeitverhältnisse auszudrücken, bei Whorf im vermeintlichen Anschluß an Humboldt zum Ansatz der Bestimmung einer Verschiedenheit im Zeiterleben (Whorf LTR, 57–64). Es bleibt auch hier außer acht, daß eine Grammatik und Semantiklehre einer bestimmten Sprache, etwa der Hopi-Sprache, eine *Theorie* über diese Sprache darstellt, zu der man unter Beachtung einer vorausgesetzten Axiomatik der Sprachwissenschaft auf Grund von Beobachtungen des Sprachverhaltens (aus der Perspektive des Beobachters) gelangt ist. Ihre Sätze behalten hypothetischen Charakter. Gegen sie können, wie die Einwände Gippers zeigen (Gipper *1972*, 205–235), immer empirische Gegenargumente angeführt werden, und sie müssen sogar (aus Gründen der Falsifizierbarkeit) angeführt werden können. Abgesehen davon, daß solch eine Theorie immer nur einen Synchronschnitt an eine Sprache anlegen kann, ist sie auch in dieser reduzierten Zielsetzung wesentlich hypothetisch und falsifizierbar, wenn sie sich überhaupt als empirische Theorie, d. h. als Theorie einer besonderen Sprache verstehen will. Es ergibt natürlich keinen Sinn anzunehmen, die *Theorie* des Linguisten habe einen Einfluß auf die Ideen und das Weltbild der Sprecher der untersuchten Sprache. Philosophisch muß es deshalb bei der kritischen Einsicht bleiben, daß auch die Hopi-Indianer *anders* denken, nicht nur anders als ‚wir', sondern, ebenso wie wir selbst, auch anders als wir es uns wie auch immer ‚theoretisch' vorstellen. Diese Einsicht ist erst dann konsequent vollzogen, wenn die Andersartigkeit in bezug auf die Individualität eines jeden Individuums bedacht ist.

Diesem Reflexionsstand zufolge ist das Verhältnis zwischen Sprachphilosophie und Sprachwissenschaft eher im Negativen fruchtbar. Das zeigt besonders eindrucksvoll die Sprachtheorie K. Bühlers. Bühler geht es um eine „Axiomatik der Sprachwissenschaften" als spezifische Voraussetzung der Sprachforschung. Damit wird die Unterscheidung von der Sprachphilosophie deutlich. Wenn nach Bühler Wesensaussagen über die Sprache „nur in genau denjenigen Hinsichten" möglich sind, in denen sie „den einzelnen Wissenschaften vorstellig wird, nämlich als ‚Gegenstand' und nicht anders" (Ströker *1969*,

18 f.), dann ist davon ausgegangen, daß Wesensaussagen über die Sprache wie Wesensaussagen überhaupt eine vollkommene Deutlichkeit durch Begriffe voraussetzten. Da davon in einer kritischen Philosophie jedoch nicht mehr ausgegangen werden kann, die empirische Sprachforschung aber schon wissen muß, worauf sie sich ausrichten soll, muß das Dilemma der Linguistik in Kauf genommen und von einem historischen Vorverständnis vom ‚Wesen' der Sprache axiomatisch ausgegangen werden: Die „Prinzipien, auf denen die gesamte Sprachforschung beruhen soll", müssen „Einsichten zum Inhalt" haben, „die auf das Wesentliche von Sprache schlechthin gehen" (Ströker *1969*, 19). Das „Wesentliche von Sprache" muß erfaßt sein, *ehe* Sprache Gegenstand von Wissenschaften sein kann. Dies Erfassen muß auf einem intuitiven Vorverständnis der Bedeutung von „Sprache" beruhen, so daß die ‚idiosynchronische' Introspektion des Linguisten nicht nur wertfrei einen ‚Sprachzustand', sondern auch schon dessen Struktur unter dem Gesichtspunkt einer kategorialen Herausarbeitung von ‚Wesentlichem' zu beschreiben hätte. Eine intersubjektive Einheitlichkeit solch eines strukturierenden kategorialen Vorverständnisses ist aber bei dem Begriff ‚Sprache' so wenig wie bei irgendwelchen anderen Begriffen garantiert. Deshalb ist eine „Axiomatik" erforderlich, in der diskursiv auseinandergelegt ist, worin das jeweils herangetragene Vorverständnis bestehen soll. Diese diskursive Auslegung ist, gerade in ihrer Absicht einer Herausstellung des ‚Wesentlichen', wesentlich perspektivisch. Sie kann nicht *alle* (‚subordinierten') Merkmale des Begriffs ‚Sprache' deutlich machen. Aus diesem Grund sind über einen Gegenstand und damit auch über den Gegenstand ‚Sprache' immer verschiedene axiomatische Systeme, d. h. letzten Endes: verschiedene Wissenschaften möglich, in denen

das Gemeinte eigentlich erst Gegenstand sein kann. Es kann aus wissenschaftstheoretischen Gründen immer mehrere Wissenschaften geben, die sich unter verschiedenen Gesichtspunkten mit der Sprache beschäftigen, nicht aber ‚die‘ Sprachwissenschaft. Theoretisch sind beliebig viele Ansätze dieser Art denkbar: Psychologische, soziologische, phonologische, handlungstheoretische, semantische, syntaktische, und diese wieder diachronisch oder synchronisch unterschieden.

Für Bühler ist z. B. die „Dreistrahligkeit der semantischen Relation“ (vgl. Liebrucks *1964 ff. I*, 215) wesentlich. Dieser Ansatz führt a limine über den von de Saussure hinaus, der mit dem Zeichen als einer ‚zweistrahligen‘ Relation zwischen „signifiant“ und „signifié“ und der damit zusammenhängenden Trennung von „langue“ und „parole“ als dem ‚Wesentlichen‘ beginnt. Der dritte ‚Strahl‘, die Beziehung auf das *andere* Subjekt, ist hier absichtsvoll ausgeschaltet. Für andere Sprachtheoretiker kam solch eine „Dreistrahligkeit“ erst überhaupt nicht in den Blick. Ihre Beachtung hat jedoch eine lange geschichtliche Tradition und tritt in der Gegenwart wieder stärker hervor.

Z. B. bei Peirce ist von einer „Triade“ die Rede. Ein Zeichen steht nicht als isoliertes Zeichen für eine Sache. Es bedarf vielmehr stets eines *anderen* Zeichens als Interpretanten, dieses wieder eines anderen, so daß sich eine infinite Reihe sich interpretierender Zeichen ergäbe (Peirce CP V, bes. 323–343). Die Ausschaltung des *Subjekts* als des definitiven Interpretanten führt allerdings auf die Frage, wie es in einer solchen potentiell unendlichen Zeichenreihe überhaupt je zu bestimmter, nicht weiter zu interpretierender Bedeutung kommen kann. Insofern stellt auch dieser Ansatz eine axiomatische, reduktive Festlegung von Grundprinzipien dar. Mit ihm soll das

Problem einer intuitiv erfaßten Bedeutung a priori aus der Wissenschaft entfernt werden. Peirce bereitet damit rein linguistischen, sich nicht mehr ‚mentalistisch' verstehenden Begründungsversuchen von Wissenschaft den Boden.

### 3. *Die ‚Dreistrahligkeit' der semantischen Relation*

Nach der Rhetorik des Aristoteles gehört zu einer guten Rede die Berücksichtigung dreier Momente: des Sprechenden, des Angesprochenen und des Gegenstandes, über den gesprochen wird (Aristoteles Rhet., 1358 a). Bei Humboldt ist diese Trias, über den rhetorischen Aspekt hinaus, ganz in den Mittelpunkt der Sprachbetrachtung gestellt. Alles Reden über etwas geschieht zugleich als Reden eines Ich zu einem Du. Die ‚Wahl' des Du wird für die Gestaltung der Rede als ebenso bestimmend angesehen wie die des Gegenstandes, über den man sprechen will. Bei Humboldt ist dies ein sprachphilosophischer Gesichtspunkt, denn er wird gegen die Reduktion der Sprache auf ihre Gegenständlichkeit geltend gemacht, die im Anschluß an Kants Gegenstandsbegriff nur als von einer (transzendentalen) *Einheit* von Subjektivität aus konstituiert gedacht werden kann. Bühler nimmt nun aber diese Trias ausdrücklich in die Prinzipien einer gegenständlich ausgerichteten Sprachtheorie auf. An der Sprache, gegenständlich oder theoretisch betrachtet, sollen die genannten drei Momente als „Ausdruck" oder „Kundgabe" (vom Sprecher her), als „Appell" oder „Signal" an andere und als „Bezeichnung" oder „Darstellung" eines Sachverhalts ‚wesentlich' zu unterscheiden sein (Bühler *1934*, 24–33). Von daher kann sie Gegenstand einer psychologischen Betrachtung werden, insofern sich in ihr das *Innere* des

Sprechenden ausdrückt, ferner einer, wie man heute sagen würde, ‚handlungstheoretischen' Betrachtung, insofern der Sprecher in seinem Sprechen etwas *sozial* Relevantes tut, also handelt und damit „perlokutionäre Akte" vollzieht (s. u. S. 235), und schließlich kann sie, insofern man sich in ihr auf ‚äußere' *Sachverhalte* bezieht, in dieser Funktion logisch-semantischen Analysen unterzogen werden. Somit scheint sich doch ein Zusammenhang dieser drei je für sich reduktiven Betrachtungsweisen vom ‚Wesen' der Sprache her denken zu lassen. Der frühe Wittgenstein z. B. hätte demnach im „Tractatus" das dritte Moment, die Darstellungsfunktion hervorgehoben, der spätere Wittgenstein in den „Philosophischen Untersuchungen" das zweite, sozial bezogene Moment, in mancher Hinsicht aber auch das erste Moment, etwa da, wo vom Ausdruck eines Schmerzes und Ähnlichem, allgemein gesagt von „seelischen Ereignissen" die Rede ist (Giegel *1969*). Ryle führt die traditionelle Leib-Seele-Problematik schlicht auf eine „Kategorienverwechslung" als Verwechslung solcher Hinsichten zurück (Ryle *1949*, 16).

Man kann in dieser Dreiheit die durch Morris (Morris *1938*) eingeführte Einteilung in Syntax, Semantik und Pragmatik vorgezeichnet sehen. Die Syntax handelte dann von dem ‚inneren' Aufbau der Rede aus sich gegenseitig auslegenden Zeichen in der Sicht des Sprechenden, die Semantik von deren Bezug auf Sachverhalte und die Pragmatik vom sich Einlassen des Sprechenden auf den Verstehenshintergrund des Angesprochenen. Aber auch bei diesen axiomatischen Unterscheidungen ist zu fragen, was die Analyse in solche Funktionen philosophisch bedeuten kann. Es sind zunächst wieder nur bestimmte Sprachen, die die Möglichkeit einer Unterscheidung in die drei Aspekte des Sprechers, des Hörers und des Sachverhaltes semantisch vorgeben. Es ist auch wieder selbst nur ein Aspekt, der diese Trias hervortreten läßt. Humboldt z. B. geht in diesem Zusammenhang von den drei ‚Personen' in den Paradigmen der Personalpronomina aus (Humboldt Schriften VI, 160–173 u. 304–314). In indoeuropäischen Sprachen schlägt sich die Dreiheit in den Flexionsendungen jedes Verbs nieder. Sie findet sich an jeder Aussage. In nichtflektierenden Sprachen bleiben allenfalls die Personalpronomina selbst. Wenn darüber hinaus auch Personalpronomina weitgehend fehlen oder doch fehlen können, wie z. B. im Japanischen, bietet es sich noch weniger an, in einem Kommunikationsdreieck zwischen Sprecher (ich), Hörer (du) und Sachverhalten (er, sie, es), über die gesprochen wird, einen Grundzug der Sprachlichkeit zu sehen. „Für die japanische Sprache liegt der Schwerpunkt des Ausdrucksinteresses nicht bei den sprechenden Individuen allein und nicht bei dem Thema schlechthin, worüber sie sprechen, sondern vor allem bei dem Spannungsfeld zwischenmenschlicher Beziehungen, das sich zwischen den Individuen aufbaut und das die Form des besprochenen Inhalts beherrscht." (Kamei *1953*, 27) „Grob gesagt wird im Japanischen das Menschsein nicht als ‚Person', sondern als ‚Beziehung' aufgefaßt." (Kishitani *1967*, 434) ‚Anstelle' der Personalpronomen stehen partner- und stoffbezogene ‚Honorative' mit syntaktischer und semantischer Relevanz im Vordergrund. Das heißt nicht, daß man die ‚Dreistrahligkeit' nicht auch für das Japanische als ‚wesentlich' unterstellen könnte, wenn man durch die europäische Diskussion, in der sie als Komplement zu der als „abstraktiv" (Apel *1974*, 285) erachteten ‚Zweistrahligkeit' der Subjekt-Objektbeziehung der traditionellen Sprachtheorie bedeutsam wurde, darauf aufmerksam geworden ist. Was auch immer als ‚wesentlich' vorausgesetzt ist, ist *damit* bereits als für *alle* Sprachen grundlegend erachtet und dient als Kategorie für die Abstraktion durchgehender universalsprachlicher Strukturmerkmale.

Das gilt auch für die als ‚wesentlich' angesehene Gliederung eines einfachen Satzes in einen Subjektteil (nounphrase) und einen Prädikatteil (verb-phrase). Diese Zweiheit läßt sich anscheinend ohne Anlehnung an Besonderheiten bestimmter Sprachen dadurch als etwas ‚Wesentliches' erklären, daß man den Subjektteil als das auffaßt, was aufgrund einer gemeinsamen Situation sowohl dem Sprecher wie dem Hörer bekannt ist, den Prädikatteil als das, was nur dem Sprecher einsichtig ist und das er aufgrund eines solchen kommunikativen Situationsgefälles dem Hörer *mitteilen* kann. Er drückt dabei zugleich seine eigene Situation aus, insofern sie gegenüber der gemeinsamen Situation beider individuell ist, und er appelliert an den Hörer, dies zur Kenntnis zu nehmen und sich dementsprechend zu verhalten. Aber auch dieses Modell eines ‚Kommunikationsdreiecks' dürfte davon abhängen, ob von einer Sprache aus gedacht wird, in der sich Subjektteil und Prädikat einigermaßen auf eine unbestreitbare Weise unterscheiden lassen, oder ob man von einer Sprache ausgeht, in der dies nur sehr unbefriedigend gelingt und deshalb auch erst aus einem fremden Gesichtspunkt heraus versucht wird (Kishitani *1972*, 164 f.).

Die weitere ‚axiomatische' Unterscheidung Bühlers zwischen „Zeigfeld" und „Symbolfeld" der Sprache schließt systematisch am Modell der Dreistrahligkeit an. Zeigwörter wie „ich", „du", „hier", „da hinten", „dieses", „jenes" usw. sind Wörter, deren referentielle Bedeutung davon abhängt, welches Individuum sie ausspricht (Bühler *1934*, 102 f.). Das ihnen entsprechende „Zeigfeld" der Sprache hat den Nullpunkt (Origo) seiner Koordinaten im jeweiligen Herkunftsort der Stimme, der zwischen den Partnern wechselt. Dieses „Zeigfeld" „occasioneller" Ausdrücke ist ‚wesentlich', insofern zuvor die Sprache ihrem ‚Wesen' nach als System von Namen im Sinne von Allgemeinbegriffen im Blick *gewesen* ist. Der jeweilige synchronische oder sich auch ‚phänomenologisch' verstehende Wesensblick verdankt sich der philosophie- und wissenschaftsgeschichtlichen Diachronie in der *Reflexion* auf Sprache. Denn ein „Symbolfeld" ‚eigentlicher' Namen mit allgemeiner Bedeutung, wie z. B. „Haus", „leer" usw., kann nur mit Hilfe dieses „Zeigfeldes" auf die Wirklichkeit bezogen werden. Es erfüllt seinen Begriff nur, wenn ihm ein komplementäres „Zeigfeld" zugeordnet wird. Ein Satz wie „Dieses Haus steht leer" beschreibt zwar einen Sachverhalt, aber er leistet dies nur dadurch, daß er sich zugleich auf ein Situationsgefälle zwischen einem, der ihn sagt, und einem anderen, dem er etwas sagen soll, bezieht. Er bezieht sich nur auf einen Sachverhalt, indem er sich zugleich auf solch ein Situationsgefälle, d. h. auf eine *individuelle Differenz* zwischen Personen in ihrer jeweiligen Befindlichkeit bezieht. Sonst wäre er entweder unverständlich, weil der Hörer nicht wüßte, *wovon* denn die Rede ist, oder er wäre im ganzen redundant, weil er sagte, was *beide* schon wissen.

Die Einbeziehung der ‚Dreistrahligkeit' der semantischen Relation in die Theorie selbst kann als Versuch einer ‚Semantisierung' der pragmatischen Dimension aufgefaßt werden. Wenn sie einmal als ‚wesentlich' für die Sprache erfaßt ist, wie es vor allem seit Morris geschieht, dann ist sie nicht mehr axiomatisch auszuschließen, sondern von Anfang an zu berücksichtigen (vgl. auch Montague *1972*). Die meisten pragmatischen Sprachphilosophien der Gegenwart sind im Grunde nicht philosophische Reflexionen auf das Ungenügen einer nur syntaktisch-semantischen Sprachanalyse, sondern umgekehrt Versuche einer weitergehenden ‚Semantisierung' und Verwissenschaftlichung einer pragmatischen Komponente. ‚Wesensmerkmale', deren Isolierung als „abstractive fallacy" (Apel *1974*, 285) kritisiert wird, werden additiv zu einem gegenständlichen Ganzen zusammenzufassen versucht. Das Resultat bleibt wegen der Unendlichkeit möglicher Perspektiven der Sprachbetrachtung aber selbst wesentlich abstraktiv. Die Sprachtheorie spricht – auch dann, wenn sie die genannte Trias in der ‚Objektsprache' als ihrem *Gegenstand* berücksichtigen möchte – ‚metasprachlich' wieder so, als hätte das Du in diesem Sprechen keine Bedeutung, d. h. als würden Sprachtheorien nicht in einem bestimmten Situationsgefälle zwischen Individuen, sondern von einem übergeordneten, rein auf die Sache selbst bezogenen monologischen Standpunkt aus formuliert. Sonst müßte sich auch das Reden von der ‚Dreistrahligkeit' selbst als nur ein Aspekt verstehen, den man der Sprache aufgrund der eigenen situativen, etwa problemgeschichtlichen Befindlichkeit abgewinnt.

### *4. Strukturalistische Sprachtheorie*

Die gegenwärtige analytische Sprachphilosophie ist durch eine starke gegenseitige Beeinflussung von Sprachphilosophie und Sprachwissenschaft bestimmt. Von der Einsicht ausgehend, daß „alles Denken, das in der Welt vor sich geht, in natürlicher Sprache" ablaufe (Lakoff *1971*, 151), soll sogar von der Sprachwissenschaft her eine „natürliche Logik" erarbeitet werden, „whose goals are to express all concepts capable of being expressed in natural language, to characterize all the valid inferences that can be made in natural language, and to mesh with adequate linguistic descriptions of all natural languages". In solchen Zielsetzungen zeigt sich, auch wenn sie empirische Beschränkungen eingestehen, eine Verabsolutierung der auf de Saussure zurückgehenden Forderung einer synchronischen Betrachtungsweise. Maßgebend hierfür war besonders die Sprachtheorie des amerikanischen Strukturalisten Bloomfield.

Nach Bloomfields Grundthese ist es unmöglich, moderne Sprachen in einem überkommenen grammatischen System zu beschreiben. Die Kategorien dieser Beschreibung spiegelten nur tradierte, der griechischen Sozialstruktur entstammende Vorurteile wider und ignorierten den aktuellen Sprachgebrauch (Bloomfield Language, 4–7). So habe die Sprachwissenschaft ihre *deskriptiven* Aufgaben vernachlässigt, weil sie sich nicht von der philosophischen Tradition habe abheben können (16 f.). Zudem habe sie sich auf indoeuropäische Sprachen beschränkt, statt universale Kriterien der Sprachenbeschreibung zu entwickeln. Es wiederholt sich die humanistische Forderung einer Emanzipation der Volkssprachen vom Paradigma des Lateinischen (Apel *1963*, 104–129) auf der Ebene der Grammatiktheorie. Deren rein deskriptive Ausrichtung soll durch eine theoretische Entlastung erreicht werden. Damit stellt sich die Frage nach dem Ursprung solcher universellen Kategorien der Beschreibung von Sprachen ‚überhaupt'.

Die Saussuresche Unterscheidung zwischen „signifiant" und „signifié" bleibt auch in den Analysen Bloomfields bestimmend. Von hier aus fragt er nach der Differenz zwischen distinktiven oder signifikanten und nondistinktiven oder insignifikanten Elementen (features) der Sprache. Diese Unterscheidung setzt schon einen Gesichtspunkt der Auswahl voraus. Von den sprachlichen Merkmalen (features) ist nur ein Teil distinktiv oder diakritisch. Aber die Bestimmung, welcher Teil es jeweils sei, hängt weitgehend vom ‚pragmatischen' Standpunkt ab. Die Satzmelodie z. B. kann einmal diakritische Bedeutung erlangen, das andere Mal nicht. Eine Habitualisierung dieser Unterscheidung dürfte nur sehr unscharf auf begrenzte Arten des Sprachgebrauchs zutreffen.

Als kleinstes distinktives Merkmal gilt das „Phonem" (Bloomfield Language, 79). Es ist nicht der hier und jetzt geäußerte Laut, sondern dessen typische Gestalt, das, was z. B. alle „p" in „Puppe", „Pappe" usw. gemeinsam haben, wann, wo und von wem auch immer sie ausgesprochen werden. Nichtdiakritische Abweichungen der Aussprache bleiben außer Betracht. Die Struktur einer Sprache bestimmt sich u. a. dadurch, wie in ihr Phoneme verbunden werden können und welche Phonemzusammenstellungen ausgeschlossen sind (81–85).

Die phonetische Form ist als solche also schon mit der Bedeutungsseite der Sprache verknüpft. Die signifikanten Merkmale heben sich, insofern sie Bedeutungsunterschiede markieren, artikuliert im Sprechen und im Hören heraus. Als „linguistic form" wird eine Lautgestalt allerdings erst dann bezeichnet, wenn sie mit „constant meaning" (158) verknüpft wird. Schon bei der phonologischen Deskription einer Sprache wird von der Sprachwissenschaft ein Gegenstand ‚Sprache' mit Hilfe der *Voraussetzung* konstanter Bedeutung konstruiert, „although the linguist cannot define meanings" (145). Die Linguistik muß, „in order to give a scientifically accurate definition of meaning for every form of a language", auf die Definitionen in den exakten Wissenschaften zurückgreifen (139). Das ist „the weak point in language-study" (140). Es ist sozusagen das Dilemma der Linguistik. Vom strukturalistischen Ansatz aus ist es deshalb konsequent, wenn schließlich gesagt wird, das Lexikon sei „really an appendix of the grammar, a list of basic irregularities" (274). Im

Sprechen selbst, das in seiner Situationsgebundenheit nicht Gegenstand einer wissenschaftlichen Betrachtung werden kann, kann ‚Bedeutung' nur bestimmt werden 1) durch aufzeigendes Benennen, 2) durch Umschreibung oder Definition und 3) durch Übersetzung durch Konfrontation mit einer fast ähnlichen Bedeutung in einer anderen Sprache (140).

Es ist sicherlich um der Bestimmtheit des Gegenstandes der Sprach*wissenschaft* willen eine sinnvolle und notwendige Annahme, daß jeder linguistisch relevanten phonetischen Differenz eine semantische entspreche. Philosophisch stellt sich hier aber die Frage, wie man in diesen Zirkel zwischen einer sprachlichen Form („linguistic form") als einer phonetischen Form, *die eine* (konstante) *Bedeutung hat* (138) und eben dieser ‚Bedeutung', über die die Linguistik selbst eingestandenermaßen keine definitiven Aussagen machen kann, hineinkommt. Die sprachanalytische Philosophie, die sich bei der Analyse auf Bedeutungen beruft, die der Philosophie von der (Umgangs-)Sprache her vorgegeben seien, ist in diesem Punkt unreflektierter als die Linguistik, die sich zu dem artifiziellen Charakter ihrer Grundannahmen bekennt. ‚Metapher' und ‚Konnotation' müssen von daher dem jeweiligen Sprecher statt ‚der' (wissenschaftlich in allgemeinen Strukturen erfaßbaren) Sprache zugeschrieben werden (149–157), so als ob irgendeine Sprache ohne diese Merkmale ‚uneigentlichen' Sprechens auskommen könnte. Der Begriff der ‚Denotation' setzt eine starre, dem Sprechen vorausliegende Zuordnung von Wörtern und Sachen voraus. Da das Sprechen sich zumeist erst über innersprachliches ‚Zeigen' in einem umfassenden Kontext um solche Zuordnung bemüht und jeder, der spricht, dem, der zuhört, zugleich sagen möchte, *wie er* ‚die' Sprache gebraucht und verstanden wissen will, ist ‚Denotation‘ konstitutiv auf eine Fülle von ‚Konnotationen‘ angewiesen, die der Kontext aufleuchten läßt. Nach Bloomfield selbst hat eine phonetische Form erst dann Sinn, wenn es dem Sprechenden gelingt, seine Zuhörer zu ihrer Akzeptation als bedeutender Form zu bestimmen oder von vornherein nur so zu sprechen, daß die ‚Bedeutungen‘ in einem habituellen Sprachverhalten bereits akzeptiert sind. Wenn man diese Einsicht zuspitzt, könnte man sagen: Die Bedeutungen wachsen den Lauten im sprachlichen Akt selbst zu. Sprechen ist die Artikulation auf Bedeutung hin und nicht nur die Reproduktion von Lauten, die ‚an sich‘, d. h. in einem institutionalisierten Sinn, schon bedeutend sind. Die Sprachwissenschaft postuliert aber entgegen dieser Einsicht in die Wirklichkeit des Sprechens gerade mit der Forderung nach reiner ‚Deskription‘ einen gegebenen Gegenstand ‚Sprache‘, und sie kann deshalb eigentlich nur von institutionalisierten Sprachen sprechen, wie sie in wissenschaftlichen Fachsprachen als ideale Gebilde analog zu den idealen Gebilden einer axiomatischen Geometrie angestrebt werden. Der ‚Rest‘, d. h. die sprachliche Wirklichkeit, fällt dann der individuellen Sprechhandlung zu und aus der wissenschaftlichen Betrachtung heraus.

Das gilt auch für die sogenannten grammatischen Formen. Es ‚gibt‘ in jeder Sprache eine Reihe von Formen, die nicht für sich allein bedeutend sind, denen aber doch, z. B. als Flexionsendung, eine durchgehende, gleichbleibende Bedeutung zukommen soll. So soll im Deutschen die Endung „-ung“ vergegenständlichende Bedeutung haben, die Vorsilbe „Ge-“ soll eine Ansammlung ausdrücken, wie in „Berg – Gebirge“, die Endung „-s“ im Englischen den Plural usw. Diese Einteilung in ‚freie‘ und ‚gebundene‘ oder ‚grammatische‘ Formen ist allerdings problematisch. Die philosophische Problematik liegt in der

Isolierung ‚freier' Formen aus dem Kontext und weniger darin, auch ‚gebundenen' Formen Bedeutung zuzusprechen. Gerade an ihnen kommt besser zum Ausdruck, daß Bedeutungen als solche im Rahmen der Satz- und Wortbildungsmöglichkeiten von Sprachen erst im jedesmaligen Gebrauch auf die Akzeptation des Hörenden hin entworfen werden.

Die kleinste bedeutende Lautform, ob gebunden oder ungebunden, nennt Bloomfield „Morphem", dessen konstante Bedeutung „Semem" (161 f.). Auf diesen Einheiten soll die Sprachwissenschaft gleichsam wie auf Atomen der Sprache aufbauen. Um linguistische Elemente handelt es sich nach Bloomfield nur *dann, wenn* einem Unterschied zwischen den Morphemen ein Unterschied zwischen den zugeordneten Sememen entspricht. Der Linguist hat es vordergründig mit den Morphemen zu tun, aber er unterscheidet sie nach ihren Bedeutungen. Ein Morphem ist von einem anderen unterschieden, wenn es entweder eine andere Lautgestalt oder bei gleicher Lautgestalt eine andere Bedeutung hat. Der Linguist fragt also schon bei kleinsten Einheiten nach Bedeutungsunterschieden, wenn auch nach solchen, denen noch nicht unbedingt ‚etwas' im ontologischen Sinn zugeordnet wird. Es handelt sich vielmehr um Bausteine für den Entwurf von etwas, das als seiend designiert werden soll. Die Morphemstruktur einer Sprache ist nicht die Widerspiegelung einer ontischen Struktur. Sie läßt nicht auf das fertige Vorliegen einer Struktur der Welt schließen. Man könnte hier, über diesen linguistischen Ansatz hinausgehend, wohl sagen, die Logik sei nur die Vergröberung der Sememstruktur einer Sprache und die Vorstellung, in den Strukturen der formalen Aussagen- und Prädikatenlogik spiegele sich die Struktur einer objektiven Welt, resultiere aus dieser Vergröberung. Der Hauptgedanke des Strukturalismus besteht darin, daß jedes Merkmalelement erst im System, d. h. erst in der Komposition signifikanter Elemente seinen semantischen Wert erhalte. Morpheme sollen zwar kleinste isolierbare und bedeutungsrelevante Lauteinheiten sein, aber ihre designative Bedeutung erst in der Zusammensetzung mit anderen, z. B. zu einem Wort oder darüber hinaus zu einem Satz erlangen. Bloomfield unterscheidet vier solcher Kompositionsarten: 1) die Reihenfolge, die von denotativer oder von nur konnotativer Bedeutung sein kann, 2) die Modulation, die z. B. im Deutschen auch ohne Umstellung einen Satz in einen Fragesatz verwandeln kann, 3) die phonetische Modifikation (z. B. zwischen „zu dem“ und „zum“), die zum Teil auch einen Bedeutungsunterschied zur Folge haben kann, und 4) die Selektion unter möglichen linguistischen Formen.

Im Vordergrund steht die Komposition durch Reihenfolge. Hinzuzufügen ist das wohl bedeutendste sprachliche Kompositionselement, das der gegenseitigen Interpretation durch Zusammenstellung („Die Schlange schleicht“ – „der Zug schleicht“, „Ge-“ in „Gebirge“ z. B. im Unterschied zu „Ge-fahr“, usw.). Da dieses Verfahren sich aber auf unbestimmt umfangreiche Kontexte beziehen kann (vgl. die unendliche Zeicheninterpretation bei Peirce, o. S. 210), würde der Strukturalist hier wohl nur von Konnotationsunterschieden bzw. von einem ‚uneigentlichen‘, metaphorischen Sprachgebrauch sprechen, um überhaupt einen finiten Gegenstand ‚Sprache‘ als „langue“ von deren ‚Verwendung‘ abheben zu können, nachdem ‚Bedeutung‘ nicht mehr in der direkten Referenz zu einer Gliederung der Welt gesehen wird. Ansatzpunkt für diese Einteilung ist die These, Morpheme seien überhaupt als kleinste bedeutungsvolle Lautgestalten zu isolieren, ihre volle Bedeutung erlangten sie aber erst in der Komposition. Eine Wissenschaft braucht Elemente, aus denen sie ihren ‚Gegenstand' aufgebaut denkt. Sie muß deshalb diesen Elementen ‚an sich' schon rudimentäre Bedeutung zusprechen. Tatsächlich wird, wenn ein isoliertes Morphem als Beispiel vorgestellt wird, ein Kontext gleich hinzugedacht. Weil der Leser in der Erfindung eines möglichen Kontextes sehr frei ist, stellt sich die Vorstellung ein, dieser Kontext sei unwesentlich. Der primäre Kontext der isolierten Beispiele ist das linguistische Werk, das ihnen eine sehr *‚allgemeine'* Bedeutung zugesteht. Diese ‚allgemeine', vermeintlich kontextfreie Bedeutung als linguistisches Beispiel ist in ihrer Vagheit ebenfalls eine besondere, variierte Bedeutung gegenüber möglichen engeren und verlangt auch als solche ihren besonderen Kontext, der gerade diese Vagheit nahelegt oder erlaubt.

Auch hinsichtlich der grammatischen Komposition von Bedeutung sucht die strukturalistische Linguistik nach kleinsten Einheiten. Ein einfaches, aber noch nicht bedeutungstragendes Merkmal grammatischer Komposition wird „Taxem" genannt (Bloomfield Language, 166). Das „Taxem" entspricht dem Phonem als einem kleinsten diakritischen, für sich allein aber noch nicht bedeutenden Lautgestaltsmerkmal. Dem „Morphem" als der kleinsten für sich bedeutenden Lautgestalt entspricht auf der Ebene der grammatischen Komposition das „Tagmem", dem „Semem" als Bedeutungskorrelat das „Episem". Ein „Tagmem" ist die kleinste isolierbare Kompositionseinheit, ein „Episem" die kleinste Bedeutungseinheit, die durch grammatische Komposition ausgedrückt wird (ebd.). Die Linguistik weist mit diesem Apparat von Kategorien die Philosophie auf die Tatsache hin, daß es in den verschiedenen Sprachen im unterschiedlichen Grad möglich ist, ‚Bedeutung' auch durch syntaktische Komposition statt nur durch starre Lautgebilde ausgedrückt zu verstehen. Schon ein Morphem könnte als Komposition aus Phonemen verstanden werden, wenn sich damit dann nicht die Voraussetzung von Bausteinen der Komposition und die für die Konstitution des sprachwissenschaftlichen Gegenstandes entscheidende Trennung von Element und Struktur verwischen würde.

Unter diesem Vorbehalt ist zu lesen, was eine Sprachwissenschaft, die von einer Zuordnung von Signifikant und Signifikat ausgeht, ‚deskriptiv' über die Sprache mitteilt, vor allem wenn es um das philosophische Problem des Verhältnisses zwischen Sprache und Denken geht. Wenn man diesen Vorbehalt vernachlässigt, kann man mit Bloomfield sagen, die Positionen, in denen eine Form innerhalb einer Konstruktion erscheinen könnte, machten deren Funktion aus (185). Der mathematische Begriff der Funktion kann dann auf die Sprache angewendet werden. Mit „Form" ist hier eine als isolierbar *vorausgesetzte* „linguistische Form" gemeint. Bedenkt man dagegen den genannten Vorbehalt, dann mündet die ‚Formung' eines Lautgebildes auf Bedeutung hin in einen unendlichen Prozeß, in dem alle weitere Artikulation die Bedeutung des zuvor Artikulierten immer noch mitformt. Die Voraussetzung einer starren Zuordnung von „Morphem" und „Semem" oder „Tagmem" und „Episem" erlaubt dagegen erst eine strukturelle Beschreibung der Sprache und damit eine Sprachanalyse, wie sie in der analytischen Philosophie als Ausgangspunkt der Philosophie selbst angesehen wird. Sie ist identisch mit der Voraussetzung, daß Bedeutungen zumindest in ihren Kompositions*elementen* feststünden und daß ‚man' sich, bei aller Freiheit der Sprachverwendung, immer innerhalb vorgegebener syntaktischer Kompositionsmöglichkeiten als der anderen Dimension der Generierung von Bedeutungsintensionen befinde. Hjelmslev definiert entsprechend den *Sprachbau* als System vorgegebener *Möglich-*

*keiten,* die als solche offen lassen, „welche dieser Möglichkeiten" man im *Sprachgebrauch* „ausnutzen will" (Hjelmslev *1968*, 47).

Das Problem einer anfänglichen, dem Gebrauch a priori vorgegebenen Unterscheidung zwischen signifikanten und insignifikanten Bestandteilen wiederholt sich auf der Ebene der Kompositions*formen.* In den Sätzen „the father loves the son" und „the son loves the father" ist die Reihenfolge der Morpheme signifikant. Sie verändert die Bedeutung. In den lateinischen Sätzen „pater filium amat" und „filium pater amat" soll die verschiedene Reihenfolge dagegen höchstens konnotative Bedeutung haben. Die Wahl der einen oder der anderen der beiden Möglichkeiten soll in den Bereich des subjektiven Stils fallen und von daher zwar immer noch ‚etwas', aber eben keinen objektiven Bedeutungsunterschied ausdrücken. Ein Gedicht bestünde demnach im Vergleich zu einem Prosatext ‚gleichen' Gegenstandes nur aus Konnotationen ohne *andere* Bedeutung. Es bleibt zu fragen, ‚worin' dann dieser Unterschied zwischen ‚etwas' schlechthin und etwas ‚Objektivem' bestehen kann.

Als weitere Form grammatischer Komposition gilt die „Substitution" (Bloomfield Language, 247–263). Wegen des Dilemmas mit dem Begriff ‚Bedeutung' und damit auch mit dem Begriff ‚gleicher' Bedeutungen kann man eigentlich nur von einer makrosemantischen Substituierbarkeit sprechen. ‚Makrosemantisch' mag es z. B. keinen Unterschied bedeuten, ob man das Täter-Objekt-Verhältnis wie im Lateinischen durch Endungen, also durch „Morpheme", oder durch die Stellung ausdrückt wie in dem obigen englischen Beispiel. Koschmieder spricht von „substitutiver Transposition" (Koschmieder *1965*, 114), wenn man versucht, den Sprachbau einer sehr fremden Sprache, etwa des Japanischen, in ‚Möglichkeiten' der eigenen anzudeuten, z. B. „mein Kirschblüten-Sehen". Solche ‚harten' Beispiele lassen eher als Übersetzungen, die als ‚gelungen' empfunden werden, einen wirklichen intensionalen Bedeutungsunterschied auf der Ebene syntaktischer Möglichkeiten vermuten. Sie sollen die Schwierigkeit des Übersetzens andeuten. Für den Strukturalismus, der letztlich auf Durchgehendes in allen Sprachen abzielt, ergibt sich ein Verständnis der Substitution als Formprinzip durch den Rekurs auf eine Makrosemantik. Doch auch innerhalb derselben Sprache dürfte sich die Substitution nur unter dieser Voraussetzung als Formprinzip verstehen lassen. Dabei wird vielem, was in der ‚Mikrosemantik' des wirklichen Sprechens von ‚denotativer' Bedeutung ist, im Rekurs auf ein allgemeineres „domain of the substitute" (Bloomfield Language, 247) nur noch ‚konnotative' Funktion zugebilligt werden müssen. – Es liegt auf der Hand, daß ‚Substituierbarkeit' eines der Hauptinstrumente der analytischen Philosophie darstellt. Aber auch hier wiederholt sich das Dilemma in der Weise, daß sich ‚Substituierbarkeit' nur unter der *Voraussetzung* ‚gleicher' Bedeutung und ‚gleiche' Bedeutung nur unter dem Aspekt der Substituierbarkeit bestimmen läßt.

Die Frage, ‚worin' der Unterschied etwa zwischen den Sätzen „Fritz kann nicht kommen, er ist krank" und „Fritz kann nicht kommen, Fritz ist krank" bestünde, erfolgt im Grunde schon aus einem ‚makrosemantischen' Gesichtspunkt. Ein Bedeutungsunterschied besteht oder besteht hier nicht, je nach der Situation und dem Kontext, und wenn er besteht, besteht er in seinem Ausdruck, insofern dieser vom Hörenden ‚erfaßt' wird. In Anlehnung an Wittgenstein könnte man sagen, die Bedeutung eines Ausdruckes sei von der eines anderen dann unterschieden, wenn der Hörer anhand der unterschiedlichen Ausdrücke einen beabsichtigten Bedeutungsunterschied

‚begreift'. Kaum Schwierigkeiten dieser Art dürften bei der ‚Substitution' des Sprechernamens durch „ich" entstehen, wenn auch gerade hier wegen des großen ‚makrosemantischen' Spielraums – der im Unterschied zu einer gewöhnlichen „linguistic form, such as *thing, person, object*" als „formclass of substantive expressions" rein *grammatisch* definiert werden kann (247) – der Situationsbezogenheit fast die ganze Bedeutung zukommt: "*I* replaces any singular substantive expression..., provided that this substantive expression denotes the speaker of the utterance in which the *I* is produced." (248) Die Makrosemantik konstituiert sich also letztlich in der jeweiligen Absicht der Sprachverwendung, und die Frage der Substituierbarkeit entscheidet sich in der philosophischen Sprache z. B. von der Absicht her, bestimmte Gedanken zu formulieren. Eine auf Substituierbarkeit aufbauende Sprachanalyse kann deshalb nicht umgekehrt der Philosophie als deren Kriterium vorangestellt werden, denn sie enthält selbst immer schon eine bestimmte Philosophie.

Linguistik versteht sich hier als Metasprache, die einen Kalkül darstellt, nach dem sich nach endlich vielen Regeln aus den Elementen („Phonem", „Taxem") alle anderen Gebilde zusammensetzen lassen. Damit ein ‚Gegenstand Sprache' auf diese Weise als Gegenstand der Wissenschaft Linguistik konstituiert wird, müssen darüber hinaus die starren „Morpheme" und die „Tagmeme", also die bedeutenden größeren Einheiten, einbezogen werden. Sonst wäre der Gegenstand so wenig spezifiziert, daß er gegenüber *reinen* Strukturen keine spezifischen Merkmale bestehender Sprachen enthielte (vgl. Hjelmslev *1968*, 42–47). Damit der weiter spezifizierte Gegenstand dennoch ohne Rücksicht auf den sich wandelnden, jedesmaligen Sprachgebrauch beschrieben werden kann, muß angenommen werden, daß die Bedeutungen der „Morpheme" (die „Sememe") und der „Tagmeme" (die „Episeme") fix bleiben. Dagegen ist nicht zu postulieren, daß bestimmten Morphemgruppen mit bestimmten möglichen Syntaxfunktionen, z. B. den Substantiven, irgendeine ding- oder personenbezogene Bedeutung zukomme. Damit wäre der ‚Fehler' der traditionellen Grammatik wiederholt, (außersprachliche) Kategorien wie die des Dinges oder der Person aufzunehmen, um Sprache zu beschreiben. Die methodische Strenge des Strukturalismus führt hier zu der These, daß ‚Bedeutungen' als solche noch gar kein gegenstandsbezogenes Korrelat haben, eine These, die sich im Ansatz schon bei Kant findet. (Ein kritischer Begriff des Gegenstandes kommt bei Kant nur von apriorischen Bedingungen seiner *Möglichkeit* her in den Blick, s. o. S. 54ff.) Die Morpheme sind als solche weder Substantive noch Verben, noch fallen sie in irgendeine andere Kategorie der traditionellen Grammatik. Umgekehrt kann die Funktion von sogenannten Substantiven, Verben usw. aber nach morphematischen und syntagmatischen Funktionen analysiert werden. Ob sie die eine oder die andere Funktion annehmen, bestimmt die Komposition mit anderen Morphemen oder Tagmemen, also letztlich der Zweck, zu dem Sprache hic et nunc in der Sprechsituation verwendet wird. Von solchen finalen Verwendungen kann die Linguistik von diesem strukturalistischen Ansatz aus nichts wissen. Die ‚Struktur' enthält nur die Elemente und die Regeln ihrer möglichen Komposition. Die wirkliche Komposition gehört, wenn man von der de Saussureschen Trennung von „langue" und „parole" ausgeht, schon zur „parole".

Auch wenn diese Trennung nicht ‚real' zu verstehen ist und die Betrachtung einer ‚langue' *an der Tätigkeit* (ἐνέργεια) *des Sprechens* nur den Aspekt der Sprache als ἔργον hervorhebt (Coseriu *1975*, 256), stellt sich die Frage, wo die artifizielle Trennungslinie zwischen vorgegebenen Elementen und aktualer Komposition zweckmäßigerweise zu ziehen ist. Davon wird der jeweilige Begriff von ‚Sprache' abhängen, und dessen muß sich alles Philosophieren über ‚Sprache' bewußt sein. Wenn sich der Begriff einer „langue" nur einer besonderen Betrachtungsweise der Tätigkeit des Sprechens als der einzigen sprachlichen Wirklichkeit verdankt, muß diese Trennungslinie notwendig willkürlich bzw. nur in Abhängigkeit vom Zweck der Betrachtung gezogen werden. Nachdem sie gezogen ist, kann das „wirklich und primär als ‚Produkt'" einer *Tätigkeit* „Vorkommende ... nicht" mehr „als solches ... untersucht werden, sondern nur als ‚Sache'" (ebd.). Deutlich kommt dies auch bei Hjelmslev zum Ausdruck. Hjelmslev will sich als Sprachwissenschaftler seinem Gegenstand nur in einer solchen Methode der „Beschreibung" zuwenden (Hjelmslev *1968*, 13), die 1) als Analyse seiner Teile und 2) als seine syntaktische Einordnung in eine Ganzheit vorgenommen werden könne. Die beiden Momente der „Beschreibung" werden kombiniert, indem auf „Elemente" in Einzelsprachen rekurriert wird, die dann mit „Elementen" anderer Sprachen in funktionale Beziehung gesetzt werden. Diese Beziehungen machen den eigentlichen Gegenstand einer umfassenden strukturalistischen Sprachwissenschaft aus. Er ist dadurch bestimmt, daß „die Anzahl der Elemente und die Verbindungsmöglichkeiten eines jeden Elements ... ein für allemal ... im *Sprachbau*" festgelegt seien und der *Sprachgebrauch* lediglich bestimme, „welche dieser Möglichkeiten man ausnutzen will" (47). Der Sprachbau besteht demnach in der Vorgabe von Möglichkeiten. Er beinhaltet die Tätigkeit des Sprechens κατὰ δύναμιν (vgl. Coseriu *1975*, 256). Doch daß hier von „ein für allemal" festliegenden Elementen die Rede sein kann, ist nur auf Grund dieses Aspektes und nicht auf Grund einer Realunterscheidung möglich. Der Abstraktion dieses Aspekts verdankt sich die Ansicht, der Sprachbau sei in einer „Funktion zwischen Sprachbau und Sprachgebrauch“ das Konstante und der Gebrauch das Variable (Hjelmslev *1968*, 51). Hjelmslev weiß natürlich, daß „neue Zeichen“ eingeführt werden können (57). Aber da die „Sprachgemeinschaft“ darin „frei“ sei, entziehe sich diese Dimension als „unerforschliches Gebiet“ des „Sprachgefühls“ (ebd.) der Wissenschaft. Ein in gegenständlicher Einstellung *analysierbarer* ‚Sprachbau‘ erscheint in noch stärkerem Maße als wissenschaftliches Konstrukt, wenn im Interesse der Aufstellung von Elementen und Funktionen zwischen Elementen verschiedener Sprachen der Aufweis von *unmittelbaren* Funktionen zwischen Elementen der Einzelsprachen aufgegeben und stattdessen bei sprachlichen „Kategorien“ eingesetzt wird. Eine „Kategorie“ wird definiert als „der gesamte Umfang der Größen ..., die man auf einen bestimmten Platz in der Kette“ der Elemente „einsetzen kann“ (115). Sprache wird unter diesem methodischen Zugriff zu einer „Struktur, deren Glieder in den Kategorien gegenseitig austauschbar sind“ (121). Als Fall von ‚Sprache‘ gelten infolgedessen Sprachen nur insoweit, als sie sich durch Austausch von Elementen innerhalb der Kategorien ineinander übersetzen lassen, und umgekehrt ist der Begriff ‚Sprache‘ über die vorzufindenden natürlichen Sprachen hinaus so weit gefaßt, daß alles, was diese Bedingung erfüllt, als Sprache gilt. Der (deskriptive) Ausgang von gegebenen Sprachen gilt jetzt konsequenterweise nicht mehr als „ausreichende Basis für eine Theorie des Sprachbaus“ (126). Es kann deshalb der Fall eintreten, daß etwas unter die Theorie fällt, was „die Leute nicht Sprache zu nennen pflegen“ (ebd.). Das bedeutet für Hjelmslev aber keineswegs eine Universalisierung auf eine formale Begriffslogik hin. Die Begriffslogik habe sich gerade auf der Grundlage der vorgefundenen Sprache entwickelt. Sie sei „immer eine verkleidete Sprache“ (146).

Es wird ein Standpunkt zu gewinnen versucht, der so universal ist, daß alles, was „die Leute Sprache zu nennen pflegen“ (126), darunterfällt, und es wird in Kauf genommen, daß dann auch noch anderes darunterfällt. Der dafür maßgebliche Schritt ist der von der Beziehung zwischen „Elementen“, aus denen Sprachen als Gegenstand der Beschreibung „unmittelbar“ bestehen sollen (47), zu „Kategorien“ dieser Beschreibung, die vom Aspekt der Universalisierbarkeit her zu wählen sind. Auf kategorialer Ebene kann dann von Beziehungen als „Kategorienfunktionen“ zwischen Sprachen die Rede sein, zwischen denen keine genetische Beziehung besteht. Bedingung hierfür ist die semantische Entdifferenzierung als Schritt zu einer *makrosemantischen* Betrachtungsweise, in der sich erst der universale Gegenstand Sprache konstituiert und in deren Augen die Einzelsprachen dann eigentlich zu bloßen (historischen, regionalen oder soziologisch bestimmbaren) Verwendungsweisen von Sprache absinken.

Der Unterschied der ‚natürlichen Sprachen‘ zu allem, was von diesem strukturalistischen Ansatz her „Sprache“ genannt werden kann, bleibt bei Hjelmslev wohl bewußt. „In der natürlichen Sprache kann man sich nämlich, wie Sören Kierkegaard gesagt hat, mit dem Unsagbaren beschäftigen, bis es ausgesagt ist.“ Aber dieser „Vorzug“ bleibt „ihr Geheimnis“, das aus dem wissenschaftlichen Begriff von Sprache hinausfällt (125). Auch wird eingeräumt, daß die Aufgabe, in der Semantik zu einer „Typologie des Sprachgebrauchs für die Inhaltsseite“ zu gelangen, „eine schwierigere Aufgabe“ sei als eine lautliche Typologie (145). Sie wird anderen Wissenschaften als der (sich strukturalistisch verstehenden) Sprachwissenschaft zugerechnet, etwa einer phänomenologischen Psychologie. Wenn man davon ausgeht, daß in der natürlichen Sprache die Beschäftigung mit dem „Unsagbaren" in einer unbegrenzten Weise so lange möglich ist, „bis es ausgesagt ist", so werden die prinzipiellen Schwierigkeiten einer semantischen Kategorienlehre deutlich, mit der semantische Elemente über alle Sprachunterschiede hinweg zueinander in Beziehung gesetzt werden könnten. Die Kategorie bestimmt, was als Element unter ihr in Frage kommt, d. h. der makrosemantische Gesichtspunkt, der alle möglichen Sprachen aufeinander zu beziehen vermag, bestimmt, was in einer allen möglichen Sprachen vorausliegenden gemeinsamen Welt „Dinge" sein können (ebd.). Die Kategorien sind so weit zu wählen, daß nichts ausgeschlossen bleibt, was überhaupt „Sprache" *genannt* werden kann. Das bleibt als empirisch-deskriptives Moment erhalten. Der faktische Gebrauch des Wortes „Sprache" zufolge eines intuitiven Verständnisses seiner Bedeutung wird somit zu einem ontologischen Konstituens.

Auf die strukturalistischen Ansätze wurde ausführlicher eingegangen, weil sich das gegenwärtige philosophische Verständnis von Sprache entscheidend an ihnen orientiert hat. Während bei den Linguisten aber zumeist das Bewußtsein durchscheint, daß die Merkmale des vorauszusetzenden Sprachbegriffs sich methodologischen Anforderungen einer Sprachwissenschaft verdanken, ist dies in vielen sich eher philosophisch verstehenden Positionen nicht mehr so sehr der Fall. Vor allem das Gebiet der Semantik schreibt die Linguistik im Interesse einer klaren Abgrenzung ihres Gegenstandes weitgehend anderen Wissenschaften zu, wenn nicht gar in einer sehr vagen Weise *allen* „anderen Wissenschaften außer der Linguistik" (145). Die Linguistik setzt sich dadurch als mathesis universalis an die traditionelle Stelle der Mathematik. In der an diesem Sprachbegriff anknüpfenden Philosophie wird dagegen vielfach unbefangen von einer Semantik in bezug auf ‚die' Sprache gesprochen, als sei Sprache in semantischer Hinsicht auch nur annäherungsweise so gut als Gegenstand identifizierbar, wie es der strukturalistischen Linguistik unter anderen Aspekten gelingt. Eine von der Einzelsprache, ja im Grunde schon eine vom „jedesmaligen Sprechen" (Humboldt Schriften VII, 46) abgelöste ‚allgemeine' Semantiktheorie wird sich notwendigerweise an Einteilungen und sprachliche Regelungen *anderer Wissenschaften* anlehnen müssen, wenn semantische Kategorien als Kategorien für alle denkbaren Sprachen ‚makrosemantisch' nicht vollkommen inhaltsleer geraten sollen. Der vorwissenschaftliche Sprachgebrauch bietet von sich aus keine Bestimmtheit.

Nicht nur semantische, sondern auch syntaktische Kategorien müssen, *als Kategorien*, ‚etwas' bedeuten. Eine Kategorie, die „substitutive Transpositionen" im Sinne Koschmieders (Koschmieder *1965*, 114) ermöglicht, zeigt z. B. an, daß eine Form „x" in der Sprache „u" ‚dieselbe' Funktion haben soll wie eine Form „y" in der Sprache „v". Sie zeigt paraphrasierend auf eine interlinguale ‚Entsprechung', aber so, daß zugleich die Schwierigkeit der Übersetzung von „u" in „v", d. h. die Nichtentsprechung oder das Fremdartige angedeutet bleiben. Insofern ist sie eine Beschreibung der Andersartigkeit des Sprachbaues fremder Sprachen mit Mitteln der eigenen, also im Grunde ein paradoxer Versuch. Sein Gelingen hängt davon ab, wie weit oder wie eng die Bestimmtheit von Bedeutungen jeweils gefaßt wird. Bedeutungen als ‚engere' oder ‚weitere' gelten zu lassen ist aber ein Vorgang der interindividuellen Tätigkeit des Sprechens. Es bezieht sich auf die jeweils anerkannte ‚Berechtigung' des jeweiligen ‚weiteren' oder ‚engeren' Gebrauchs. Von ‚der' Sprache in einem universalen Sinn zu sprechen ist unter Berücksichtigung dieses Faktums selbstverständlich ‚möglich'.

Das ist für den Sprachbegriff festzuhalten (und von der Linguistik zu lernen), wenn einzelsprachlichen Ausdrükken ‚von außen' semantische Interpretationen, etwa in der Schreibweise der Quantorenlogik, ‚zugeordnet' werden. Es gilt ebensogut, wenn die Bedeutung in einem bestimmten *Sprechakt* gesehen wird, als dessen Bestandteil der Ausdruck zu verstehen sei.

## *5. Sprechakte*

Die ‚Sprechakttheorie' scheint nun auf eine Philosophie der Sprache zurückzugreifen, nach der Sprache im Wesen Sprechen, also eine Tätigkeit ist. Der Titel des Werkes von Austin, des Begründers der Sprechakttheorie, „How to do things with words" deutet diese Auffassung an (Austin *1962*). Die Sprechakttheorie verdankt sich aber genuin einer sprachwissenschaftlichen Betrachtungsweise. Austin spricht ausdrücklich von einer Konvergenz von Sprachphilosophie und Sprachwissenschaft in der gegenwärtigen Reflexion von Sprache (Austin *1961*). Die Forderung einer „Linguistik der *parole*" wurde bereits lange vor der eigentlichen Sprechakttheorie erhoben (vgl. Coseriu *1975*, 253 f.). Coseriu weist darauf hin, daß man letztlich die Tätigkeit des Sprechens im Blick hat, wenn man Sprache *als* Kompetenz (κατὰ δύναμιν) oder auch *als* Performanz (κατ' ἔργον) betrachtet. Das Sprechen κατ' ἐνέργειαν ist nach Coseriu „universell das Sprechen schlechthin", und erst „im besonderen", also schon wieder unter einem Aspekt, ist es die Rede als Sprechakt oder Reihe von Sprechakten (256).

Die Sprechakttheorie teilt den Sprechakt ein in 1) einen „propositionalen Gehalt" als das, was man *in* ihm sagt (die intensionale Bedeutung im herkömmlichen Sinne), 2) einen „illokutionären Akt" als Handlung, die man *mit* ihm ausführt (z. B. daß man jemanden grüßt, *indem* man ihm einen guten Tag wünscht), und 3) einen „perlokutionären Akt" als die Handlung, die man durch ihn oder mittels seiner ausführt (z. B. daß man den Gegrüßten freundlich stimmt). Sprachphilosophisch ist nach dem philosophischen Status dieser Einteilung (Analyse) zu fragen. Austin hatte im Gegensatz zu seinem Schüler Searle (Searle *1969 a*, 24) noch einen „lokutionären Akt" unterschieden. Er meint damit das rein Sprachliche am Sprechakt, das Searle im „illokutionären" Akt im weitesten, unspezifischen Sinn aufgehen läßt (Searle *1968*). Die *Sprach*theorie wird *handlungs*theoretisch fundiert (vgl. Shwayder *1971*). Die Unterscheidung von Sprechakten und ihre Bestimmung als die wahren Elemente des sprachlichen Verhaltens wird damit an eine Hierarchie von Begriffen, als Bedeutungen von Wörtern für Tätigkeiten, gebunden, die man sprachlich ausführen kann, wie z. B. ‚Grüßen', ‚Befehlen', ‚Ermahnen', ‚Feststellen' usw. mit ihren Unter- und Oberbegriffen, denn man führt mit der durch den Unterbegriff bezeichneten Handlung zugleich die im Oberbegriff bezeichnete aus. (Zur ‚Logik' von Sprechakten vgl. auch H. P. Grice *1968*.) Die Unterscheidung zwischen illokutionären und perlokutionären Aspekten am Sprechakt soll die kommunikative Seite des Aktes herausstellen: Ich grüße jemanden, indem ich ihm etwas wünsche oder auch, indem ich etwas über das Wetter (aus-)sage, mit der Wirkung, daß der Gegrüßte freundlich gestimmt ist. Das entspricht der traditionellen Trennung von Mittel und Zweck bei der Analyse von Handlungen. Der propositionale Gehalt wird ‚zum Grüßen‘ verwendet, und es wird gegrüßt, ‚damit‘ der andere geehrt werde oder auch ‚damit‘ er freundlich gestimmt sei. Die kommunikative Seite bzw. die Andersheit des anderen oder der Umstand, daß die Sprache als Tätigkeit *zweien* angehört, wird also gerade durch die Subsumtion unter dieses traditionelle Handlungsmodell verdeckt. Sollte der andere durch meinen Gruß nicht freundlich gestimmt worden sein, so wird *er* von sich aus vielleicht bezweifeln, ob mein Sprechakt ein (aufrichtiges) Grüßen war. Der perlokutionäre Akt, verstanden als Vollzug des wirklich Erreichten, schlägt auf die Bestimmung des illokutionären zurück. Man könnte allenfalls noch von einem mißlungenen Grüßen sprechen. Zwischen Gelingen und Mißlingen ist allerdings mangels Introspektion in die Gemüter der beteiligten Personen schwer zu unterscheiden, und so bleibt offen, ob ein wirklicher Sprachvollzug tatsächlich *als* Grüßen, *als* Behaupten eines Sachverhaltes oder *als* (aufrichtiges oder unaufrichtiges) Versprechen usw. mit Recht identifiziert werden kann. Die Sprache als individuelle *Tätigkeit* bleibt auch hier entgegen dem Anspruch notwendig außerhalb der Betrachtung. Es wird z. B. nicht berücksichtigt, als ‚was‘ der *Sprecher* seinen Sprechakt verstanden wissen will oder als was der *Angesprochene* ihn verstanden hat. Um diese Schwierigkeiten zu überbrücken, werden a priori und sozusagen aus Gründen der Theorie *moralische* Forderungen an Sprechakte gestellt, die die beteiligten Personen *zuvor schon* verbinden sollen: Die Verbindung eines illokutionären Sprechaktes *als* Versprechen (z. B. mittels der Proposition ‚ich komme morgen‘) mit dem perlokutionären Aspekt (daß der andere mich erwartet) setzt Aufrichtigkeit, die Identifizierung eines illokutionären Aktes als ‚Mitteilen eines Sachverhaltes‘ mit dem perlokutionären Aspekt der Information anderer Wahrhaftigkeit voraus.

Diese Voraussetzungen der Geltung und Befolgung moralischer Normen gehören zu den Bedingungen der Möglichkeit einer solchen Theorie. Sie sind hier axiomatische Setzungen, ohne die eine Analyse der Sprache in intersubjektive Sprechakte nicht ansetzen könnte. Es ist eine Verkehrung der Begründungsverhältnisse, wenn dies nun ontologisch gewendet und dann daraus *gefolgert* wird, um der Ausführbarkeit von ‚Sprechakten' willen müßten die genannten moralischen Normen gelten. In dieser Ontologisierung soll Sprechen schlechthin das *sein,* als was es wissenschaftlich von einem axiomatischen Ansatz her bestimmt worden ist: *dasselbe wie* das Ausführen von Sprechakten, die ihrerseits aber nur als Konstrukte eines perspektivischen Aspekts auf Sprache am Leitfaden einer Hierarchie von Tätigkeitswörtern bestimmter Sprachen zu bestimmen sind. Die *methodologisch* zum Zwecke der Analyse der Sprache auf Sprechakte hin vorausgesetzte Geltung moralischer Normen wird zu einer allgemeinen philosophischen Begründung dieser Normen verwandt (Habermas *1971*, 131).

### *6. Sprache und Metaphysik*

Das Verhältnis zwischen Sprache und Metaphysik wird in der Gegenwart vor allem unter zwei Gesichtspunkten diskutiert. Der Neopositivismus führte das Wesen der Metaphysik generell auf ein Mißverständnis der Sprache bzw. auf Sprachverführung zurück. Er zielte auf eine „Überwindung der Metaphysik durch logische Analyse der Sprache" (Carnap *1932*). Die Sprache erzeuge die Vorstellung von nicht empirischen Entitäten, z. B. weil die Grammatik Substantivierungen über die Namen für empirische Gegenstände hinaus zulasse. Über das Empirische hinaus müsse ihre Funktion, wenn sie recht verstanden sei, rein syntaktisch bleiben. Carnaps Titel einer „logischen Syntax der Sprache“ (Carnap *1934*) ist hierfür charakteristisch. Dieser sprachkritische Ansatz ist heute weitgehend überholt. Klassenbegriffe lassen sich auch von der Logik her nicht als rein syntaktische Aufreihungen von Empirischem verstehen. „Rot“ kann nicht nur als Name für die Klasse aller roten Dinge verstanden werden. Diese Dinge *sind* rot, deshalb werden sie „rot“ genannt, und erst weil sie so genannt werden, bilden sie eine ‚Klasse‘, wenn immer mit der Prädizierung ein Erkenntnisanspruch und nicht nur eine subjektive Zuordnung zu einer Klasse verbunden wird. Die (griechische) Grammatik mag es erlaubt haben, die ‚Realität‘ der Allgemeinbegriffe ins bewußte Denken zu heben. Aber sie kann diese intensionalen Begriffe nicht so erzeugt haben, daß darin nur Derivate der Grammatik zu sehen seien. Carnap selbst legte später (Carnap *1958 a*) den Grund für eine intensionale Logik, die sich nicht nur als „logische Syntax“ auf einzelnes, sondern auch auf Gedachtes bezieht.

Die Metaphysik hat über die ‚Ontologisierung‘ von allgemeinen Prädikaten hinaus aber noch weitere Vergegenständlichungen vorgenommen. Es ist in ihr von ‚dem‘ Geist, ‚dem‘ Absoluten usw. die Rede. Alles überhaupt als Substantiv Sagbare scheint schlicht schon für (intensional) Denkbares genommen zu werden, über dessen Existenz man also immerhin auf eine sinnvolle Weise sollte streiten können. – In der Metaphysikkritik Heideggers wird dagegen das Wesen der Metaphysik nicht nur in der Vergegenständlichung von Nichtempirischem und nicht (widerspruchsfrei) Denkbarem mit den Mitteln der Sprache gesehen, sondern in der Vergegenständlichung überhaupt, einschließlich des sogenannten Empirischen. Dieser

Ansatz der Kritik hat heute, nachdem in die Fragestellungen der analytischen Philosophie immer mehr die Probleme der traditionellen kritischen Philosophie einbezogen werden, mehr Überzeugungskraft. Daß ein Kriterium für die Realität des Denkbaren problematisch sei, hatte innerhalb der Metaphysik, vor allem bei Kant, zur Eingrenzung des Realitätsbegriffs auf die Realität des empirisch Gegebenen geführt. Der Versuch einer undogmatischen Abgrenzung des Begriffs des empirischen Seins führt jedoch ebenfalls zu grundsätzlichen Schwierigkeiten. Daß und wie von ihm als von dem wahrhaft Existierenden die Rede ist, ist in theoretischen (axiomatischen) Vorentscheidungen begründet, die somit die eigentliche Vergegenständlichung leisten. ‚Vergegenständlichung' liegt also durchweg vor, ob nun nur Empirisches oder auch Nichtempirisches im Sinne des widerspruchsfrei Denkbaren die Welt des Gegenständlichen oder wahrhaft Seienden ausmachen soll.

Die aristotelische Metaphysik dachte in einem Gegenzug gegen die platonische Ideenlehre das wahrhaft Seiende als (wirkliche) Entelechien, also nicht nur als Bedeutungen von Wörtern, vor die man einen Artikel setzen kann. Die Entelechie soll nicht in dem aufgehen, was sie für andere, z. B. als Gegenstand sprachlicher Bestimmung ist. Ihr Sein ist ‚An-ihm-selbst-Sein'. Heidegger sieht aber auch und gerade darin vorstellendes, vergegenständlichendes Denken. „Die Metaphysik hat in ihren Antworten auf ihre Frage nach dem Seienden als solchem vor diesem schon das Sein vorgestellt. Sie spricht Sein notwendig aus und darum ständig. Aber die Metaphysik bringt das Sein selbst nicht zur Sprache..." (Heidegger Wegm., 198 f.) Vorstellendes, vergegenständlichendes Denken ist demnach alles Denken, das vor der Erfahrung des Seins vorweg schon Antworten als Thesen über das Sein des Seienden gibt und

Seiendes als solches dadurch unter irgendeiner Bestimmung, und sei es auch der des ‚An-ihm-selbst-Seins' denkt. Solche Antworten als Prädikationen über das damit als Subjekt von Aussagen gesetzte Sein lassen in dieser Sicht das Sein nicht selbst zur *Sprache* kommen. Der Sprache wird in diesem Vorwurf eine Bedeutung zugesprochen, nach der sie mehr sein soll als Mittel des Denkens, insofern es sich vorweg schon an bestimmten *Antworten* auf die Frage nach dem Sein orientiert. Die Metaphysik erscheint hier als Inbegriff des Axiomatischen überhaupt, das sich von seinen jeweiligen auslegenden Anfängen oder ‚Anfangsgründen' her als ein selbstbewußtes Denken versteht. Es versteht sich seinem eigenen Selbstbegriff nach auf das Sein, indem es das Sein immer schon in einer bestimmten Weise (z. B. *als* Idee, *als* Entelechie, *als* Gegenstand des Denkens, der Erfahrung, *als* Meßbares usw.) anspricht und von daher eine apriorische Sicherheit des Redens über das Sein erhält. Solches Reden war schon in „Sein und Zeit" als defizienter Modus verstanden worden. Der späte Heidegger ändert daran im Grunde nichts. Wenn er sich mehr im Positiven der Sprache zuwendet, dann ist damit die Sprache gemeint, die das voraussetzende Reden über das Sein im geschichtlichen *Wandel* solcher Voraussetzungen erst möglich macht. Sie ist dabei von einem Sprachbegriff unterschieden, unter dem sie selbst, von den jeweiligen metaphysischen Voraussetzungen her, in ihrem ‚Wesen' zu erfassen und zu bestimmen versucht wird.

In dieser Sicht der Sprache im Unterschied zu ihrem jeweiligen Begriff ist die Metaphysik gründlicher kritisiert als in positivistischen und analytischen Ansätzen, die sich kritisch gegen einen irreleitenden Sprachgebrauch wenden wollen, indem sie selbst einen Begriff vom richtigen Sprachgebrauch voraussetzen. Sie bleiben mit diesen Voraussetzungen eines wahren Begriffs von Sprache bei aller Absicht der Metaphysikkritik der Metaphysik verhaftet. Indem sie *unter* Voraussetzungen denken, ohne sie selbst zu bedenken, denken sie, in einem radikalen Sinne, nicht. So kommt Heidegger zu der These, daß die Wissenschaft nicht *denke* (Heidegger Denken, 154). Denken heißt hier: auf die Sprache hören, statt sie von vornherein, im Ausgang von einem bestimmten Vorbegriff vom Sein des Seienden, selbst als Seiendes vorzustellen und sie, als Gegenstand einer von diesem bestimmten Seinsbegriff beherrschten Wissenschaft, als Gegenstand neben anderen Gegenständen zu betrachten. Denken heißt dann: mit dem „ständigen", von vorausgesetzten Auslegungen her gesteuerten und vergegenständlichenden Reden der Metaphysik, das nicht mehr in seinen sprachlichen Ursprung zurückhört, „aufhören". Diesem Reden gegenüber ist es Schweigen. Es denkt an die über dieses Reden hinausweisenden Möglichkeiten der Sprache. Was als eine bestimmte Sprache oder Sprachenfamilie vergegenständlichend reflektiert wird, indem man es an grammatischen Eigentümlichkeiten identifiziert und von anderem einteilend abgrenzt, ist selbst Gegenstand des „Redens" und nicht Sprache im Heideggerschen Sinn. Ob sich die Metaphysik, wie sie sich seit Platon und Aristoteles herausgebildet hat, dem Bau der indoeuropäischen und spezieller der griechischen Sprache verdankt oder ob in solch einer Frage nicht vielmehr schon von Sprache in metaphysischer Betrachtungsweise die Rede ist, kann nach dieser Sicht des Verhältnisses von Sprache und Metaphysik nicht entschieden werden. Nach Heidegger wäre das grammatische Identifizieren (und Auseinanderhalten) von Sprachen (im Sinne von „la langue") selbst metaphysischem Denken zu verdanken, ebenso wie das Fragen nach einem angebbaren ‚Grund' der Metaphysik.

Es ist oft gesagt worden, daß im Griechischen neben der Möglichkeit, mit Hilfe des Artikels andere Wortarten zu substantivieren, die Ausprägung der Kopula dem metaphysischen Denken Vorschub geleistet habe (vgl. Stenzel Sprache, 56 f.; Schadewaldt *1978*, 156 f.). Die Metaphysik von Ding (Substanz) und Eigenschaften ‚entspricht' zwar den Sprachen mit der grammatischen Eigenschaft, Sätze obligatorisch in einen Subjekt- und einen Prädikatteil zu gliedern. Aber in dieser Betrachtung ist ‚Sprache' schon selbst als Ding mit Eigenschaften vorausgesetzt. Man bewegt sich auch in der Reflexion eines *Verhältnisses* von Sprache und Metaphysik innerhalb der Metaphysik. Wir ‚entsprechen' unserer Sprache, aber unserer Sprache, wie wir sie schon kategorial *bestimmt* haben. Wenn Heidegger sagt, daß der Mensch nur spreche, indem er der Sprache „entspreche" (Heidegger Sprache, 33), redet er selbst im Sinne der Metaphysik von der Sprache als von etwas ‚Zugrundeliegendem' und Bestimmendem, also selbst strukturell Bestimmtem, so sehr sich diese Struktur auch unserem grammatischen Zugriff entziehen soll.

Nietzsche spricht von einer „gemeinsamen Philosophie der Grammatik" (Nietzsche JGB, 28) über alle philosophischen Richtungen hinweg als von einem Schema, das wir wohl noch als ein uns bestimmendes Schema denken, aber deshalb doch „nicht abwerfen können" (Nietzsche N, 198). Gemeint ist bei Nietzsche eine Tiefengrammatik, die wir nicht feststellen, sondern an die wir „glauben" (Nietzsche GD, 72). ‚Grammatik' ist hier nicht als eine reflektierbare Eigenschaft der Sprache, sondern als eine Denkform verstanden, die wir unreflektiert von der Sprache her auf alles beziehen. Sie soll vor allem den „Glauben" implizieren, „daß es *gleiche Dinge*" gebe (Nietzsche MA, 35). Sprachen, die nach grammatischen Besonderheiten identifiziert werden, sind in dieser Betrachtungsweise ebenfalls „gleiche Dinge". Diesem Identifizieren liegt nach Nietzsche ein „Interesse" der Menschen als „organischen Wesen" zugrunde (ebd.). Aber auch dieses Erklären des genannten „Glaubens" folgt dem Schema der Metaphysik, *weil* es ‚Erklären' ist. Wir können es nicht ablegen, solange wir daran glauben, d. h. solange wir glauben, Erklären und Begründen seien, als Weisen der Reduktion sprachlicher Differenzierungen auf höhere, allgemeinere Gesichtspunkte, Erkenntnisweisen des Seins selbst.

Mit solch einer Philosophie der Sprache setzt sich die Philosophie selbst unüberschreitbare Grenzen. Sie denkt ihre eigene, durch keine Anstrengung zu überwindende Befangenheit. Die Sprache wird zum äußersten Grenzbegriff der Philosophie.

Die ‚Philosophie der normalen Sprache' muß naturgemäß hinter dieser äußersten Sprachreflexion zurückbleiben, solange sie auf eine Aufklärung sprachlicher Mißverständnisse zielt, als die sie die herkömmlichen metaphysischen Problemstellungen versteht. So ist es nach Ryle „ an historical curiosity that it was not noticed", daß die Cartesianische Lehre von den zwei Substanzen ‚Körper' und ‚Geist' lediglich auf einer *Kategorienverwechslung* („category-mistake") beruhe (Ryle *1949*, 20). Descartes habe gewisse Sachverhalte in der „Grammatik der Mechanik" („grammar of mechanics"; ebd.) beschrieben, und da er in der Sprache, die durch diese Grammatik regiert sei, gewisse andere Phänomene nicht adäquat habe erfassen können, sei er in den Fehler verfallen, unbedacht („unwittingly") an dieser *Grammatik* festzuhalten und geistige Tätigkeiten negativ zu beschreiben („by the mere negatives of the specific descriptions given to bodies"; ebd.). So sei er dazu gelangt, Körperliches und Geistiges einander als Äußeres und Inneres entgegenzusetzen.

Diese Entgegensetzung ist gewiß ein Grundzug der europäischen Metaphysik. Wenn Descartes von einem Geist „a corpore distincta" spricht (Descartes Reg., 422), so folgt er in seinem Selbstverständnis einer „notwendigen Verbindung", die, wie man sagen könnte, für ihn aber nicht in einer besonderen Grammatik, sondern in der universalen Grammatik des Geistes begründet ist: „Intelligo, ergo mentem habeo a corpore distinctam." Die Verschiedenheit oder Besonderheit des Geistes wird im Denkvollzug selbst erfahren, der *als Akt* dem Erkannten, d. h. dem in einer grammatisch bzw. axiomatisch geregelten Sprache wie der Sprache der Mechanik Bedeuteten, entgegengesetzt wird. Der Geist ist hier *nicht* Objekt. Seine ‚Grammatik' ist gerade nicht die der Mechanik. Aber das heißt noch nicht, daß er selbst eine andere, von der des Redens über Körper her negativ bestimmte Grammatik habe, sondern nur, daß er kein Gegenstand sei, der von dieser Grammatik her deutlich werde. ‚Geist' ist der Akt, der denkt und *sich* etwas deutlich macht, indem er sich auf solche Grammatiken versteht. Es bleibt zunächst offen, ob die Anwendung solcher Grammatiken objektiv gültig ist oder nicht. Deshalb ist der Geist dem *Sein* nach auch von der Vorstellung verschieden, die er sich etwa, unter der Voraussetzung einer Grammatik seiner Verdeutlichung, von sich selbst macht. Er denkt sich schlicht als Verschiedenes, als Subjekt und nicht als Objekt einer Grammatik. Die cartesische Unterscheidung zwischen Geist und Körper drückt gerade aus, daß hier keine „Kategorienverwechslung" vorgenommen werden darf. *Einteilende* Kategorien sind als solche gedacht als Konstituens für die Objektivität des Körperlichen (Einteilbaren), im Unterschied zur mens als dem Vermögen von Kategorien. Der europäische Nominalismus hatte zuvor schon das Kategoriale überhaupt auf Subjektivität zurückbezogen und nicht mehr als ‚Idee' im platonisch-aristotelischen Sinne gedacht, mit der etwas in seinem Sein an ihm selbst zum Vorschein komme. Die ‚Philosophie der normalen Sprache' bleibt, wenn sie in einer „Kategorienverwechslung" den Ansatz für (falsche) Ontologisierungen sieht, hinter der weit fundamentaleren Sprachskepsis der philosophischen Tradition zurück.

Noch deutlicher wird dies in der sprachanalytischen Moralphilosophie. Nach Carnap sind die meisten Philosophen durch die Tatsache, daß Werturteile die grammatische Form von Behauptungssätzen haben, zu der falschen Annahme verleitet worden, daß Werturteile „wirklich" Behauptungssätze seien. In Wirklichkeit aber seien Werturteile nur Befehlssätze (Carnap *1935*, 24 f.). Auch nach Ayer hat es keinen Sinn zu fragen, wer recht habe, wenn jemand behauptet, eine Verhaltensweise sei richtig, und ein anderer, sie sei falsch, weil keiner von beiden in Wahrheit einen kognitiven Satz bzw. eine wirkliche Behauptung äußere (Ayer *1935*, 108), sondern nur einen Befehl oder eine Emotion. Mit bewundernswerter Sicherheit wird hierbei zwischen der ‚Form' kognitiver Sätze und ‚wirklichen' kognitiven Sätzen unterschieden, als seien dies in ihrer Erkenntnisfunktion deutliche Begriffe. Gewiß haben moralische Urteile nach einigen Philosophen, z. B. nach Kant, einen (nichtempirischen) Erkenntnisgehalt. Im Unterschied zur empirischen Erkenntnis beruht er nach Kant allein auf der Möglichkeit subjektiver Handlungsmaximen, „zugleich" als „Prinzip einer allgemeinen Gesetzgebung" ohne Widerspruch denkbar zu sein (Kant KpV, 54). Dieser Gedanke setzt mit der Feststellbarkeit der widerspruchsfreien Verallgemeinerungsfähigkeit allerdings die *logische* Deutlichkeit des Gehalts sprachlich formulierbarer subjektiver Handlungsmaximen voraus. Er setzt damit voraus, daß allgemein deutlich sei, was solche Maximen jeweils für das Verhalten *bedeuten*, d. h. was man tut, wenn man ihnen folgt. Die Frage, was das Handeln nach Maximen, die in ihrem jeweiligen subjektiven Verständnis ohne Widerspruch verallgemeinerungsfähig zu sein scheinen, unter Umständen für *andere* bedeuten kann, die von beabsichtigten oder unbeabsichtigten Folgen der Handlung betroffen werden, wurde, z. B. für Hegel (Hegel Phän., 423–472), zum philosophischen Folgeproblem des Kantischen Lösungsvorschlags für einen ‚kognitiven Gehalt' moralischer Urteile. Er kann für *ein* Subjekt als solcher deutlich, für andere Subjekte aber trotzdem problematisch sein. Seine Beanspruchung weist somit auf eine weitaus allgemeinere sprachphilosophische Frage zurück, die ebensogut die Deutlichkeit anderer Sätze mit kognitivem Anspruch betrifft.

Die sprachanalytische Argumentation geht, vor allem in der Weiterentwicklung zur Sprechakttheorie, dagegen davon aus, daß es theoretisch möglich sei, deutlich zu bestimmen, was ein ‚kognitiver Satz' etwa im Unterschied zu einem ‚Befehl' unabhängig von seiner grammatischen Form sei, die ihn als solchen bestimmen läßt. Es wird vermutet, es ‚existierten' solche bestimmten Sätze bzw. Sprechakte als voraussetzbare ‚Elemente' der Sprachanalyse und die grammatische Form sei demgegenüber eine bloße Oberflächenform. Die sprachanalytische Philosophie ‚beschreibt' die Sprache in Kategorien, die sie ohne Frage als dafür geeignet, also als sowohl intersubjektiv verbindlich als auch objektiv gültig ansieht. Sie geht z. B. davon aus, daß es „zwei deutlich verschiedene Verwendungsweisen" des Wortes „beschreiben" gebe. „Verwendungsweisen" gelten als identifizierbare Objekte (Toulmin/Baier *1969*, 192). Es wird sogar eine „erschöpfende Darstellungsweise des Begriffs der Beschreibung" für möglich gehalten, wenn sie auch zu einer „sehr umfangreichen Angelegenheit" erklärt wird (205). Man kann natürlich ‚mit' einem indikativischen Satz (z. B. „du kommst") oder auch ‚mit' einem Satz, der seiner Form nach einen Wunsch darstellt (z. B. „ich möchte, daß du kommst"), etwas befehlen. Man kann sich selbst so verstehen. Es ist aber theoretisch problematisch, ob solche Sätze, entgegen ihrer grammatischen Form oder als ‚Sprechakte', ‚nur' Befehle *seien* oder ob ihnen ein kognitiver, verbindlicher Gehalt zugestanden wird. Solche (subjektiven) Unterscheidungen sind, dem sprachphilosophischen Problembewußtsein der philosophischen Tradition nach, kein Gegenstand möglicher philosophischer Theorie. *Die* Theorie über Sätze und auch über ihre Bedeutung als Sprechakte bleibt die (einzelwissenschaftlich konstruierte) Grammatik, denn nur sie kann Sätze nach nennbaren Kriterien und Bildungsregeln ‚als' Befehlssätze, ‚als' kognitive Sätze usw. identifizieren.

In welchem Geist ein Satz verstanden werden ‚soll' und in welchem er verstanden wird, ist theoretisch nicht zu erfassen. Das Intensionale ist geistiger, nicht zu vergegenständlichender Art, d. h. es ist eigentlich gar nicht unter Artbegriffe subsumierbar, sondern wesentlich individuell. In Quines Ansatz der (einzel-)*wissenschaftlichen* Betrachtung ist das gesehen. Quine vollzieht deshalb eine „Flucht aus der Intension der Sprachmonaden" (Markis *1979*, 17). ‚Was für Sätze' Sätze sind, d. h. was sie bedeuten sollen, ist in der Grammatik festgestellt, unter deren Axiomatik sie gegliedert und identifiziert sind. Es macht das Wesen des Geistes oder die Freiheit der Subjekte aus, sich im praktischen Verstehen davon unabhängig zu wissen und die Sprache von ihrem linguistischen Begriff *praktisch* zu unterscheiden.

## 7. *‚Nachstrukturalistische' Sprachphilosophie. Sprache und Schrift*

Gegen diesen Sprachbegriff entwickelte sich die ‚nachstrukturalistische' französische Philosophie. Der Strukturalismus de Saussures hatte der bis dahin vorwiegend diachronisch ausgerichteten Sprachwissenschaft in methodischer Absicht und im Sinne eines *einzelwissenschaftlich-axiomatischen* Ansatzes die synchronische Sprachbetrachtung entgegengestellt (vgl. o. S. 203 ff.). Im Anschluß an diese Idee der wissenschaftlichen Analyse synchroner Sprachstrukturen und zugleich im Anschluß an die Sprachphilosophie des späten Heidegger, nach der der Mensch nur spricht, „indem er der Sprache entspricht" (Heidegger Sprache, 33), *verabsolutiert* die ‚nachstrukturalistische' Philosophie den Aspekt der Sprache als einer determinierenden Gesamtstruktur. Aus de Saussures „System" wurde – in der Vermittlung über den Linguisten und ehemaligen Angehörigen der Prager strukturalistischen Schule Jakobson und den Ethnologen Lévi-Strauss – die „Struktur", verstanden als auch die diachronische Entwicklung determinierendes System. Der ehemals nur linguistische einzelwissenschaftliche Begriff wurde zum Schlüsselbegriff einer umfassenden Semiotik universalisiert (zur Beziehung zur Phänomenologie vgl. Holenstein *1976*). – Auch darin wird eine Überwindung der Metaphysik gesehen, vor allem in ihrer subjektivistischen Ausbildung als Bewußtseinsphilosophie. Als Kennzeichen der Metaphysik gilt hierbei nicht so sehr die Voraussetzung eines umfassenden Allgemeinen im Sinne eines platonistischen Universalienrealismus, sondern, in Anlehnung an die Metaphysikkritik Heideggers, die Voraussetzung des Seins als Anwesenheit oder Präsenz, d. h. seine Identifizierung mit der zumeist als ‚logisch' reflektierten Bestimmtheit, in der es für Subjekte erscheint. Die Metaphysikkritik richtet sich hier gegen die Voraussetzung, nach der sich (endliche) Subjektivität als ,Vermögen' reflektiert, durch *Eingriffe* in die Sprache oder ihre ,metaphorische' Weiterentwicklung das gegebene Sprachsystem den ,Sachen selbst' oder der Wahrheit im Laufe der Zeit anzugleichen. Sie wendet sich gegen die Auffassung des Sprachlichen *als Zeichen* im traditionellen Sinn, nach der es sich im Blick auf eine von ihm repräsentierte Sache als ,bloßes' Zeichen beständig selbst zurückzunehmen habe. Gegen diese negative Ontologie des Zeichens und positive Ontologie des Bezeichneten wird geltend gemacht, daß Zeichen erst innerhalb eines (synchronen) *Systems* von Zeichen, etwa in der *Opposition* zu anderen Zeichen desselben Systems, überhaupt Zeichen ,für etwas' sein können. Das subjektive Sprechen als der performierende ,Gebrauch' dieses Systems sei in seinem linearen zeitlichen Verlauf nicht geeignet, solch eine vorgeordnete strukturelle *Gleichzeitigkeit* im Bewußtsein zu reflektieren. Die Sprache als *Lautsprache* analysiert die Repräsentation notwendig sukzessiv. «Les sons, en effet, ne peuvent être articulés qu'un à un; le langage ne peut pas représenter la pensée, d'emblée, en sa totalité; il faut qu'il la dispose partie par partie selon un ordre linéaire. Or, celui-ci est étranger à la représentation.» (Foucault *1966*, 96) Während der Zeichencharakter der Sprache als Lautsprache bisher im Blickpunkt der sprachphilosophischen Reflexion stand, distanziert sich hier das Philosophieren von der Sprache in dieser zeitlichen Erscheinung. Es unterscheidet zwischen ihr als System und ihrer Lautform. Von Arten dieser Unterscheidung, also von der verschiedenen Einstellung zum *Problem der Lautsprache* her wird die bisherige Geschichte der Philosophie zu verstehen und einzuteilen versucht. Es werden zwei grundsätzliche Ausrichtungen genannt: „soit qu'on admette avec Condillac (Grammaire, Œuvres, V, 39–40) que tous les éléments d'une représentation sont donnés en un instant et que seule la réflexion peut les dérouler un à un, soit qu'on admette avec Destutt de Tracy (Eléments d'Idéologie, I) qu'ils se succèdent avec une rapidité si grande qu'il n'est pratiquement pas possible d'en observer ni d'en retenir l'ordre" (ebd.). In diesem Sinne scheiden sich ein intuitionistisches Philosophieren, das von der Erfassung des Ganzen der Wahrheit ‚mit einem Schlag' ausgeht, und ein demgegenüber kritisches Denken, das sich an der Diskursivität und zeitlichen Endlichkeit des Erkenntnisvermögens orientiert. Man kann auch hier auf Kant verweisen: „Wenn die Auffassung so weit gelangt ist, daß die zuerst aufgefaßten Teilvorstellungen der Sinnenanschauung in der Einbildungskraft schon zu erlöschen anheben, indes daß diese zur Auffassung mehrerer fortrückt, so verliert sie auf einer Seite ebensoviel, als sie auf der anderen gewinnt, und in der Zusammenfassung ist ein Größtes, über welches sie nicht hinauskommen kann." (Kant KU, 87)

Der *allgemeinen Grammatik* ist unter diesem Aspekt eine allgemeine philosophische Funktion der Vermittlung zugesprochen. Sie ist *„l'étude de l'ordre verbal dans son rapport à la simultanéité qu'elle a pour charge de représenter"* (Foucault *1966*, 97). Sie untersucht das Verhältnis zwischen dem zeitlichen diskursiv-sprachlichen Prozeß, der seinen Ursprung in der gleichzeitigen Ordnung des Systems niemals vollkommen reflektieren kann, und diesem Ursprung selbst. In ihrer *Differenz* zur Gleichzeitigkeit des Systems wird die verbale Sprache dabei „forme initiale de toute réflexion, thème premier de toute critique" (98). Die allgemeine Grammatik habe in der Geschichte die Aufgabe gehabt, gegenüber der Arbitrarität der verbalen und historischen Sprachen zum Denken – „à travers tant de choix divers“ – die notwendige Ordnung und Evidenz der Repräsentation *wiederzufinden* (ebd.). Die Grammatik ist hier weder nachträgliche Beschreibung einzelsprachlicher Regeln noch ‚generative‘ Grammatik der Erzeugung sprachlicher Erscheinungen, sondern die Form des Denkens, in der es sich von der Äußerlichkeit diskursiver Prozesse und deren vergeblicher und deshalb inflationärer Bemühung, ihren Ursprung zu reflektieren, abwendet, um ihn in seiner *Evidenz* wiederzufinden.

Die verbale Sprache wird damit zu einem „objet de la connaissance parmi tant d'autres“ (309). Indem ihre Geschichte in den Blick kommt, wird sie zum Relativen gegenüber dem Denken. Die allgemeine Grammatik kann nicht mehr gleichzeitig allgemeine Logik sein. Von ihrem Blick auf die erscheinenden Sprachen her erscheint sie nun selbst als Wissenschaft vom Besonderen: Aber die Sprache („le langage“) „a beau être lui-même disposé, déployé et analysé sous le regard d'une science, il resurgit toujours du côté du sujet qui connaît – dès qu'il s'agit pour lui d'énoncer ce qu'il sait“ (ebd.). Die Sprache bleibt selbst unanalysierbare, unreflektierbare und in diesem Sinn individuelle Form diskursiver Reflexion, und man kann sie deshalb auch nicht, im Interesse der Präsenz der Sachen selbst, als ‚subjektiven‘ Anteil vom Denken und Wissen abziehen. Es bilden sich demnach mit der Auflösung der Idee einer *allgemeinen* Grammatik zwei Pole im Wissenschaftsbegriff gleichzeitig heraus: die Philologie, die sich den Sprachen als *besonderen* Gegenständen zuwendet, ohne deren gemeinsame Form noch im Blick zu haben, und die allgemeine, als sprachfrei verstandene Logik. Der Gegenstand der Philologie, die indoeuropäischen Sprachen, zeigt „le glissement du langage du côté de l'objet connu", die Logik „le mouvement qui le fait basculer du côté de l'acte de connaître" (310). Der damit hervortretende gnoseologische Gegensatz zwischen Erkenntnis und Gegenstand besteht als „rapport de l'homme à l'impensé", als „leur apparition jumelle dans la culture occidentale" (337). Auf diese Weise erst wird der Mensch zum ausgezeichneten Gegenstand oder zum Problem philosophischer Reflexion. Es entstehen die „sciences humaines", die den Menschen in seiner Geschichtlichkeit und seine Sprache unter dem Aspekt ihrer innovierenden, metaphorischen *Veränderlichkeit* gegenüber ihrem jeweils reflektierbaren Zustand zum unerschöpflichen Thema haben, und d. h. letzten Endes: die das unlösbare *Problem* der Analyse des wesentlich Individuellen und nicht zu Analysierenden institutionalisieren. Eines ist auf jeden Fall für Foucault gewiß: „c'est que l'homme n'est pas le plus vieux problème ni le plus constant qui se soit posé au savoir humain"(398). Der Mensch ist für sich erst problematisch und philosophisch interessant, seit die *Sprache* dadurch problematisch geworden ist, daß sich ihr geschichtlich „gleitender", individuell-lautlicher Charakter hervorgekehrt hat, demgegenüber das Denken sich gleichwohl auf überzeitliche Strukturen zurückzubeziehen versucht. Sie müßten sich in ihrer „Gleichzeitigkeit" von der „Synchronie" als dem „irrealen" Gegenstand einer (einzel-)wissenschaftlichen Betrachtung der Lautsprache (s. o. S. 203) unterscheiden.

Bei Derrida wird dann auch konsequenterweise der zeitlichen Dimension der Lautsprache der *visuelle* Charakter der *Schrift* als einer ‚gleichzeitigen' Repräsentationsform entgegengestellt und vorgeordnet. Nachdem die Sprache ihrer selbst als Repräsentation nicht länger gewiß sein kann („cesse d'être rassuré sur soi"), erscheint sie zugleich als „contenu et *bordé* par le signifié infini qui semblait l'excéder" (Derrida *1967 b*, 15). Sie gilt nicht mehr als das *universale* und umfassendste Repräsentationssystem. Es wird nach einem System von Signifikanten Ausschau gehalten, das *über* die Sprache, d. h. über die mit der zeitlichen Dimension der Lautsprache ins Bewußtsein gekommenen Schwierigkeiten hinausreicht, also nach einem fundamentaleren System der *gleichzeitigen* Repräsentation. Das soll sich nun nicht nur empirisch darin zeigen, daß die Philosophie sich zur Darstellung komplexer Reflexionen tatsächlich der Schriftform bedient und somit Werke in einer Repräsentationsform produziert, die die jeweils psychisch mögliche, sukzessive Aufmerksamkeit des Lesers (oder auch schon des Autors) überragt (vgl. hierzu Gadamer *1960*, 367–373), sondern vor allem als systematische Denknotwendigkeit. «Par une nécessité qui se laisse à peine percevoir … le concept d'écriture commençait à déborder l'extension du langage.» (Derrida *1967 b*, 16) Das Verhältnis von Sprache und Schrift, nach dem die Schrift nur als Signifikant des Signifikanten gegolten hat, kehrt sich um. Die ‚Schriftlichkeit', d. h. die Repräsentation in der Form der Gleichzeitigkeit, dringt als das Elementarere (und, z. B. als Malerei oder Gebärdensprache, auch als das Frühere) gegenüber der verbalen Sprachlichkeit über die Sprachschrift in das Selbstverständnis des Menschen als Sprachwesen ein und hebt es auf. Die scheinbare Hilfsform der Sprache kehrt sich zu deren umfassender Reflexionsform um. Sie ‚begreift' die Sprache „en son origine et en sa fin" als „un moment, un mode essentiel mais déterminé, un phénomène, un aspect, une espèce de l'écriture" (18), während umgekehrt die sich noch am Wesen der Sprache als Lautsprache orientierende metaphysische Philosophie in die Schrift eingeschrieben erscheint „comme une place dans un texte qu'elle ne commande pas" (405).

Die traditionelle Sprachphilosophie hatte die Lautform der Sprache spekulativ in den Mittelpunkt gestellt. Derrida bezieht sich ausdrücklich auf eine *Idealisierung* des *Lautes* bei Hegel (23) (vgl. die Ausführungen zu Hegel, o. S. 181 ff.). Demgegenüber wird daran erinnert, daß auch diese Reflexion auf den Lautcharakter der Sprache sich in ihrer *Komplexität* notwendig in der Schriftform verdeutlicht und nur dadurch möglich ist. Erst in dieser Form wird der Lautcharakter der Sprache *in der ihm zugesprochenen metaphysischen Bedeutung* begreiflich. Die „Grammatologie" Derridas bezieht sich deshalb auch nicht, wie die Grammatik in herkömmlicher Vorstellung, auf die Sprache, sondern auf die Schrift in diesem umfassenderen Sinn als System ‚gleichzeitiger' Repräsentation (vgl. griech. γράμμα; Buchstabe, Schrift), in dem es kein Signifikat gibt, „qui échappe ... au jeu des renvois signifiants qui constitue le langage". Kein Zeichen und damit dann auch kein sprechendes Subjekt bezeichnet in diesem System allein *für sich*. Wenn gefragt wird, ob das, was man Sprache nennt, nicht eine Art Schrift sein könnte, läuft das also strenggenommen darauf hinaus, „à détruire le concept de ‚signe' et toute sa logique" (16). Es bedeutet die Destruktion des Sprachbegriffs und der Logik, die darauf basiert, daß isolierbare Zeichen oder Zeichenketten, die die Aufmerksamkeit gerade aus dem Sprechen herausgreift, ohne das ganze System der Zeichen je im Blick haben zu können, ‚für sich' referentielle Bedeutung hätten. Auch der Begriff einer *transzendentalen* Subjektivität als des selbstbewußten Vermögens zum Gebrauch der Formen einer reinen Grammatik des Denkens in *objektiver* Gültigkeit (s. o. S. 36 ff.) ist in der Idee einer den Subjekten entzogenen Struktur der Repräsentation aufgehoben. Da das Ganze des Systems dem diskursiven Denken und seiner sukzessiven Analyse nicht in den Blick kommt, haben wir es dieser Idee nach immer nur mit einer „Spur“ („trace“) zu tun, in der sich *vorübergehend* Bedeutungen als Referenzen ‚nach außen‘ einzuspielen *scheinen*. Dieser Anschein wird aber zugleich in der dem Sprechen wesentlich eigenen Skepsis gegenüber der Wahrheit seiner „gleitenden“ lautlichen Repräsentation stets wieder zurückgenommen. Die lautsprachliche Repräsentation ist damit als der eigentliche Gegenstand der skeptischen philosophischen Tradition und damit auch der gnoseologischen Versuche ihrer Überwindung verstanden. In ihr versteht sich der Mensch erst als Subjekt, d. h. als *Bewußtsein des Gegensatzes* zu einer ‚eigentlichen‘ vorbewußten Repräsentation. Die Unmöglichkeit, die Evidenz dieser ursprünglichen Repräsentation innerhalb des zeitlich-diskursiven Denkens vollkommen deutlich ins Bewußtsein zu heben, weist sie aus der Sicht der zeitlichen Anschauung als etwas absolut Vergangenes aus, das wir nur noch als Vergangenes, eben als „Spur“ vorfinden. Letztlich aber können die Begriffe Gegenwart, Vergangenheit und Zukunft sowie „le concept métaphysique de temps en général“ „la structure de la trace“ nicht adäquat beschreiben (97).

Es fragt sich natürlich, was dann der Gegenstand der „Grammatologie“ sein kann, der hier den Namen der Schrift erhält. Es kann ja nicht das gemeint sein, was das *Wort* „Schrift“ bezeichnet. Es kann überhaupt nicht mehr ein Bezeichnetes (signifié) ‚gemeint‘ sein. Konsequenterweise wird ein alternativer Begriff der ‚Rationalität‘ gegenüber dem der Tradition intendiert. „La ‚rationalité‘ – mais il faudrait peut-être abandonner ce mot pour la raison qui apparaîtra à la fin de cette phrase – qui commande l’écriture ainsi élargie et radicalisée, n’est plus issue d’un logos et elle inaugure la destruction ... de toutes les significations qui ont leur source dans celle de logos“, einschließlich aller metaphysischen Bestimmungen der Wahrheit (21). Sie müßte auch anders sein als die, an der sich der Autor notwendigerweise selbst orientiert, insofern er noch in einer Beziehung zur „*phonè*" und damit zur Sprache der Metaphysik steht und also selbst noch an dem Grundgedanken partizipiert, daß sich der Signifikant gegenüber der *Präsentation* ‚seiner' Bedeutung zurückzunehmen habe. Diese Intention gegen die ‚noch' bestimmende allgemeine Rationalität einer als „logocentrisme" (404) gekennzeichneten Epoche ist offensichtlich ein Grund der vagen Bildhaftigkeit und Schwierigkeit der ‚nachstrukturalistischen' Texte.

Ohne Zweifel ist es aber ein Grundzug der Metaphysik, die Welt als Inbegriff von *Gegenständen* zu denken, die, gegenüber ihrer Repräsentation, als das wahrhaft Seiende ‚gemeint' sind. Das zeigt sich besonders deutlich im phänomenologischen Begriff der Intentionalität, der in dieser ‚nachstrukturalistischen' Philosophie zu einem bevorzugten Gegenstand der Kritik wird. Im metaphysischen Verständnis ist aller sprachliche Diskurs und jedes Gespräch als eine sich selbst zurücknehmende Bemühung um die Repräsentanz der ‚Sachen selbst' verstanden, selbst dann noch, wenn die Geschichte der Philosophie als ein *unendlicher* Diskurs im Dienst dieser Bemühung angesehen ist. Auf der anderen Seite bleibt aber vor allem vom Rationalitätsbegriff her unklar, was diesem Seins- und Sprachverständnis entgegengesetzt werden soll. Auch die Idee vom Vorrang des Visuellen, der ὅρασις, der Intuition oder der ‚visio beatifica' als des Erfassens des Ganzen ‚mit einem Schlag' oder in voller E-videnz gegenüber seiner diskursiven Analyse ist eine metaphysische Idee, ebenso wie die Vorstellung, daß dies eine dem endlichen Menschen verstellte, ihn nur noch in „Spuren" betreffende Möglichkeit sei.

Es ist Derrida zuzugestehen, daß „l'époque du signe" ihrem Wesen nach insofern „theologisch" ist, als die mit der Problematik der arbiträren Bezeichnung gedachte Abwesenheit des Bezeichneten wesentlich mit der Endlichkeit des Menschen und damit dem Fernsein Gottes („l'éloignement de Dieu"; 401) verbunden worden ist. Es ist aber in derselben Tradition gedacht, wenn es heißt, sie werde möglicherweise nie enden („*finera*"), und dennoch zeichne sich ihr Ende ab („sa *clôture* historique"). Es erinnert an Hegels Geschichtsphilosophie, wenn gesagt wird, die Epoche des Zeichens sei nun *als solche thematisch* geworden und – auch wenn sie faktisch noch anhalte – im Grunde dadurch schon überwunden.

Das, was („encore innommable"; 25) danach komme, intentional anzustreben oder theoretisch bestimmen zu wollen, verlängerte in diesem Verständnis nur das Aporetische in den unendlichen diskursiven Bemühungen der Tradition, durch ihre unbeirrte Fortsetzung sie selbst aufzuheben und auf diesem Wege paradoxerweise doch noch zur Wahrheit, verstanden als reine Präsentation des zuvor nur im Zeichen Anwesenden, durchzustoßen. Daß die Geschichte dieser Bemühung einen transzendenten Sinn und ein von der Seite des Signifikanten unterschiedenes Ziel haben könne, wird vor allem im Anschluß an Nietzsche als eine zu überwindende Vorstellung gedacht. Der Hinweis auf den Vorrang der „Schrift" will vor allem auf ein reines *Spiel* sich *gegenseitig* in einem System der Gleichzeitigkeit bestimmender Signifikanten verweisen. Darin soll der Grund aller semantischen Oppositionen bestehen, einschließlich der Opposition zwischen Signifikant und Signifikat oder auch der Opposition „du rêve à la vigilance". Auch diese Opposition wird als „une représentation de la métaphysique" verstanden (444). Es ist immer ein *System* der Repräsentanz, das überhaupt Denkoppositionen an die Hand gibt und damit z. B. auch „l'extériorité simple de la mort à la vie, du mal au bien, de la représentation à la présence, du signifiant au signifié, ... de l'écriture à la parole" *träumt* (ebd.).

Im *theoretischen* Zugriff mit den gedanklichen Mitteln der Metaphysik soll der Zugang zum „Ungedachten" also nicht liegen. Das bedeutete nur die Fortsetzung des aussichtslosen Weges der Metaphysik. Lacan versteht das „Wiederfinden" einer allen Gegensätzen des Bewußtseins und damit dessen Begriff selbst vorgegebenen Ordnung *psychoanalytisch* (Lacan *1966*, 528). – Levinas wollte, von der Phänomenologie herkommend, schon zuvor den strukturalistischen Ausgangspunkt, der sich selbst noch der Anlehnung an eine Methode *theoretischer* Sprachbetrachtung verdankt, durch einen Rekurs auf eine neue *Ethik* überwinden. In dieser Ethik soll – in einer Überwindung des phänomenologischen Ansatzes bei einem transzendentalen Ego des Bestimmens – die Andersheit („extériorité") des anderen bewahrt sein. Es erinnert vor allem an Humboldt, wenn gesagt wird, das metaphysische Verlangen („désir") sei auf das ganz andere im anderen oder auf das absolut andere gerichtet, nicht, um den Unterschied zu ihm auszugleichen, sondern um der Anerkennung dieses Unterschieds willen. Nach Humboldt haben wir „auch nicht einmal die entfernteste Ahndung eines anderen als eines individuellen Bewußtseyns" (Humboldt Schriften VII, 37), und die Sprache „baut wohl Brücken ..., den Unterschied selbst aber vergrößert sie eher" (169). Damit rückt die Gesprächssituation wieder ins Zentrum. Der andere wird *in seiner Andersheit* zur Quelle von Sinn. Alle Aussagen über ‚etwas' stehen nach Levinas unter der Bedingung des Gesprächs, in dem dem anderen seine andere Sicht der Dinge eingeräumt ist und ihm in diesem Sinne „Gerechtigkeit" widerfährt. «La vérité suppose la justice.» (Levinas *1965*, 62) Wahrheit habe ihren Grund nicht in platonisch-theoretischen Reflexionen, sondern in der leiblich erfahrenen Personalität des anderen „face à face" (181). In diesem Sinne ist „le langage ... justice" (188). Durch sein Dasein stellt der andere die eigene Willkür in Frage. Seine Anwesenheit könnte somit als Grund der sprachlichen Gesetzlichkeit verstanden werden, die der (intentionalen) Ausrichtung des Redens über ‚etwas' immer schon voraus- und zugrunde liegt. Durch diese Andeutung wird bereits deutlich, daß sich hier eine Problematik wiederholt, die in der Geschichte der Philosophie immer schon eine Rolle gespielt hat: die der Bezogenheit der Sprache auf anderes Verstehen. Dieses Moment wird im Gedanken der „extériorité" des anderen nun aber zu dem *Absoluten* gegenüber aller sich theoretisch explizierenden Metaphysik erhoben, so daß der Einwand provoziert wird, der auf das entgegengesetzte Moment verweist. «Aucune philosophie responsable de son langage ne peut renoncer à l'ipséité en général.» (Derrida *1967 a*, 192) Sie muß sich stets aus der Sicht des *Redenden* zu formen versuchen. Vom Standpunkt des ‚Nachstrukturalismus' aus könnte man zugestehen, daß das Gesetz der Sprache auf eine nicht reflektierbare Weise die Willkür der *Subjekte* überhaupt beschränke und insofern den anderen vor seiner „egoistischen" Vereinnahmung durch seine Unterwerfung unter das Urteil sogar noch in seiner Abwesenheit schütze (vgl. Derrida *1967 b*, 399), und daß dadurch, daß Formen des sprachlichen Umgangs der Sprache zuinnerst angehören, dessen „Exteriorität" präsent bleibe. Man käme so zu einer sittlichen Deutung der Grammatik und könnte auf diese Weise sogar die Honorative ostasiatischer Sprachen (s. o. S. 213) universalgrammatisch verstehen. Aber es ist Derrida doch einzuräumen, daß Levinas, schon indem er *spricht* und *von sich aus* seine Texte auf einen *intendierten* Sinn hin zu formen und auseinanderzulegen versucht, denselben Grundzug der Metaphysik wiederholt, der überwunden werden soll. Die Sprache ist als solche ein theoretisches Tun. Wenn Levinas sich z. B. gegen Hegel wendet, der die Andersheit des anderen oder dessen „Unendlichkeit" gegenüber jeder theoretischen Bestimmung in eine „Totalität" kategorialen Bestimmens einzuholen versuche, wiederholt er die seit Platon diskutierte Dialektik des Anderen (ἕτερον). Auch „Exteriorität" ist ein theoretischer Wesensbegriff.

Die Frage Nietzsches nach dem Ausweg aus der Sprache der Metaphysik bleibt auch hier die Hauptfrage. Levinas sah, schon vor Foucault und Derrida, das grundsätzliche Problem. Er bezog sich deshalb auf *vorsprachliche* ethische Formen der Beziehung auf die „Exteriorität" des anderen „von Angesicht zu Angesicht". Das *Sprechen* mit anderen soll von dieser ethischen Beziehung getragen sein und nicht umgekehrt die Ethik ‚diskursiv' begründen. Was bei Derrida der Verweis auf einen vorsprachlichen Charakter der Schrift bewirken soll, soll bei Levinas der Verweis auf eine vortheoretische Ethik (oder „Gerechtigkeit") leisten: ein Hinausdeuten aus der zeitlichen ‚Epoche' der Metaphysik.

Aber auch an Derrida bleibt die Frage zu stellen, ob in seiner „Grammatologie" nicht das *Wort* „Schrift", statt auf die Schrift als die „métaphoricité elle – même" (27) zu verweisen, nur zu einer weiteren *Metapher* für ein „Ungedachtes" geworden ist und ob damit nicht doch die Sprachphilosophie, die vom *Leben des Lautes* im sich darin fortentwickelnden Gebrauch der Sprache ausgeht, statt überwunden zu sein, nur ein weiteres *Beispiel* für den metaphorischen Grundzug des Denkens überhaupt erhält. – Dennoch enthält dieser Ansatz, der innerhalb der deutschen Diskussion noch weniger Beachtung gefunden hat als etwa die sprachanalytische Philosophie vor allem angelsächsischer Ausprägung, einen bedenkenswerten Aspekt: er sieht die metaphysische Tradition und die analytische Philosophie, die Entstehung der den geschichtlichen und individuellen Momenten der Sprachlichkeit zugewandten Geisteswissenschaften und die Herausbildung des sprachkritischen Moments der „logischen Analyse" als etwas wesentlich Zusammengehörendes an. Metaphysik und analytische Philosophie werden *beide* einer am Lautwesen der Sprache orientierten „époque du logocentrisme" zugerechnet. Aber mit der Vergegenständlichung eines solchen „Logozentrismus" als *Epoche* stellt sich dieser Ansatz selbst aus einem Zusammenhang der Rationalität hinaus. Er begibt sich, wie Heidegger in seinem Spätwerk, selbst in eine „Exteriorität" gegenüber dem Logischen, solange er die Dialektik einer sich durch sich selbst aufhebenden Begrifflichkeit oder eine „Bewegung des Begriffs", etwa im Sinne Hegels (vgl. u. S. 266), ausdrücklich zu vermeiden versucht, indem er sie unterschiedslos einer *Epoche* zuschlägt und damit als Gegenstand statt als Gedanken versteht. – Daß dieser Ansatz sich selbst der *strukturalistischen Methode* als einer die Sprache in einem axiomatischen Zugriff vergegenständlichenden Betrachtung verdankt, verweist auf die Zirkularität der Versuche einer ‚Überwindung' der Metaphysik. Sie hat die Ansätze zu ihrer skeptischen und auch sprachkritischen Transformation immer schon in sich selbst entwickelt. Vielleicht liegt ihr Hauptcharakter eben darin, das auf geschichtliche Überwindung seiner jeweiligen Bedingtheit angelegte Denken schlechthin zu sein.

# IX. Sprache als Logos und als Mythos

Die Heideggersche Sicht der Sprache führt an eine innere Grenze des metaphysischen Denkens. Kant charakterisierte es als Erkenntnis rein aus Begriffen, also als logisches Erkennen. Seine Methode muß demnach im Grunde Analyse sein, und, da der Analyse die Sprache, wie sie ist, vorgegeben ist, logische Analyse der Sprache. Carnaps Konzeption einer Überwindung der Metaphysik durch logische Analyse der Sprache wiederholt nur deren Wesenszug und entdeckt deren immanente Problematik noch einmal. Es kommt noch einmal zum Bewußtsein, daß solch eine Analyse nicht nur an kein Ende kommt, sondern, da die Sprache wesentlich „zweien angehört“, auch an jedem Punkt, den die Analyse erreicht, in Frage gestellt werden kann. Was für den einen in einem Begriff, als der Bedeutung eines sprachlichen Ausdrucks, ‚enthalten‘ bzw. mitgemeint ist und folglich durch Analyse explizit gemacht werden kann, ist deshalb noch nicht auch für einen anderen darin enthalten. Der Unterschied zwischen analytischen und synthetischen Aussagen wird zu einem nur ‚pragmatischen‘ Unterschied.

Seitdem die stoische Sprachphilosophie die Bedeutung eines Ausdrucks als Begriff (λεκτόν) eigens thematisierte und vom (realen oder idealen) *Sein* unterschied, war ein Reich reiner Bedeutungen mit mannigfaltigen Beziehungen der Identität, des Ineinanderenthaltenseins und der Diversität von Begriffen konzipiert. Bis zu Husserl hin war damit der Forschung neben der Natur als dem Reich des real Seienden ein reiner ‚bewußtseinsimmanenter' Gegenstand philosophischer Analysen erwachsen, aber auch die Schwierigkeit, ihn in seinem Sein ontologisch zu verstehen und zu dem Sein der realen Welt in Beziehung zu setzen. Die Platonische Idee und das Aristotelische Eidos waren eigentlich noch keine vom Sein verschiedenen ‚Begriffe'. Sie waren nicht als die ‚reinen' Bedeutungen sprachlicher Ausdrücke verstanden, sondern als das wahre Seiende, das einer sprachlich-dialogischen Bemühung um es voraus- und zugrunde liegt. Ob die Sprache im Dialog zwischen Menschen dieses Sein überhaupt adäquat erreicht und ihm gerecht wird, war keine vorrangige Frage. Der ‚Begriff' (im Sinne des stoischen λεκτόν) ist dagegen gemeint als das dem Wort als Bedeutung streng Korrespondierende. Er ist als ‚Allgemeinbegriff' gemeint, quasi als eine Durchschnittsvorstellung, auf die sich alle Sprechenden ‚gemeinsam' beziehen und schon deshalb nicht als wirklich Seiendes, auf das sich die individuelle Vorstellung bezieht. Damit vollendete sich erst die Grundlegung der Metaphysik als einer Erkenntnis rein aus Begriffen, denn mit diesem Begriff vom ‚allgemeinen' Begriff (conceptus communis) war nun ihr eigentliches Erkenntnisfeld in seiner genuin sprachphilosophischen Problematik konstituiert. Der problematische Punkt dieser Konzeption ist die Vernachlässigung des dialogischen Charakters der Sprache.

Wenn ‚Sprache' so gedacht ist, daß ihre Wörter Allgemeinbegriffe in dem Sinne bezeichneten, daß sie in allem Gebrauch irgendwie durchgängig ‚dasselbe', aber doch nichts eigentlich Seiendes seien, so können sie ihre Identität im Unterschied zu den Dingen, über die man spricht, nicht in einem vorausliegenden Sein haben, sondern nur noch darin, daß sie in allem Gebrauch ‚dasselbe' implizieren sollen. Die Identität der Begriffe muß diesem Begriff vom Begriff zufolge gedacht sein als ‚etwas', das nicht in seinem Sein besteht, sondern sich in der Analyse erschließt. Aber ebensogut ist diese Identität des Begriffs der Analyse als Ziel vorausgesetzt. Der Begriff des Begriffs und die Analyse des Begriffs sind in diesem Sinne zirkulär aufeinander bezogen. Die Metaphysik wird deshalb auch nicht durch logische Analyse der Sprache zu überwinden sein, sondern durch das Begreifen der Unmöglichkeit dieser Analyse. Sie hat ihre immanente Grenze dort, wo sich das Ziel solcher Analyse als ein wesentlich pragmatisches erweist, d. h. als ein Ziel, das nur als gesetztes existiert, so daß die Analyse immer auch *anders* ausfallen könnte, als sie unter gegebenen Umständen ausfällt. Das Logische hält sich in seinem metaphysischen Verständnis als Operieren rein in Begriffen dagegen an eine vorausgesetzte Identität der Begriffe. Ohne diese Voraussetzung müßte solch einem Operieren jeder Erkenntnissinn abgehen. Das Logische in diesem Sinne bleibt infolgedessen „logisch im Wesen stecken" (Liebrucks *1964 ff. VII*, 60) als dem vorausgesetzten Allgemeinen. Es ist gedacht als das, was Wörter zur Bedeutung haben müssen, *wenn* eine Erkenntnis aus Begriffen überhaupt als möglich zu denken sein soll.

Diese Grenze der Metaphysik von ihrem Grund her kommt nicht erst bei Heidegger zum Vorschein. Sie ist eigentlich immer wieder im Laufe der Geschichte der Metaphysik zum Vorschein gekommen, vor allem in dem oben (S. 46) beschriebenen (onto-theologischen) Topos, daß ‚eigentlich' ein unendlicher intuitiver Verstand, als Archetyp ‚unseres' bedingten und beschränkten diskursiven Verstandes, *das* Subjekt der metaphysischen Erkenntnis sein müßte, so daß unser Verstand als diskursiv-auslegendes Vermögen von Begriffen immer nur ein defizienter Modus von ihm sein könnte. Ob nun gesagt wird, daß unsere Sprache uns dazu ‚verführe', dies zu vergessen, indem sie vorspiele, wir hätten mit den Wörtern auch schon die entsprechenden Begriffe, wenn wir nur auf ‚deren' Bedeutung achteten, oder ob man behauptet, daß sie uns durch einen überschüssigen Reichtum an Wörtern zur Annahme nicht vorhandener Begriffe verleite, es zeigt sich in jedem dieser Fälle einer Unterscheidung zwischen Wort und Begriff dem metaphysischen Denken von seinem eigenen Selbstverständnis her seine immanente Grenze. Sie zeigt sich als Grenze gegenüber dem noch nicht als Bezug auf einen Allgemeinbegriff (conceptus communis) festgestellten, noch nicht von der *Regel* seines Gebrauchs her begriffenen, aber merkwürdigerweise dennoch bedeutenden Wort, das sozusagen von ihm selbst her und ohne weiteres verstanden wird.

Als zuerst Nietzsche, auch und vor allem in seinem Sprachdenken, ein Ende der Metaphysik von dieser ihr genuin innewohnenden Problematik her ankündigte und dann Heidegger, im Ausgang von einer phänomenologischen Bedeutungslehre als dem letzten metaphysischen Residuum eines Feldes reiner Analysen, das ‚Wesen' der Metaphysik als eine zeit-bedingte Weise der „Seinsvergessenheit" charakterisierte, wurden diese Philosophen zunächst von sprachanalytischen Wissenschaftlern selbst noch der Metaphysik zugerechnet. Erst seitdem die Sprachanalyse auf ihrem eigenen Felde an die genannten Grenzen stößt, gibt sie sich auch selbst als Metaphysik zu erkennen. Damit entsteht auf sprachphilosophischem Boden weltweit die Frage nach einer Alternative zur Metaphysik. Nietzsche sah sie nicht. Das ist der eigentliche Grund seiner ‚tragischen Philosophie'. Heideggers Philosophie konnte eine solche Alternative ebenfalls nicht denken, weil solch ein Denken notwendigerweise, wie auch Nietzsche es schon sah, wieder dem Denkschema der

Metaphysik folgen müßte, wenn es als Intention des Subjekts aus dessen reflektierbaren ‚Möglichkeiten' des Denkens heraus geschehen sollte. Insofern kann es überhaupt keine ‚denkbare' Alternative zur Metaphysik und zum metaphysischen Sprachverständnis geben, es sei denn, der Begriff vom ‚Begriff' implizierte das Begreifen dieser Unmöglichkeit und damit der Individualität des denkenden und Sprache verstehenden Subjekts als Negativität gegenüber seinem ‚allgemeinen' Begriff. Dies ist der Hegelsche Begriff vom Begriff als „individuelle Persönlichkeit" (Hegel Log. II, 220 und 484), die sich ihrem Begriff nach dem allgemeinen Begreifen entzieht und nur in der „Anerkennung" als „absolut in sich seiender *Einzelheit*" zugänglich ist (Hegel Phän., 471). Die ‚Logik' dieses Begriffs hat in dieser Negativität ihre Methode, als (dialektischer) Widerspruch gegen den jeweils herangetragenen kategorialen Begriff. Die ‚Methode' besteht hier im Begreifen der Unwahrheit des jedesmaligen Schemas des Denkens bzw. der „gewohnten Vorstellung" des Verstehens. Diese ‚Dialektik' ist aber insofern auch keine Alternative zur Metaphysik, als sie kein alternatives Vorverständnis an die Hand gibt, sondern dem Denken und Verstehen jede Möglichkeit entzieht, sich vorweg eine Denkmethode und eine Sprache zu bilden, mit der es sich einer an ihr selbst als *sprachlos* vorausgesetzten Realität bemächtigen könnte.

Liebrucks sieht im Gegensatz zu solch einer metaphysischen Voraussetzung sprachloser Realität im Mythischen ein Denken, „dem seine Eigenschaften verborgen bleiben" (Liebrucks *1964 ff. VII*, 56). Es erfährt, was es selbst ist, erst zusammen mit der Erfahrung von *anderer* sprachlicher Wirklichkeit. Es erfährt sie damit immer auch zugleich als seine eigene und niemals als nur fremde Wirklichkeit, die es als sprachloses Material behandeln könnte, ohne selbst davon betroffen zu sein. Die mythische Erfahrung von Wirklichkeit wird als unmittelbar sprachliche Erfahrung gedeutet, die nicht ‚unter' Kategorien geschieht, sondern als individuelle zugleich selbst die Kategorie ihrer Erfahrung eröffnet und deshalb real und ideal zugleich ist. Der Mythos ist insofern nicht in dem Sinne Realität, daß er unter einen der vorgängigen Realitätsbegriffe fiele, wie die Metaphysik sie im Laufe ihrer geschichtlichen Entwicklung unter den jeweiligen Revolutionen ihrer Denkungsart vorgegeben hat: als das (widerspruchsfrei) ‚Denkbare', als das unter einem transzendentalen Begriff von möglichen Gegenständen überhaupt ‚Konstituierbare' oder schließlich als das ‚Meßbare'. Unter diesen sich ablösenden metaphysischen Realitätsbegriffen hat er keine Realität, aber insofern er doch als andere Sprache erfahrbar ist, kommt in ihm eine über die jeweiligen metaphysischen Vorbegriffe von ‚möglicher' Realität hinausweisende Erfahrung zur Sprache. Er hat seine Wirklichkeit in diesem vorkategorialen Zur-Sprache-Kommen in der bedeutenden Erzählung.

Beispiele für solch eine Erfahrung und für den entsprechenden Begriff von Sprache müssen notwendigerweise aus der Vergangenheit genommen werden. Ihre Nennung subsumiert sie notwendig wieder allgemeinen Begriffen von mythischer Erfahrung (z. B. den Begriffen, unter denen der griechische Mythos wissenschaftlich zu verstehen versucht wird), obwohl doch eigentlich ihr Begriff eine nicht subsumierbare und insofern unwahrscheinliche Erfahrung meint, deren Möglichkeit nicht vor ihrer Wirklichkeit zu bestimmen und abzuschätzen ist. Der Hinweis auf geschichtliche Mythen, wie z. B. auf den Mythos der Griechen vor dessen ‚Überwindung' durch die Metaphysik, bleibt insofern nur ein Hinweis, der nichts über die fernere ‚Möglichkeit' eines sprachlichen Weltumgangs sagen, sondern nur in einer unbestimmten Weise über die Sprach- und Realitätsbegriffe der Metaphysik und die jeweils dazugehörende wissenschaftliche Weltauffassung hinausweisen kann. Für die Sprachphilosophie bedeutet dies einen Hinweis auf einen (‚erzählenden‘) Sprachgebrauch, der in seiner Fügung zu etwas Bedeutendem nicht von einem ‚gewohnten‘ Sprachverständnis und schon gar nicht von reflektierbaren grammatischen Regeln eines ‚Sprachbaus‘ her zu verstehen ist. Es ist ein Sprachgebrauch, der nicht eine vorgegebene Sprache, wie sie strukturalistisch als ‚Kompetenz‘ beschrieben und mit anderen Sprachen verglichen werden könnte, ‚in Gebrauch nimmt‘ oder ‚performiert‘, sondern ein Gebrauch, der als „Kraft des Sprechens“ (Hegel Phän., 362) seine *Sprache* und seine *Gegenstände* im Ausdruck bedeutender Erfahrung in dieser Differenz zueinander erst hervortreten läßt.

Die Sprachphilosophie kann, wie eingangs ausgeführt, unter solchen über das metaphysische Denken hinausweisenden Aspekten nicht mehr als Teildisziplin einer sich systematisch auffächernden Philosophie verstanden werden. Sie ist auch nicht in dem Sinne philosophische Grunddisziplin, daß sie, in Analogie zu der ‚Ersten Philosophie‘ des Aristoteles, einer solchen, sich in Disziplinen auffächernden Philosophie den Grund legte. Sie führt vielmehr auf den wichtigsten Gebieten herkömmlichen Philosophierens, wie der Ontologie, der Erkenntnis- und Wissenschaftstheorie, aber auch der Ethik, ein Philosophieren *innerhalb* solcher begrifflichen Einteilungen an immanente Grenzen und stellt der Philosophie insofern die Aufgabe einer grundsätzlichen Reflexion auf sich selbst.

# Literaturverzeichnis


| | | |
|---|---|---|
| Amann, H. | MR | Die menschliche Rede. Sprachphilosophische Untersuchungen (Erstausgabe: 1. Teil Lahr 1925, 2. Teil Lahr 1928), 2. unveränd. Aufl. Darmstadt 1962. |
| Anselm von Canterbury | Prosl. | Proslogion, in: Opera omnia, hrsg. von F. S. Schmitt, Bd. I, Stuttgart-Bad Cannstatt 1968. |
| Apel, K. O. | *1963* | Die Idee der Sprache in der Tradition des Humanismus von Dante bis Vico, Bonn. |
| – | *1973* | Transformation der Philosophie, Bd. I: Sprachanalytik, Semiotik, Hermeneutik; Bd. II: Das Apriori der Kommunikationsgemeinschaft, Frankfurt a. M. |
| – | *1974* | Zur Idee einer transzendentalen Sprachpragmatik. Die Dreistelligkeit der Zeichenrelation und die „abstractive fallacy“ in den Grundlagen der klassischen Transzendentalphilosophie und der sprachanalytischen Wissenschaftslogik, in: Simon *1974*, 283–326. |
| Aristoteles | Metaph. | Metaphysik, in: Aristotelis Opera, hrsg. von I. Bekker, 2 Bde., Berlin 1831, 980–1093. |
| – | Rhet. | Rhetorik, in: Aristotelis Opera, hrsg. von I. Bekker, 2 Bde., Berlin 1831, 1354–1420. |

| | | |
|---|---|---|
| Austin, J. L. | *1961* | Ifs and Cans, in: J. L. Austin: Philosophical Papers, Oxford, 153–180. |
| – | *1962* | How to do Things with Words. The William James Lectures delivered at Harvard University in 1955, Cambridge, Mass. |
| Ayer, A. J. | *1935* | Language, Truth and Logic, London. |
| Bar-Hillel, Y. | *1971* | Pragmatics of Natural Languages, Dordrecht. |
| Baumgarten, A. G. | Aesth. | Aesthetica (1750), Nachdruck Hildesheim 1961. |
| Bennett, J. | *1966* | Kant's Analytic, Cambridge. |
| – | *1974* | Kant's Dialectic, Cambridge. |
| – | *1976* | Linguistic Behaviour, Cambridge. |
| Bloomfield, L. | Language | Language (1933), London [10]1967. |
| Borsche, T. | *1981* | Sprachansichten. Der Begriff der menschlichen Rede in der Sprachphilosophie Wilhelm von Humboldts, Stuttgart. |
| Bühler, K. | *1934* | Sprachtheorie, Jena. |
| Carnap, R. | *1928* | Der logische Aufbau der Welt, Berlin. |
| – | *1932* | Überwindung der Metaphysik durch logische Analyse der Sprache, in: Erkenntnis 2, 219–241. |
| – | *1934* | Logische Syntax der Sprache, Wien. |
| – | *1935* | Philosophy and Logical Syntax, London. |
| – | *1942* | Introduction to Semantics, Cambridge, Mass. |
| – | *1958 a* | Meaning and Necessity. A Study in Semantics and Modal Logic (1947), 2. erw. Aufl. Chicago. |

| | | |
|---|---|---|
| – | *1958 b* | Beobachtungssprache und theoretische Sprache, in: Dialectica 12, 236–248. |
| Cassirer, E. | *1929* | Philosophie der symbolischen Formen, Berlin 1923–1929. |
| Chomsky, N. | *1957* | Syntactic Structures, The Hague. |
| – | *1964* | Current Issues in Linguistic Theory, The Hague. |
| – | *1965* | Aspects of the Theory of Syntax, Cambridge, Mass. |
| – | *1966* | Cartesian Linguistics. A Chapter in the History of Rationalist Thought, New York/London. |
| – | *1972* | Studies on Semantics in Generative Grammar, The Hague. |
| – | *1975* | Reflexions on Language, New York. |
| Cohen, H. | Prinzip | Das Prinzip der Infinitesimal-Methode und seine Geschichte. Ein Kapitel zur Grundlegung der Erkenntniskritik (1883), Neudruck Frankfurt a. M. 1968. |
| Condillac, E. B. de | Essai | Essai sur l'origine des connaissances humaines, in: Œuvres de Condillac, Bd. I (Paris 1798), Neudruck Auvers-sur-Oise 1973. |
| – | Gram. | La grammaire, in: Œuvres de Condillac, Bd. V (Paris 1798). |
| Coseriu, E. | *1970* | Bedeutung und Bezeichnung im Lichte der strukturellen Semantik, in: Sprachwissenschaft und Übersetzen, hrsg. von P. Hartmann u. H. Vernay, München, 104–121. |
| – | *1972* | Die Geschichte der Sprachphilosophie von der Antike bis zur Gegenwart, Teil I: Von |

| | | |
|---|---|---|
| | | der Antike bis Leibniz, Tübingen [2]1975; Teil II: Von Leibniz bis Rousseau, Tübingen 1972. |
| – | *1975* | Sprachtheorie und allgemeine Sprachwissenschaft. Fünf Studien, München. |
| Davidson, D. | *1969* | True to the Facts, in: Journal of Philosophy 66, 748–764. |
| –/Harman, G. (Hrsg.) | *1972* | Semantics of Natural Language, Dordrecht. |
| Derrida, J. | *1967 a* | L'écriture et la différence, Paris. |
| – | *1967 b* | De la grammatologie, Paris. |
| Descartes, R. | Reg. | Regulae ad directionem ingenii, in: Œuvres de Descartes, hrsg. von Ch. Adam u. P. Tannery, Bd. X, Paris 1897–1910, 349–488. |
| Destutt de Tracy, A. L. C. | Elém. | Eléments d'idéologie (Paris 1801–1815), Neudruck Stuttgart-Bad Cannstatt 1977. |
| Dilthey, W. | Aufbau | Der Aufbau der geschichtlichen Welt in den Geisteswissenschaften (1910), in: W. Dilthey: Gesammelte Schriften, hrsg. von B. Groethuysen, Bd. VII, Stuttgart [2]1958, 79–188. |
| Dummet, M. | *1973* | Frege. Philosophy of Language, London. |
| Eco, U. | *1972* | Einführung in die Semiotik, München. |
| Fichte, J. G. | WL | Über den Begriff der Wissenschaftslehre oder der sogenannten Philosophie (1794), in: J. G. Fichte: Werke – Gesamtausg. der bayerischen Akademie der Wissenschaften, hrsg. von R. Lauth u. H. Jacob, Bd. I/2, Stuttgart-Bad Cannstatt 1965, 108–172. |

| | | |
|---|---|---|
| Fleck, L. | Entst. | Entstehung und Entwicklung einer wissenschaftlichen Tatsache. Einführung in die Lehre vom Denkstil und Denkkollektiv (Basel 1935), Neudruck Frankfurt a. M. 1980. |
| Fodor, J. A./Katz, J. J. | *1964* | The Structure of a Semantic Theory, in: J. A. Fodor/J. J. Katz (Hrsg.): The Structure of Language. Readings in the Philosophy of Language, Englewood Cliffs, N. J., 479–518. |
| Foucault, M. | *1966* | Les mots et les choses, Paris. |
| Frege, G. | SB | Über Sinn und Bedeutung (1892), in: G. Patzig (Hrsg.): Funktion, Begriff, Bedeutung. Fünf logische Studien, Göttingen [5]1980, 40–65. |
| Frey, G. | *1965* | Sprache – Ausdruck des Bewußtseins, Stuttgart. |
| Freytag Löringhoff, B. Baron v. | *1972* | Logik I. Das System der reinen Logik und ihr Verhältnis zur Logistik, 5. überarb. Aufl. Stuttgart. |
| – | *1967* | Logik II. Definitionstheorie und Methodologie des Kalkülwechsels, Stuttgart. |
| Gadamer, H.-G. | *1960* | Wahrheit und Methode, Tübingen. |
| – (Hrsg.) | *1967* | Das Problem der Sprache. VIII. Deutscher Kongreß für Philosophie, München. |
| Gehlen, A. | Mensch | Der Mensch. Seine Natur und seine Stellung in der Welt (Berlin 1940), Frankfurt a. M. [10]1974. |
| Giegel, H. J. | *1969* | Die Logik der seelischen Ereignisse. Zu Theorien von L. Wittgenstein und W. Sellars, Frankfurt a. M. |

| | | |
|---|---|---|
| Gipper, H. | *1972* | Gibt es ein sprachliches Relativitätsprinzip? Untersuchungen zur Sapir-Whorf-Hypothese, Frankfurt a. M. |
| Goethe, J. W. v./ Schiller, F. | Tab. | Tabulae Votivae (1797), in: F. Schiller: Sämtliche Werke, hrsg. von G. Fricke u. H. G. Göpfert, Bd. I, München 1943, 291–304. |
| Goodman, N. | Fact | Fact, Fiction, and Forecast (1955), Indianapolis/New York $^{3}$1973. |
| Grice, H. P. | *1968* | Logic and Conversation, Berkeley. |
| Habermas, J. | *1971* | Vorbereitende Bemerkungen zu einer Theorie der kommunikativen Kompetenz, in: J. Habermas/N. Luhmann: Theorie der Gesellschaft oder Sozialtechnologie, Frankfurt a. M., 101–141. |
| Hamann, J. G. | Werke | Sämtliche Werke, hrsg. von J. Nadler, 6 Bde., Wien 1949 ff. |
| – | Sprache | Schriften zur Sprache, hrsg. von J. Simon, Frankfurt a. M. 1967. |
| Hegel, G. W. F. | Diff. | Differenz des Fichte'schen und Schelling'schen Systems der Philosophie (1801), hrsg. von G. Lasson, Hamburg 1962. |
| – | Phän. | Phänomenologie des Geistes (1807), hrsg. von J. Hoffmeister, Hamburg $^{6}$1952. |
| – | Log. | Wissenschaft der Logik (1812/1813), hrsg. von G. Lasson, 2 Bde., Hamburg $^{2}$1932–1934. |
| – | Enz. | Enzyklopädie der philosophischen Wissenschaften im Grundrisse (1830), hrsg. von |

| | | |
|---|---|---|
| | | F. Nicolin u. O. Pöggeler, Hamburg [6]1959. |
| – | Phil. Gesch. | Vorlesungen über die Philosophie der Geschichte, in: G. W. F. Hegel: Sämtliche Werke, hrsg. von H. Glockner, Stuttgart 1964–1971, Bd. XI. |
| – | Ästh. | Vorlesungen über die Ästhetik, 3 Bde., in: G. W. F. Hegel: Sämtliche Werke, hrsg. von H. Glockner, Stuttgart 1964–1971, Bde. XII–XIV. |
| – | Gesch. Phil. | Vorlesungen über die Geschichte der Philosophie, 3 Bde., in: G. W. F. Hegel: Sämtliche Werke, hrsg. von H. Glockner, Stuttgart 1964–1971, Bde. XVII–XIX. |
| Heidegger, M. | SZ | Sein und Zeit (1927), Tübingen [14]1977. |
| – | Denken | Was heißt Denken?, Tübingen 1954. |
| – | Sprache | Unterwegs zur Sprache, Tübingen 1959. |
| – | Techn. | Die Technik und die Kehre, Pfullingen 1962. |
| – | Wegm. | Wegmarken, Frankfurt a. M. 1967. |
| Heintel, E. | *1972* | Einführung in die Sprachphilosophie, Darmstadt. |
| Herder, J. G. | Ursprung | Abhandlung über den Ursprung der Sprache (1772), in: J. G. Herder: Sprachphilosophische Schriften, hrsg. von E. Heintel, Hamburg 1960, 1–87. |
| Hjelmslev, L. | *1968* | Die Sprache. Eine Einführung (Kopenhagen 1963), dt.: Darmstadt 1968. |
| Hönigswald, R. | *1937* | Philosophie und Sprache, Basel. |

| | | |
|---|---|---|
| Holenstein, E. | *1976* | Linguistik, Semiotik, Hermeneutik: Plädoyers für eine strukturale Phänomenologie, Frankfurt a. M. |
| Hübner, K. | *1978* | Kritik der wissenschaftlichen Vernunft, München. |
| Humboldt, W. v. | Schriften | Gesammelte Schriften in 17 Bden. (Akademie-Ausgabe), Berlin 1903 ff. |
| Husserl, E. | LU | Logische Untersuchungen (1900), 2 Bde., 2. veränd. Aufl. Halle 1913. |
| – | Krisis | Die Krisis der europäischen Wissenschaften und die transzendentale Phänomenologie. Eine Einleitung in die phänomenologische Philosophie, hrsg. von W. Biemel, Den Haag 1954. |
| Jakobson, R. | *1971* | Selected Writings, Bd. I (1962) 2. erw. Aufl. Den Haag 1971; Bd. II Den Haag 1971. |
| –/Halle, M. | *1956* | Fundamentals of Language, Den Haag. |
| Kainz, F. | *1972* | Über die Sprachverführung des Denkens, Berlin. |
| Kamei, T. | *1953* | Über den Hintergrund der japanischen Sprache und ihre wissenschaftliche Betrachtung, in: Nachrichten der Gesellschaft für Natur- und Völkerkunde Ostasiens e. V., Nr. 75, 25–35. |
| Kamp, R. | *1977* | Axiomatische Sprachtheorie. Wissenschaftstheoretische Untersuchungen zum Konstitutionsproblem der Einzelwissenschaften am Beispiel der Sprachwissenschaftstheorie Karl Bühlers, Berlin. |

| | | |
|---|---|---|
| Kant, I. | KrV | Kritik der reinen Vernunft, in: Kants Werke (Akademie-Ausgabe), Bd. III, Berlin 1968 (Seitenangaben nach der 1. Originalausgabe [A] von 1781 oder der 2. Originalausgabe [B] von 1787). |
| – | Prol. | Prolegomena (1783), in: Kants Werke (Akademie-Ausgabe), Bd. IV, Berlin 1968, 253–383 (zitiert nach Paragraphen). |
| – | MA | Metaphysische Anfangsgründe der Naturwissenschaft (1786), in: Kants Werke (Akademie-Ausgabe), Bd. IV, Berlin 1968, 465–565. |
| – | KpV | Kritik der praktischen Vernunft (1788), in: Kants Werke (Akademie-Ausgabe), Bd. V, Berlin 1968, 1–163 (Seitenangaben nach der Originalausgabe von 1788). |
| – | KU | Kritik der Urteilskraft (1790), in: Kants Werke (Akademie-Ausgabe), Bd. V, Berlin 1968, 165–485 (Seitenangaben nach der 2. Originalausgabe von 1793). |
| – | Entd. | Über eine Entdeckung, nach der alle neue Kritik der reinen Vernunft durch eine ältere entbehrlich gemacht werden soll (1790), in: Kants Werke (Akademie-Ausgabe), Bd. VIII, Berlin 1968, 185–252. |
| – | V. Metaph. | Vorlesungen über Metaphysik (Metaphysik $L_2$), in: Kants gesammelte Schriften (Akademie-Ausgabe), Bd. XXVIII. II/1, Berlin 1970, 525–610. |

| | | |
|---|---|---|
| – | V. Rel. | Vorlesungen über die philosophische Religionslehre, in: Kants gesammelte Schriften (Akademie-Ausgabe), Bd. XXVIII. I/2, Berlin 1968, 989–1126. |
| Katz, J. J. | *1966* | The Philosophy of Language, New York/London. |
| Keller, A. | *1979* | Sprachphilosophie, Freiburg/München. |
| Kishitani, Sch. | *1967* | Sprechsituation und Kommunikationsdreieck, in: Poetica 1, 427–435. |
| – | *1972* | Überlegungen zur Frage der Verbalität. Ein Vergleich zwischen der deutschen und japanischen Prädikation, in: Wirkendes Wort 22, 159–174. |
| Kneale, W. C. | *1949* | Is Existence a Predicate? in: Readings in Philosophical Analysis, hrsg. von H. Feigl u. W. Sellars, New York, 29–43. |
| Koschmieder, E. | *1965* | Beiträge zur allgemeinen Syntax, Heidelberg. |
| Kripke, S. | *1959* | A Completeness Theorem in Modal Logic, in: Journal of Symbolic Logic 24, 1–14. |
| – | *1963* | Semantical Analysis of Modal Logic I, in: Zeitschrift für mathematische Logik und Grundlagen der Mathematik 9, 67–96. |
| Kuhn, Th. S. | *1962* | The Structure of Scientific Revolutions, Chicago. |
| Kutschera, F. v. | *1971* | Sprachphilosophie, München. |
| Lacan, J. | *1966* | Ecrits, Paris. |
| Lakoff, G. | *1971* | Linguistics and Natural Logic, in: Synthese 22, 151–271 (auch in: Davidson/Harman *1972*, 545–665). |

| | | |
|---|---|---|
| Leibniz, G. W. | Med. | Meditationes de cognitione, veritate et ideis, in: Die philosophischen Schriften, hrsg. von C. J. Gerhardt, Bd. IV (Berlin 1880), Nachdruck Hildesheim 1960, 422–426. |
| – | De lib. | De libertate, in: Nouvelles lettres et opuscules inédits de Leibniz, hrsg. von A. Foucher de Careil, Paris 1857, 178–185. |
| Lenk, H. | *1973* | Metalogik und Sprachanalyse. Studien zur analytischen Philosophie, Freiburg i. Br. |
| Levinas, E. | *1965* | Totalité et Infini, La Hague. |
| Liebrucks, B. | *1964 ff.* | Sprache und Bewußtsein, 7 Bde., Frankfurt a. M. 1964–1979. |
| – | *1972* | Zwei Sprachstufen, in: Erkenntnis und Dialektik, Den Haag, 220–264. |
| Lipps, H. | Sprache | Die Verbindlichkeit der Sprache (1938), in: Werke IV, Frankfurt a. M. ³1977, 107–120. |
| Lorenzen, P. | *1969* | Normative Logic and Ethics, Mannheim/Zürich. |
| Luden, H. | *1847* | Rückblicke in mein Leben, Jena. |
| Markis, D. | *1979* | Quine und das Problem der Übersetzung, Freiburg/München. |
| – | *1980* | Protophilosophie. Zur Rekonstruktion der philosophischen Sprache, Frankfurt a. M. |
| Martinet, A. | *1960* | Eléments de linguistique générale, Paris. |
| Mc Cawley, J. D. | *1972* | A Program for Logic, in: Davidson/Harman *1972*, 498–544. |

| | | |
|---|---|---|
| Meier, G. F. | Anfangsgr. | Anfangsgründe aller schönen Wissenschaften, Halle 1748 bis 1750. |
| Montague, R. | *1972* | Pragmatics and Intensional Logic, in: Davidson/Harman *1972*, 142–168. |
| Morris, Ch. W. | *1938* | Foundations of the Theory of Signs, Chicago. |
| Nietzsche, F. | Wahrh. | Über Wahrheit und Lüge im außermoralischen Sinn (Nachlaß 1870–1873), in: F. Nietzsche: Werke, Kritische Gesamtausgabe, hrsg. von G. Colli u. M. Montinari, Bd. III/2, Berlin/New York 1973, 367–384. |
| – | WB | Richard Wagner in Bayreuth. Unzeitgemäße Betrachtungen IV (1876), in: F. Nietzsche: Werke, hrsg. von G. Colli u. M. Montinari, Bd. IV/1, Berlin/New York 1967, 1–82. |
| – | MA | Menschliches, Allzumenschliches I (1878), in: F. Nietzsche: Werke, hrsg. von G. Colli u. M. Montinari, Bd. IV/2, Berlin/New York 1967, 1–380. |
| – | JGB | Jenseits von Gut und Böse (1886), in: F. Nietzsche: Werke, hrsg. von G. Colli u. M. Montinari, Bd. VI/2, Berlin/New York 1968, 1–255. |
| – | GD | Götzen-Dämmerung (1889), in: F. Nietzsche: Werke, hrsg. von G. Colli u. M. Montinari, Bd. VI/3, Berlin/New York 1969, 49–154. |
| – | N | Nachgelassene Fragmente (Juli 1882–Januar 1889), in: F. Nietzsche: Werke, hrsg. von G. Colli u. M. Montinari, |

| | | |
|---|---|---|
| | | Bde. VII/1–VIII/3, Berlin/ New York 1970–1977. |
| Patzig, G. | *1970* | Sprache und Logik, Göttingen. |
| Peirce, Ch. S. | CP | Collected Papers, Cambridge, Mass. 1958–1960. |
| Platon | Krat. | Kratylos, in: Platonis Opera, hrsg. von J. Burnet (mit der Seitenzählung der Stephanus-Ausgabe), Bd. I, Oxford 1958, 383–440. |
| – | Soph. | Sophistes, in: Platonis Opera, hrsg. von J. Burnet, Bd. I, Oxford 1958, 216–268. |
| – | Pol. | Politeia, in: Platonis Opera, hrsg. von J. Burnet, Bd. IV, Oxford 1962, 327–621. |
| – | 7. Br. | Siebter Brief, in: Platonis Opera, hrsg. von J. Burnet, Bd. V, Oxford 1959, 323 bis 352. |
| Porzig, W. | *1957* | Das Wunder der Sprache. Probleme, Methoden und Ergebnisse der modernen Sprachwissenschaft (1950), Bern. |
| Putnam, H. | *1962* | The Analytic and Synthetic, in: Minnesota Studies in the Philosophy of Science, hrsg. von H. Feigl u. G. Maxwell, Minneapolis III, 358–397. |
| Quine, W. V. O. | *1951* | Two Dogmas of Empiricism, in: The Philosophical Review 60, 20–43. (Auch in: From a Logical Point of View, [1]1953, [2]1961 [rev.] 20–46.) |
| – | *1960* | Word and Object, Cambridge, Mass. |
| – | *1971* | Ontological Relativity and Other Essays (1969), Cambridge, Mass. |

| | | |
|---|---|---|
| Rescher, N. | *1973* | The Coherence Theory of Truth, Oxford. |
| Ricœur, P. | *1975* | La métaphore vive, Paris. |
| Ricœur, P./Jüngel, E. | *1974* | Metapher. Zur Hermeneutik religiöser Sprache, München. |
| Rorty, R. (Hrsg.) | *1967* | The Linguistic Turn. Recent Essays in Philosophical Method, Chicago. |
| Rorty, R. | *1979* | Philosophy and the Mirror of Nature, Princeton. |
| Ryle, G. | *1949* | The Concept of Mind, London. |
| Saussure, F. de | Cours | Cours de linguistique générale (1916), hrsg. von Ch. Bally u. A. Sechehaye, Paris 1972. |
| Savigny, E. v. (Hrsg.) | *1969* | Philosophie und normale Sprache. Texte der Ordinary-Language-Philosophie, Freiburg/München. |
| Savigny, E. v. | *1974* | Die Philosophie der normalen Sprache. Eine kritische Einführung in die „ordinary language philosophy" (1969), 2. neu bearb. Aufl. Frankfurt a. M. |
| Schaaf, J. J. | *1974* | Hinweisende relationstheoretische Bemerkungen zu Wittgenstein, in: Sprache und Begriff (Festschrift für B. Liebrucks), Meisenheim a. G., 52–66. |
| Schadewaldt, W. | *1978* | Die Anfänge der Philosophie bei den Griechen. Die Vorsokratiker und ihre Voraussetzungen, Tübinger Vorlesungen Bd. I, Frankfurt a. M. |
| Schaff, A. | *1968* | Essays über die Philosophie der Sprache, Wien. |
| Schelling, F. W. J. | Ich | Vom Ich als Princip der Philosophie oder über das Unbedingte im menschlichen Wis- |

| | | |
|---|---|---|
| | | sen (1795), in: F. W. J. Schelling: Werke – Historisch-kritische Ausgabe der Bayerischen Akademie der Wissenschaften, hrsg. von H. M. Baumgartner u. a., Bd. I/2, Stuttgart 1980, 67–175. |
| Schleiermacher, F. E. D. | Dial. | Dialektik (1822), hrsg. von R. Odebrecht, Leipzig 1942. |
| Schmidt, G. | *1974* | Zur Phänomenologie der Lebensalter, in: Sprache und Begriff (Festschrift für B. Liebrucks), Meisenheim a. G., 1–24. |
| Schneider, H. J. | *1975* | Pragmatik als Basis von Semantik und Syntax, Frankfurt a. M. |
| Searle, J. R. | *1968* | Austin on Locutionary and Illocutionary Acts, in: Phil. Rev. 77, 405–424. |
| – | *1969 a* | Speach Acts. An Essay in the Philosophy of Language, London. |
| – | *1969 b* | Eigennamen, in: Savigny *1969*, 180–190. |
| Seebaß, G. | *1981* | Das Problem von Sprache und Denken, Frankfurt a. M. |
| Shwayder, D. S. | *1971* | The Stratification of Behaviour. A System of Definitions Propounded and Defended, London. |
| Simon, J. | *1966* | Das Problem der Sprache bei Hegel, Stuttgart. |
| – | *1971* | Philosophie und linguistische Theorie, Berlin/New York. |
| – (Hrsg.) | *1974* | Aspekte und Probleme der Sprachphilosophie, Freiburg/München. |
| – | *1978* | Wahrheit als Freiheit. Zur Entwicklung der Wahrheits- |

| | | |
|---|---|---|
| | | frage in der neueren Philosophie, Berlin/New York. |
| – | *1981* | Bedeutung als Referenz und als individuelle Relevanz, in: Festschrift für E. Coseriu, Madrid. |
| Specht, E. K. | *1967* | Sprache und Sein. Untersuchungen zur sprachanalytischen Grundlegung der Ontologie, Berlin. |
| Staiger, E. | Zeit | Die Zeit als Einbildungskraft des Dichters. Untersuchungen zu Gedichten von Brentano, Goethe und Keller (1939), Zürich ³1963. |
| Stenius, E. | *1960* | Wittgenstein's Tractatus. A Critical Exposition of the Main Lines of Thought, Oxford. |
| Stenzel, J. | Sprache | Philosophie der Sprache (1934), Neudruck Darmstadt 1964. |
| Strawson, P. F. | *1964 a* | Truth (1950), in: G. Pitcher (Hrsg.): Truth, Englewood Cliffs, N. J., 32–53. |
| – | *1964 b* | Individuals. An Essay in Descriptive Metaphysics, London. |
| – | *1966* | The Bounds of Sense. An Essay on Kant's Critique of Pure Reason, London. |
| Ströker, E. | *1969* | Einleitung und Kommentar zu K. Bühler: Die Axiomatik der Sprachwissenschaften, Frankfurt a. M., 7–23. |
| – | *1973* | Einführung in die Wissenschaftstheorie, Darmstadt. |
| – | *1974* | Das Problem der Sprache in den exakten Wissenschaften, in: Simon *1974*, 231–282. |

| | | |
|---|---|---|
| Sukale, M. (Hrsg.) | *1976* | Moderne Sprachphilosophie, Hamburg. |
| Tarski, A. | *1949* | The Semantic Conception of Truth and the Foundations of Semantics (1944), in: Readings in Philosophical Analysis, hrsg. von H. Feigl u. W. Sellars, New York, 52–84. |
| Toulmin, S. E./ Baier, K. | *1969* | Beschreiben (On Describing, 1952), dt. in: Savigny *1969*, 191–223. |
| Tugendhat, E. | *1976* | Vorlesungen zur Einführung in die sprachanalytische Philosophie, Frankfurt a. M. |
| – | *1979* | Selbstbewußtsein und Selbstbestimmung. Sprachanalytische Interpretationen, Frankfurt a. M. |
| Waismann, F. | *1976* | Logik, Sprache, Philosophie, hrsg. von G. P. Baker u. B. Mc Guinness, Stuttgart. |
| Wein, H. | *1963* | Sprachphilosophie der Gegenwart. Eine Einführung in die europäische und amerikanische Sprachphilosophie des 20. Jahrhunderts, Den Haag. |
| Weisgerber, L. | *1962* | Grundzüge der inhaltsbezogenen Grammatik (Von den Kräften der deutschen Sprache, Bd. I), 3. neu bearb. Aufl. Düsseldorf. |
| Whorf, B. L. | LTR | Language, Thought and Reality (1956), hrsg. von J. B. Carroll, Cambridge, Mass. [6]1971. |
| Wittgenstein, L. | Tract. | Tractatus logico-philosophicus. Logisch-philosophische Abhandlung (1921), Frankfurt a. M. [12]1977 (zitiert nach Satznummern). |
| – | PU | Philosophische Untersuchungen (1953), Frankfurt a. M. |

| | | |
|---|---|---|
| | | [3]1975 (zitiert nach Abschnittnummern). |
| Wygotski, L. S. | *1964* | Denken und Sprechen (Moskau 1934), dt.: Berlin. |

# Personenregister

# Sachregister